Neue
Kleine Bibliothek 107

Werner Biermann
Arno Klönne

Kapital-Verbrechen

Zur Kriminalgeschichte des Kapitalismus

PapyRossa Verlag

Luxemburger Str. 202, D–50937 Köln
Tel.: ++49 (0) 221 – 44 85 45
Fax: ++49 (0) 221 – 44 43 05
E-Mail: mail@papyrossa.de
Internet: www.papyrossa.de

Umschlag: Willi Hölzel
Druck: Interpress

Die Deutsche Bibliothek verzeichnet diese Publikation in der Deutschen Nationalbibliografie; detaillierte bibliografische Daten sind im Internet über http://dnb.ddb.de abrufbar

ISBN 3-89438-308-9

Inhalt

Aus der Alltagsgeschichte des Kapitalismus

Zur »geschichtlichen Laufbahn des Kapitals« bemerkt Rosa Luxemburg, einen Satz von Karl Marx fortführend, dieses sei nicht nur »aus allen Poren blut- und schmutztriefend zur Welt« gekommen, sondern es setze sich derart auch »Schritt für Schritt in der Welt durch«. Die bürgerlich-liberale Theorie habe nur die eine Seite des historischen und aktuellen Prozesses im Blick, den »friedlichen Wettbewerb« und Warenaustausch auf dem Markt, das gleiche Eigentumsrecht. Die andere Seite der Kapitalakkumulation sei die, wo »ganz unverhüllt und offen Gewalt, Betrug, Bedrückung und Plünderung zutagetreten«, und es koste gedankliche Mühe, unter »diesem Wust der politischen Gewaltakte und Kraftproben«, der kolonialen Zugriffe und Kriege »die strengen Gesetze des ökonomischen Prozesses aufzufinden«.

Die gewalttätige, kriminelle Seite der Kapitalismusgeschichte zeigt sich nach Rosa Luxemburg vor allem dort, wo die kapitalistische Wirtschaftsweise sich daranmacht oder darauf aus ist, nichtkapitalistische Produktionsformen zu zerstören und damit die eigene Machtsphäre auszuweiten, aber auch dann, wenn rivalisierende Kapitalgruppen nationalstaatliche Politik dazu einsetzen, die Interessensphären weltweit neu zu verteilen.

Das von uns hier vorgestellte Buch zielt nicht darauf ab, den zuletzt genannten Aspekt der Vergangenheit und Gegenwart kapitalistischer Weltpolitik, den Imperialismus der Moderne also, systematisch zu behandeln: dazu liegt eine Fülle lesenswerter älterer und neuerer Literatur vor. Thema unseres Buches ist auch nicht der Faschismus als die extreme Ausformung staatsverbrecherischer Politik, bei der sich kapitalistische Interessen, Rassismus und kriegerischer Griff nach der Weltmacht miteinander verbanden.

Es geht in diesem Buch vielmehr um die Beschreibung der »ganz normalen« Kriminalität in der Geschichte der Durchsetzung kapitalistischer Verhältnisse und industrieller Warenproduktion, von der überseeischen Expansion Europas bis in die Gegenwart; vom Raub der Edelmetalle Amerikas, der Freibeuterei, dem Sklavenhandel und den Zuckerplantagen in der Karibik oder der Vernichtung indischer Baumwollmanufakturen als Voraussetzung für die englische Textilindustrie, über die »Modernisierung« des Kapitalismus durch Fließbandarbeit, um die Machenschaften beim Öl, dem Treibmittel der modernen Wirtschaft, bis hin zur heutigen Rüstungsindustrie.

Die verschiedenen Facetten bei den verbrecherischen Gewohnheiten des Kapitals werden an Beispielen gezeigt, und die Berichterstattung darüber gruppiert sich bei uns nach begehrten Objekten kapitalistischen Wirtschaftens: Edelmetalle, Zucker, Baumwolle, Öl, Automobile und militärische Hardware. Es geht uns auch darum, anhand der für die verschiedenen Entwicklungsstadien des Kapitalismus jeweils prägenden Leitsektoren eine historische Skizze anzulegen. So charakterisiert die Plünderung der Silber- und Goldschätze Amerikas die Phase der ursprünglichen Akkumulation, die durch besonders brutale Vorgehensweisen gegenüber allem »Nichteuropäisch-Unchristlichen« bestimmt war. Die Geschichte der Zuckerproduktion steht für die Einführung von Plantagenökonomien, eine neuartige und unter Kapitalgesichtspunkten effiziente Methode der Warenproduktion, die ausschließlich für den Export bestimmt war. Damals formierte sich das bis in die Gegenwart hinein gültige Beziehungsmuster wirtschaftlicher Abhängigkeit zwischen Europa als dem Zentrum und der außereuropäischen Welt als der Peripherie. Die Plantagenwirtschaften griffen auf Sklavenarbeit zurück, für die im wesentlichen in Afrika rekrutiert wurde. Beide: Menschliche Ware und koloniale Agrarprodukte wurden vom Handelskapital gemanagt, das im 17. und 18. Jahrhundert den Höhepunkt seines weltweiten Wirkens erlebte. Baumwolle kann als Rohstoff der industriellen Revolution bezeichnet werden; ohne sie wäre der industrielle Aufbruch wahrscheinlich anders verlaufen – erst der Ausschluß indischer Textilimporte vom englischen Markt schuf die Voraussetzung für eine einheimische Industrie. Importsubstitution, wie dieser Vorgang in der wirtschaftswissenschaftlichen Literatur bezeichnet wird, wird noch heute jedem nachholenden Land als probates Mittel für erfolgreiche

Industrialisierung empfohlen – aber sie setzt politische Macht voraus.

Öl ist das Treibmittel der modernen Wirtschaft, die ihren Anfang mit dem sogenannten Fordismus nahm. Fließbandfertigung senkte die Produktionskosten beträchtlich, so daß Lohnsteigerungen möglich wurden, welche die Arbeiter in die Lage versetzten, die von ihnen geschaffenen Waren, sogenannte langlebige Konsumgüter wie beispielsweise PKWs, zu erwerben. Massenproduktion und -konsum veränderten soziale und politische Szenarien in den modernen Industriegesellschaften bis hin zu der Umdeutung von Unternehmern zu Arbeitgebern und Arbeitern zu Arbeitnehmern. Der heutige Kapitalismus als ein weltweit tätiges System kann allen marktwirtschaftlichen Propagandisten zum Trotz nicht ohne militärische Instrumente daherkommen. Rüstungs- und Waffenproduktion sind für ihn unerläßlich, aber auch äußerst profitabel. All diesen Beispielen ist ein hoher Verbrechensgrad gemeinsam.

Was bedeutet im Verständnis dieses Buches »Kriminalität«? Mit welchem Begriff von »Verbrechen« gehen wir an die Betrachtung der Geschichte des Kapitalismus?

(1) Dargestellt werden Vorgänge, die unter den jeweils gegebenen nationalen oder internationalen Normen den Rechtsbruch vollzogen haben, den Verstoß gegen geltende Gesetze, gegen Verträge, gegen staatenübergreifende, dem Schutz von Menschen zugedachte Vereinbarungen.

(2) Aber wir beschränken uns nicht auf diese rechtspositivistische Sichtweise.

(3) Wir betrachten als verbrecherisch diejenigen vom Kapitalinteresse angetriebenen Operationen, die systematisch gegen Menschenrechte gerichtet waren oder diese für belanglos hielten, die also der Maxime folgten: Die Würde des Menschen ist antastbar. Nicht immer und nicht überall sicherte und sichert das »geschriebene« Recht die menschlichen Grundrechte ab. Allen anderen Menschenrechten voran steht der Anspruch, nicht durch Gewalt oder Hunger oder Ausbeutung zu Tode gebracht zu werden.

(4) Geht man davon aus, so zeigt sich, daß die Geschichte des Kapi-

talismus geprägt ist durch Kapitalverbrechen – nicht nur als Missetaten Einzelner, sondern im Sinne immer wieder auftretender »organisierter« Kriminalität, die keine Rücksicht nahm auf das Existenzrecht von Menschen. Kein Grund also zur Selbstgefälligkeit eines, so der gegenwärtige Stand, »Systemsiegers« im welthistorischen Prozeß.

Thomas Dunning, ein englischer Schuhmacher, der um 1840 die Proteste seiner Handwerkskollegen gegen die Einführung von industriellen Fertigungsmethoden in der Branche im Nordwesten Englands organisierte, faßte seine Erfahrungen wie folgt zusammen: »Das Kapital hat einen Horror vor Abwesenheit von Profit oder sehr kleinem Profit. Mit entsprechendem Profit wird Kapital kühn. Zehn Prozent sicher, und man kann es überall anwenden; 20 Prozent, es wird lebhaft; 50 Prozent, positiv waghalsig; für 100 Prozent stampft es alle menschlichen Gesetze unter seinen Fuß; 300 Prozent, und es existiert kein Verbrechen, das es nicht riskiert, selbst auf die Gefahr des Galgens.« Das Streben nach maximalem Profit verleitet zu riskanten Handlungen, die nicht immer ungesetzlich sein mögen, aber Brutalitäten einkalkulieren, sofern der Profit stimmt. Die Geschichte des Kapitalismus liefert Hinweise en masse für diese Aussage, hier ein kleiner chronologischer Auszug:

➲ Die Durchdringung einer naturalwirtschaftlich geprägten Wirtschaftsweise mit Geldbeziehungen lag in den Händen einer Kaufmannsschicht, die sich wirtschaftlich über Geld-Kapital reproduzierte. Zu dessen Quellen gehörten einerseits Raub und Plünderungen; andererseits drang das Kaufmannskapital in die bäuerliche Sphäre ein, deren Mehrprodukt es sich aneignete. Das Kaufmannskapital agierte auf internationaler Bühne und in großem Stil. Es war als Finanzier an den Kreuzzügen beteiligt, die man auch als gewaltige Raubzüge werten kann: »Wir wissen zum Beispiel, wie die Genueser den Kreuzfahrern im Jahre 1101 halfen, den palästinensischen Hafen Cäsarea zu erobern und auszuplündern. Sie erhielten reiche Beute für ihre Offiziere und belohnten die Schiffsinhaber mit 15 % des eroberten Gutes. Was von der Beute übrig blieb, verteilten sie unter die 8.000 Seeleute und Soldaten....

Jeder von ihnen wurde so zu einem kleinen Kapitalisten«, (R.S. Lopez, zit. n. Ernest Mandel, Marxistische Wirtschaftstheorie. Band 1, S. 120).

- Die merkantilistische Epoche des Kapitalismus wurde maßgeblich von Handelskompagnien geprägt; sie waren Monopolunternehmen, an denen der Staat als Gesellschafter neben privaten Investoren beteiligt war. Sie erhielten staatliche Unterstützung nicht nur in kommerzieller sondern auch in militärischer Hinsicht. Die Kolonialisierung des heutigen Indonesien durch die holländische VOC (Vereinigte Ostindische Compagnie, Stammsitz in Amsterdam) ist hier exemplarisch. Die örtlichen Produzenten wurden durch schiere Gewalt gezwungen, ihre Produkte an die Handelskompanie abzuliefern zu Bedingungen, die von ihr diktiert wurden. Um Preisverfall vorzubeugen, zögerten die niederländischen Herren nicht, Produktionsstätten stillzulegen, Gewürzsträucher abzuholzen und der Bevölkerung damit die Existenzgrundlage zu entziehen.
- Dreieckshandel: Die Übertragung feudaler Verhältnisse in die neuen Kolonien, von Spanien in Amerika praktiziert, erwies sich als nicht zukunftsfähig. Die Rekrutierung von Arbeitskräften durch Zwangsverpflichtungen war – demographisch bedingt – begrenzt. Der Handel mit Menschen als Ware trat an ihre Stelle. Der Einsatz von Sklaven bedingte eine Neuausrichtung der ökonomischen Strategien; denn der Kauf von menschlicher Arbeitskraft erforderte Investitionen, die durch entsprechende Vermarktung erwirtschaftet werden mußten. Die agrarische Produktion mußte demnach auf eine vollständige Kommerzialisierung ausgerichtet werden. Dazu bot sich ein Zweig des Luxushandels an, der im Gegensatz zu herkömmlichen Gewürzen auch in gemäßigten Klimazonen betrieben werden konnte – Zucker. Was heute eine niederpreisige Alltagsware ist, war im Spätmittelalter und in der frühen Neuzeit ein Produkt, das grammweise gekauft wurde. Die Plantagenbewirtschaftung des Zuckerrohrs hat eine lange Tradition, sie wurde seit Jahrhunderten im Vorderen Orient praktiziert. Die dank der spanischen Kolonialpolitik weitgehend entvölker-

ten Inseln der Karibik boten da ein ideales neues Terrain. Hier nahm ein neuer Wirtschaftskreislauf Gestalt an: Handelskapital beschaffte Sklaven in Westafrika, verschiffte die menschliche Ware in die Karibik, belud die Schiffe für den Rückweg nach Europa mit Zucker, der von einigen Zentren wie Liverpool und Bordeaux aus vermarktet wurde. Das Handelskapital akkumulierte an mehreren Stellen; bei den Geschäften mit den lokalen Sklavenbeschaffern in Afrika, dann beim Verkauf in der Karibik und schließlich bei der Vermarktung des Zuckers. Entscheidend für den Geschäftserfolg war die Monopolstellung, die wiederum staatlicherseits garantiert wurde.

➲ Das Vordringen der Industrie in vorkapitalistische Sphären war begleitet von Gewalt gegenüber den dortigen Produzenten. Die Highland Clearances in Schottland zu Beginn des 19. Jahrhunderts sind exemplarisch für die sozialen Barbareien beim Siegeszug des Industriekapitalismus. Die gesellschaftlichen Verhältnisse im schottischen Hochland waren geprägt von Clanstrukturen. An der Spitze stand der Clanchef (Laird), der nicht nur Grundherr war, sondern auch Oberhaupt des sozialen Verbandes. Als Grundherr vergab er das Land an die Clanmitglieder, die ihm Teile des Mehrproduktes ablieferten und für Kriegsdienste zur Verfügung standen. Seit der Eroberung durch England im 18. Jahrhundert war der letztgenannte Aspekt hinfällig. Normalerweise betraute der Grundherr sogenannte Tacksmen (Zwischenpächter) mit der Verwaltung der Ländereien. Die wirtschaftliche Lage der Highlands war eher dürftig, was ihre Ursachen – neben der schlechten Bodenbeschaffenheit und den harschen klimatischen Bedingungen – in der primitiven Bewirtschaftungsmethode durch die Pächter hatte. Das abschöpfbare Mehrprodukt war demzufolge gering. Der rapide Aufschwung der englischen Textilindustrie stellte neue Anforderungen an die Versorgung der massenhaft Beschäftigten. Bevorzugtes Nahrungsmittel war Hammelfleisch, der Mehrbedarf konnte aus den traditionellen Weidegebieten nun nicht gedeckt werden. Gleichzeitig gaben technische Neuerungen bei der Textilproduktion der Wollverarbeitung Auftrieb, die kostengünstiger produzierte als die europäische Konkurrenz. Auch für die Wolle stellte sich deshalb die Frage nach erweiterten Bezugsquellen. Die schottischen Highlands boten bislang brachliegende Nutzfläche an. Für die Grundherren war die Transformation der Ländereien in Weideland wirtschaftlich lukrativ. Es galt nur noch, die Pächter zu zwingen, das Land zu verlassen. Rechtliche Möglichkeiten gegen eine Vertreibung hatten diese nicht, denn es gab keine schriftlich fixierten Verträge, die die Nutzung verbrieft hätten. Im Jahr 1785 begannen die Clearances in Glengarry. In den nächsten fünfzig Jahren wurden die Highlands ›gesäubert‹ mit tatkräftiger Hilfe des Militärs. Die Blackwatch-Regimenter werden noch heute von patriotischen Schotten verachtet wie die besonders skrupellosen Grundherren der Clans MacDonell, Campbell und Gordon. Am brutalsten waren der Herzog und die Herzogin von Sutherland, die über einen Landbesitz von ca. 1 Million Acres verfügten. Die örtlichen Revolten waren angesichts der geballten Militärmacht erfolglos. Widerspenstigen wurden die Katen angezündet; das ohnehin kärgliche Hab und Gut wurde mutwillig zerstört. Die britische Öffentlichkeit nahm von diesen Vorgängen keine große Notiz; die nationale Presse feierte vielmehr den wirtschaftlichen Fortschritt. Schafzucht erfordert spezielle Kenntnisse; deshalb wurden hierfür Fachkräfte angeworben. Für die landlosen Pächter gab es in den Highlands somit keine Existenzmöglichkeit – wo früher in einem Bezirk der Grafschaft Perth 40.000 Menschen lebten, gab es jetzt 15 Schäfer mit ihren Herden. Die landlosen Pächter zogen entweder in das Industriezentrum Glasgow, dessen Bevölkerungszahl in der ersten Hälfte des 19. Jahrhunderts von knapp 40.000 auf eine halbe Million anwuchs. Oder wohlmeinende Grundherren ließen ihren Clan an der Küste und den vorgelagerten Inseln siedeln, wo die Herstellung von Asche aus Seetang (Kelb) die Erwerbsgrundlage bildete. Das alkalische Material war ein wesentlicher Bestandteil für die Glasherstellung. Immer mehr Menschen wanderten indes in die Kolonien aus. Im Jahresdurchschnitt verließen 30.000 Menschen Schottland. Andere lebten an den Rändern der Weideflächen, wo sie sich vom Kartoffelanbau ernährten.

1840 brach über sie – wie übrigens auch in Irland – eine Katastrophe herein: Die Kartoffelsaat war unbrauchbar; die Ernte fiel aus; die Menschen verhungerten – ein weiterer Beitrag zur Säuberung der Highlands. Mitte des 19. Jahrhunderts sanken die Wollpreise dauerhaft. Schafzucht war jetzt nicht mehr lohnend. Als Alternative boten sich Hirsche an. Der englische Adel entdeckte seine Vorliebe für die Highlands, wo bald 3,5 Millionen Acres für Hirsche freigegeben wurden. Geld verdiente man nun mit der Jagd und dem Verpachten von Jagdrevieren. Die dafür genutzte Fläche entspricht etwa einem Fünftel des gesamten schottischen Territoriums.

➲ Bis in die 60er Jahre des 19. Jahrhunderts diente der Eisenbahnbau in der außereuropäischen Welt vorrangig der Ausbreitung der Warenwirtschaft. Beispiele hierfür sind die nordamerikanischen Eisenbahnen und die an Rußland für den Bahnbau vergebenen Anleihen. Die Bahnsysteme, die in Asien und Afrika gebaut wurden, dienten fast ausschließlich imperialistischen Zwecken, d.h. der wirtschaftlichen Monopolisierung und der politischen Unterwerfung der Hinterländer, so auch die ostasiatischen und zentralasiatischen Eisenbahnbauten Rußlands. Denselben Charakter tragen die von Rußland getragenen Eisenbahnkonzessionen in Persien, die deutschen Anleihen für die Bagdad-Bahn, die deutschen Bahnbauten in den afrikanischen Kolonien. Den Zusammenhang zwischen Bahnbau und Vorteilen für die eigene Wirtschaft belegt der deutsche Außenhandel mit der osmanischen Türkei. Vor dem Bahnbau beliefen sich hier die deutschen Exporte auf 28 Millionen Mark (1898); im Jahr 1911 waren sie auf 113 Millionen Mark hochgeschnellt. Anleihen mußten selbstverständlich mit entsprechender Verzinsung zurückgezahlt werden. Hierzu das Beispiel der Bagdad-Bahn als Illustration: Die Bagdadbahnanleihe wurde besichert durch die Verpfändung der Steuereinnahmen der Provinzen entlang der Bahntrasse. Diese Einnahmen setzten sich im wesentlichen aus dem von den Bauern erhobenen Zehnten zusammen, also aus Naturalabgaben an einen Steuerpächter, der seinerseits den jeweiligen Steuerbezirk (Wilajet) vom türkischen Staat gepachtet hatte. Bemessungsgrundlage hierfür war ein geschätztes Steueraufkommen von 10 Prozent der Ernte pro Bauer. Der Pächter konnte seine Einnahmen erhöhen, indem er die jeweiligen Kreise (Sandschaks), die einen Wilajet bildeten, weiter verpachtete. Die tatsächliche Steuerbelastung des einzelnen Bauern lag daher weit oberhalb des »Zehnten«. Zumal der Pächter, der gewöhnlich Getreidehändler war, den Bauern zwingen konnte, ihm die Ernte zu niedrigem Preis zu verkaufen. Da die örtlichen Beamten meistens für Bestechungsgelder empfänglich waren, war der Bauer diesem System hilflos ausgeliefert. Das Korn des anatolischen Bauern verwandelte sich über die Steuerpächter in Geld, die es nach Abzug ihrer Profite an den Conseil d'Administration de la Dette Publique Ottomane abführten. Hierbei handelte es sich um die staatliche Institution, die für die ausländische Anleihe verantwortlich war. Sie leistete Zins- und Kapitaldienst gegenüber dem Kreditgeber, in diesem Fall für die Deutsche Bank, die zugleich Gesellschafter an den deutschen Unternehmen war, die die Eisenbahntrasse bauten und Lokomotiven lieferten, und somit doppelt verdiente. »Der Stoffwechsel geht in seiner brutalen und unverblümten Form zwischen dem europäischen Kapital und der asiatischen Bauernwirtschaft vor sich, während der türkische Staat auf seine wirkliche Rolle des politischen Apparats zur Auspressung der Bauernwirtschaft für die Zwecke des Kapitals reduziert wird. Die Resultate dieses Geschäftes sind: auf der einen Seite die fortschreitende Kapitalakkumulation und eine wachsende ›Interessensphäre‹ als Vorwand für die weitere politische und wirtschaftliche Expansion des deutschen Kapitals in der Türkei; auf der anderen Seite Eisenbahnen und Warenverkehr auf der Grundlage der rapiden Zersetzung, des Ruins und der Aussaugung der asiatischen Bauernwirtschaft durch den Staat sowie der wachsenden finanziellen und politischen Abhängigkeit des türkischen Staates vom europäischen Kapital.« (Rosa Luxemburg, Die Akkumulation des Kapitals, S. 360).

Eine Grundregel der kapitalistischen Wirtschaftsweise ist, die menschliche Arbeitskraft als Mittel einzusetzen für die Schaffung von Profit. Das von persönlichen Banden gelöste Arbeitsverhältnis macht den Arbeiter zu einem Produktionsfaktor in einem Prozeß, bei dem Geld über Warenproduktion in Mehrgeld verwandelt wird, das nach Abzug aller dabei entstehenden Kosten den Profit bildet. Die Höhe der Profitrate, also des Profits im Verhältnis zum eingesetzten Kapital, ist maßgeblich von den Verhältnissen in der Produktion abhängig, daher der Drang, die Lohnkosten zu senken und die Produktivität steigernde Maßnahmen zu treffen. So wird der prinzipiell a-soziale Charakter der kapitalistischen Wirtschaftsweise verständlich, deren humanes Gesicht, etwa in der Ära des Wohlfahrtsstaates, immer nur das Ergebnis gesellschaftlicher Auseinandersetzungen sein kann.

Ursprüngliche Akkumulation am Beispiel des Kongo

Die Kolonie Kongo entstand am Reißbrett der europäischen Diplomatie, die 1884 auf der Berliner Konferenz die Aufteilung Afrikas unter die europäischen Mächte festlegte. Bis 1908 wurde die Herzkammer Afrikas vom belgischen König Léopold, danach vom Staat administriert. Die hier verwirklichte Politik der ursprünglichen Akkumulation spiegelt auf besonders abstoßende Weise die gängige Praxis wider.

Die neue Kolonie galt als wirtschaftlich interessant – Kautschuk und mineralische Rohstoffe.

1885 wurde alles angeblich unbewohnte Land zu Staatsbesitz erklärt; sieben Jahre später wurde es in die sogenannte Domaine Privé (also Privatbesitz des Königs) und in Land für Konzessionsgesellschaften verwandelt. Die Domaine wurde vom König direkt bewirtschaftet; Kautschuk- und Elfenbeinhandel bildeten das wirtschaftliche Rückgrat, dessen Einnahmen den kolonialen Staatsapparat finanzierten. Dafür war es allerdings erforderlich, die ansässige Bevölkerung in die

Kolonialwirtschaft einzubeziehen. Das geschah zunächst auf dem Wege der Arbeitssteuer von vierzig Stunden im Monat. Gemeint war damit die Lieferung von Kautschuk, dessen Nachfrage in den Industriestaaten bei beginnender Motorisierung stetig stieg. Die verantwortlichen Kolonialbeamten hatten freie Hand bei der Beschaffung dieses wild wachsenden Rohstoffes. Sie waren motiviert, die den Einheimischen auferlegten Quoten zu erhöhen, da sie finanziell an der abgelieferten Menge beteiligt wurden. Die Beamten agierten über sogenannte Sentinelles (Wächter) in den Dörfern: Brutale Zwangsmethoden wurden angewandt: Geiselnahme, Schläge, Verstümmelungen und Morde waren an der Tagesordnung. Wenn Weiße oder Kautschukeintreiber gemeldet wurden, flüchtete die Bevölkerung in den Busch und löste damit erst recht Strafmaßnahmen aus.

Noch brutaler waren die Verhältnisse in den Regionen, die den Konzessionsgesellschaften zur Ausbeutung überlassen wurden. Den Unternehmen wurde das Recht eingeräumt, Steuern einzuziehen und Zwangsarbeiter einzusetzen. Die Kupferminen der Provinz Katanga waren so ergiebig, daß sie zum drittgrößten Anbieter im Weltmarkt wurden. Die Pfründe wurde von der belgischen Finanzgruppe Société Générale kontrolliert, die die eigentlichen unternehmerischen Tätigkeiten an Bergbaukonzerne vergab, an denen sie beteiligt war. Gleiches gilt für die Plantagenwirtschaft, wo der Unilever-Konzern seine spätere Weltmarktposition begründete. Was hier mehr interessiert, ist die Lösung der Arbeitsfrage jenseits von Zwangsverpflichtungen:

Die Rekrutierungsmethoden unterschieden sich kaum von anderen Kolonien. Weiße Agenten zogen in die Dörfer, um mit Versprechungen, Geschenken oder nötigenfalls offenem Zwang Arbeitskräfte anzuwerben, die dann für eine bestimmte Kontraktdauer in den Bergwerken und auf den Plantagen arbeiteten. Die sozialen Folgen waren verheerend. Ein zu großer Teil der jüngeren männlichen Bevölkerung verließ für Monate das Dorf, die landwirtschaftliche Arbeit blieb den überforderten Frauen überlassen, die Ernteerträge sanken, die Ernährungsgrundlagen schwanden. Damit wuchs der Zwang, die Arbeitskontrakte trotz miserabler Bezahlung am Existenzminimum zu erneuern. Der Zusammenbruch der dörflichen Gemeinschaft ging einher mit materieller und sozialer Verelendung der Wanderarbeiter.

Quelle: Rudolf von Albertini, Europäische Kolonialherrschaft. Die Expansion in Übersee von 1880-1940. München, 1982, S. 431-433.

Gier nach Gold und Silber

Keine Kriminalgeschichte des Kapitalismus kommt an den ersten außereuropäischen Eroberungen seit dem 16. Jahrhundert vorbei. Plünderung und Raub der Ressourcen, Vernichtung widerständiger Einheimischer, Einrichtung von Zwangsarbeitssystemen sind nur einige der herausragenden Merkmale dieser Epoche. Die offensichtlich reichhaltige Beute, die Spanien als Pionier im Kolonialgewerbe an sich riß, rief Nachahmer auf den Plan – der sich entfaltende Merkantilkapitalismus wurde von einer Serie von Handelskriegen begleitet, bei denen es im wesentlichen um gewaltsame Umverteilung von Ressourcen ging, schrankenlose Gier also, die vor keinem Verbrechen zurückschreckte.

Die gewaltsame Erschließung außereuropäischer Ressourcen seit dem 16. Jahrhundert, landläufig als ›Entdeckung‹ deklariert, wird als Beginn der Moderne und des Zeitalters des Industriekapitalismus gesehen. Unbestritten ist, daß vor allem der Zugriff auf die großen Gold- und Silberschätze Amerikas die wirtschaftliche Entwicklung Westeuropas beflügelte. Die grenzenlose Gier, mit der das Handelskapital (Kaufleute und Bankiers), seine Geschäfte betrieb, erhielt durch staatliche Akteure zusätzlichen Auftrieb, denn sie konnten auf diese Weise ihre materielle Machtgrundlage weiter ausbauen. Sie segneten aus diesem Grund die Umtriebigkeit des Kapitals ab und legalisierten das nach bisherigen Maßstäben verbrecherische Tun.

Kapitalverbrechen charakterisiert die politisch-ökonomischen Aktivitäten dieser Epoche insofern, als sie systematisch gegen Menschenrechte gerichtet waren oder diese für belanglos hielten. Die anfänglich so nicht erwarteten amerikanischen Edelmetallschätze verhalfen dem aufkeimenden Kapitalismus in Westeuropa zum endgültigen Durchbruch; neben dem sozialen Umbau dort ermöglichte der neue Reichtum zugleich die gewaltgestützte Expansion in weitere Weltregionen.

Schweiß und Blut der Indios

Die von den iberischen Staaten Spanien und Portugal betriebene Kolonialisierung der Archipele im Mittelatlantik, also Azoren, Madeira und Kanarische Inseln, begann im frühen 16. Jahrhundert. Dort lernten Spanier und Portugiesen das Geschäft der Kolonialisierung, das sie wenige Jahrzehnte später so erfolgreich weltweit anwendeten: Ausrottung einer resistenten einheimischen Bevölkerung, Aufbau neuer Wirtschaftsstrukturen über Sklavenarbeit und Vernetzung mit dem europäischen Wirtschaftsraum. Man kann sagen, daß die kanarischen Zuckerrohrplantagen Modellcharakter für die Kolonialwirtschaft insgesamt besaßen. Hier traten drei gesellschaftliche Gruppen zum ersten Mal gemeinsam auf: der Staat als Vertreter der Monarchie und der feudalen Nobilität, die Kaufleute des »Mutterlandes« und das international agierende Handels- und Bankkapital, im wesentlichen dasjenige der italienischen Stadtstaaten, insbesondere Genuas.

Das übliche Bild von der ursprünglichen Akkumulation erscheint noch in einer anderen Richtung korrekturbedürftig. Zunächst wird angenommen, der Zugriff auf die Reichtümer Amerikas habe erst die Kapitalakkumulation und damit das kapitalistische System in Europa in Gang gesetzt. Würde dies zutreffen, wäre logischerweise Spanien zum Zentrum des Kapitalismus geworden, weil dort die Reichtümer zusammenflossen. Tatsächlich blieb das Land eine Durchgangsstation, an der die wirtschaftliche Entwicklung vorbeizog, denn Kapitalakkumulation setzt geeignete soziale Grundlagen voraus, die in Spanien nicht bestanden. Das bedeutet aber auch, daß die Ursprünge des Kapitalismus weiter zurückreichen. Die soziale Disposition hin zum modernen Kapitalismus war in das feudale Umfeld bereits eingebettet und drängte nun in den Vordergrund. Die außereuropäische Kolonialisierung folgte dem Interesse des Handelskapitals, seine Wirtschaftssphäre und damit die Grundlagen von Kapitalakkumulation auszudehnen.

Maßgeblich war hierbei der lange wirtschaftliche Aufschwung im Europa des 15. Jahrhunderts. Die vorhandenen Mittel: Gold aus den Plünderungen der Kreuzzüge, Silber aus den Bergwerken Europas und Einnahmeüberschüsse aus dem Fernhandel mit Asien reichten nicht aus für die Finanzierung des Aufschwungs. Die stofflichen Grundlagen für Geld- und Kreditschöpfung waren unzureichend. Das Handelskapital sah die enormen Potentiale, die sich ihm bei der wirtschaftlichen Entwicklung in Europa boten, und war deshalb bereit, in Vorhaben zu investieren, die eine Lösung der ›Profitblockade‹ in Aussicht stellten. Es ist anzunehmen, daß der Umfang des Reichtums die Initiatoren überraschte, die im weiteren Verlauf die Kontrolle hierüber verloren und aus dem Geschäft verdrängt wurden. Der rasche Wechsel des kapitalistischen Entwicklungspols hin zur Achse London-Amsterdam macht deutlich, daß dort bereits ein kapitalistischer Sektor ausgebildet war, der sich aus seiner Einbettung in ein feudales Umfeld schneller als anderswo lösen konnte.

Gold war das Anliegen der spanischen Konquistadoren; die Logbücher des Christoph Kolumbus liefern deutliche Einblicke in die Gedankenwelt eines von Gier besessenen Psychopathen. Für den Webergesellen und autodidaktischen Seemann in Diensten der spanischen Krone mag als Entschuldigung angeführt werden, daß ihm die Finanziers im Nacken saßen, die ohne seine waghalsigen Versprechen einem solchen Vorhaben sicherlich kaum zugestimmt hätten. Kolumbus war zum Erfolg verdammt. Dies erklärt die Brutalität seiner Vorgehensweise vor allem gegenüber den Bewohnern der von ihm ›entdeckten‹ karibischen Inseln, aber auch gegenüber seinen Untergebenen. Die an ökonomischen Maßstäben gemessenen dürftigen Ergebnisse der ersten Reise in die Neue Welt hinderten die politisch Verantwortlichen jedoch nicht daran, die zweite Expedition mit wesentlich größeren Mitteln auszustatten. Damit war der Weg in eine systematische und jedwedes ethische Bedenken außer Kraft setzende Eroberungspolitik geöffnet.

Plünderungen und Gier nach Reichtum wurden die Handlungsgrundlagen der neuen Herren in der Neuen Welt. Aber Plünderungen, Raub und Diebstahl waren Grenzen gesetzt, denn der Zeitpunkt war abzusehen, wo es nichts mehr zu plündern gab. Die Banditen im Dienste der spanischen Krone mußten wohl oder übel andere Wege beschreiten, um die Schätze der Kolonien zu bergen.

Die Geschichte des spanischen Kolonialbergbaus begann in den dreißiger Jahren des 16. Jahrhunderts; an der Pazifikküste des nachmaligen Mexiko wurden Silbervorkommen entdeckt; ein Jahrzehnt später stieß man im peruanischen Potosi auf einen riesigen, 400 Meter hohen Silberhügel. Unterhalb des cerro genannten Hügels wurde die Stadt Potosi gegründet, die nur 30 Jahre nach ihrer Gründung 1573 bereits 150.000 Menschen zählte. Allein die demographische Entwicklung macht deutlich, wie gewaltig die Silbervorkommen waren. Tatsächlich verzehnfachte sich die Silberproduktion im Einflußbereich Spaniens. Neben der peruanischen Lagerstätte ist die Mine von Zacatecas im Norden von Mexiko erwähnenswert. Beide begründen den spanischen Reichtum im 16. und 17. Jahrhundert.

Ohne eine bahnbrechende Schmelztechnik wäre dies nicht möglich gewesen. Die traditionelle Silbergewinnung basierte auf Zerkleinerung des Minerals und der nachfolgenden Schmelzextraktion des Metalls. Dies war das Verfahren, das in den mitteleuropäischen Bergwerken angewandt wurde. Es benötigt große Mengen an Brennmaterial und ist nur rentabel bei hochwertigen Vorkommen. Die Beschaffung von Brennstoff wurde im kargen südamerikanischen Hochland zunehmend schwieriger und die Qualität der Silberminen ging zurück. Die neue Methode der Metallgewinnung durch Quecksilber und Salz bedeutete eine Senkung der Produktionskosten und machte die Ausbeutung neuer, bei Verwendung des alten Verfahrens als unrentabel angesehener Silberminen möglich. Spanien verfügte über reiche Quecksilbervorkommen in der Nähe von Cordoba, deren Ausbeutung noch aus römischer Zeit datierte. Die dortigen Bergwerke waren in der Hand des Bankhauses Fugger, des Finanziers der spanischen Krone.

Trotz seiner Größe reichte das spanische Quecksilbervorkommen aber nicht aus, um den Spitzenbedarf der südamerikanischen Bergwerke zu decken. Das bedeutete, daß das verkehrsmäßig ungünstig gelegene Potosi bis in die 70er Jahre des 16. Jahrhunderts nach der alten Methode produzieren mußte. Durch Zufall stießen die Spanier dann auf die von der indianischen Bevölkerung schon lange ausgebeutete Quecksilbermine von Huancavelica. Dort wurde bis dahin das für Körperbemalung bei religiösen Festen benötigte Zinnober gewonnen. Das Vorkommen liegt zwar nur 1200 Kilometer Luftlinie von Potosi entfernt; aber unzugängliche Gebirgszüge, hohe Gipfel und tiefe Täler erschwerten den Transport des Quecksilbers. Diese Schwierigkeiten waren enorm, aber keineswegs unüberwindlich. Seit 1570 verfügte Spanien über genügend Quecksilber für seine Silberproduktion sowohl in Zacatecas als auch in Potosi. Die Produktionskurve des spanischen Silbers stieg seitdem steil an.

Es waren wirtschaftliche Motive, die die Spanier veranlaßten, ihre »Entdeckungen« in dauerhaften Besitz zu nehmen. Die von Kolumbus betriebene Politik der Ausgrenzung und Vernichtung der Ureinwohner erwies sich als kontraproduktiv, weil sie der unterjochten Bevölkerung keine Perspektive bot, sich mit den neuen Verhältnissen zu arrangieren. Auflehnung und Widerstand gegen die neuen Herren und danach kollektiver Suizid waren die Folgen. In Amerika setzten die Spanier das fort, was sie im Zuge der Reconquista des Heimatlandes seit längerem angewandt hatten. Der Völkermord dieses Ausmaßes gründet auf der Politik des spanischen Staates, ›Fremdes‹ auszumerzen, ob die islamische Bevölkerung im Heimatland oder die Bewohner Amerikas, und der schrankenlosen Habgier des Handelskapitals nach neuen Reichtümern. Das erklärt, daß in weniger als einhundert Jahren die Urbevölkerung um nahezu 90 Prozent abnahm, in Mexiko und Peru sogar um 95 Prozent, wie A. G. Frank (World Accumulation, S. 43) nachweist.

Die Erschließung der neuen Kolonien in Amerika erforderte Arbeitskräfte. Zwar gab es Kontroversen über die in Amerika anzuwendenden Rekrutierungsmethoden, wobei die Krone sich für freie Lohnarbeitsverhältnisse aussprach und die Übertragung des in Spanien praktizierten Feudalmodells (encomienda) zunächst ablehnte. Diese Option entstammte weniger einer humanen Einstellung, sondern folgte vielmehr Machtinstinkten. Befürchtet wurde, daß eine starke Kolonialklasse der Stellung der Monarchie in absehbarer Zeit bedrohlich werden könnte. Die allerchristlichsten Monarchen hatten sich bei Ausrottung und Verfolgung von arabischen und jüdischen Minderheiten im eigenen Lande hervorgetan – warum dann plötzlich

Rücksichtnahme gegenüber den fremden Wilden Amerikas? Ein freies Lohnarbeitsmodell erwies sich aber als nicht praktikabel, weil die lokale Bevölkerung aufgrund der frühen Greueltaten keinen Anlaß sah, sich hierauf einzulassen. Auch hätte dieses Modell die Profite der Konquistadorenklasse in der Neuen Welt geschmälert. Die Encomienda bot sich deshalb an: Sie sah vor, die einheimische Bevölkerung unter die Kolonialherren zu parzellieren. In der Realität erwies sich das Modell als ungeeignet, weil die Einheimischen vor den Spaniern flohen, Widerstand leisteten und den kollektiven Selbstmord einer Unterwerfung vorzogen. Die Anfänge der spanischen Kolonialpolitik in den karibischen Besitztümern bedeuteten Völkermord und waren unter Gesichtspunkten der Kapitalakkumulation desaströs. Deshalb wurde die Frage nach der Sklavenwirtschaft erneut thematisiert. Sklavenwirtschaft, so die langjährigen Erfahrungen mit den von Spanien kontrollierten Zuckerrohrplantagen der Kanarischen Inseln, widersprach allerdings dem kirchlichen Drang nach Missionierung. Der Kompromiß bestand im Konzept des ›gerechten Krieges‹. So wie im feudalen Europa Kriegsgefangene versklavt wurden, war es den Konquistadoren gestattet, die amerikanische Bevölkerung zu Sklaven zu nehmen.

Die Anfänge des spanischen Kolonialismus in der Karibik schufen die rechtlichen und ethischen Grundlagen für die wirtschaftlich viel interessantere Ausbeutung auf dem südamerikanischen Festland.

Der Silberbergbau erfordert umfangreiche langfristige Investitionen, eine große Anzahl an Arbeitskräften, technisches Wissen und eine ausgefeilte soziale und ökonomische Infrastruktur, um die für ein erfolgreiches Betreiben der Minen notwendigen Rahmenbedingungen zu gewährleisten. Die Vorkommen lagen entweder in schwerzugänglichen und kaum bevölkerten Regionen wie dem mexikanischen Zacatecas oder in den unwirtlichen Gebieten des andinen Hochlandes. Daß es den Spaniern gelang, hier trotz dieser widrigen Verhältnisse erfolgreich zu sein, ist weniger ihren unternehmerischen Fähigkeiten zu verdanken als vielmehr der von Gier beflügelten brutalen Vorgehensweise. Der Kolonialstaat übernahm die ›Standortpflege‹ und damit die erheblichen logistischen Kosten, während das Privatkapital, dermaßen abgesichert und finanziell entlastet, der Optimierung seiner Rendite nachgehen konnte.

Die mexikanischen Minen wurden in den frühen 40er Jahren des 16. Jahrhunderts erschlossen, in einer Region des Nordens, die nicht zum Herrschaftsbereich der Azteken gezählt hatte. Es gab dort keine ansässige einheimische Bevölkerung. Der Engpaß an Arbeitskräften wurde auf zwei Weisen behoben, einmal durch die Zwangsumsiedlung ganzer Dorfgemeinschaften aus Zentralmexiko und zum zweiten durch den Import von schwarzen Sklaven, die angesichts der hohen Beschaffungskosten bei Spezialistentätigkeiten eingesetzt wurden. Schwarze Sklavenarbeit bewährte sich in Mexiko aber nicht, vor allem aus klimatischen Gründen.

Anders lagen die Verhältnisse in Peru. Die Silbervorkommen lagen auf dem dichtbesiedelten Hochplateau der Anden, dem Kernbereich der untergegangenen Inka. Ein Arbeitskraftproblem wie in Nordmexiko stellte sich hier nicht. Denn die Minen waren schon zu Inkazeiten ausgebeutet worden; hier wurde seit langem das System des kollektiven Arbeitstributs angewendet, das die Spanier übernahmen. Unter dem Mita-System waren Dorfgemeinschaften gezwungen gewesen, Abgaben an den Inkastaat und die Nobilität in Form von unentgeltlichen Arbeitsleistungen zu erbringen. Die peruanischen Bergwerke wurden im wesentlichen von Zwangsarbeitern bewirtschaftet; jedes Jahr trieb der Kolonialstaat über die Dorfvorsteher bis zu 13.000 Bauern ein, die gemeinsam mit ihren Familien für mehrere Jahren in die Bergwerke von Potosi zogen. Kolonialbeamte überwachten die Zwangsarbeit. Der Konsum von Rauschmitteln, bislang ein Privileg des Inka-Adels, wurde den Arbeitern gestattet, wohl deshalb, weil der Genuß von Kokablättern eine hungerunterdrückende und abstumpfende Wirkung hat. Bis in die Gegenwart ist Koka ein wichtiges Nahrungsmittel der verelendeten Bevölkerung der Anden.

Das System war für Kolonialstaat und Minenindustrie gleichermaßen profitabel. Der Staat besaß das Recht auf sämtliche Bodenschätze, was bedeutete, daß an ihn ein Fünftel des geförderten Silbers in Form von Steuern entrichtet wurde. Gleichzeitig hielt er das Monopol auf das für die Metallschmelzung unerläßliche Quecksilber. Die

Betreibergesellschaften erhielten ›lohnfreie‹ Arbeitskräfte für das Abtäufen des erzhaltigen Gesteins. Für anspruchsvolle Tätigkeiten wie Wartung der Schachtanlagen, Entlüftung und Entwässerung mußten Spezialisten aus Europa angeworben werden.

Die bäuerlichen Gemeinschaften hatten schon unter den Inka ihre Selbständigkeit eingebüßt; ihre ökonomischen Entwicklungsperspektiven waren damit geblockt; die Fahrt in die Unterentwicklung nahm unter der spanischen Kolonialwirtschaft jedoch an Tempo zu aufgrund einer entfesselten Ausbeutung mit Auswirkungen bis in die Gegenwart hinein.

Die Mita. Bei der Mita handelte es sich um eine kollektive Zwangsleistung, die Dörfer oder Gemeinschaften an den Kolonialstaat erbringen mußten. Erstmals 1559 angewendet, wurden die Dörfer verpflichtet, Steuern in Form von Arbeit in den Minen zu entrichten. Eigentlich sollte jedes Dorf nur alle dreißig Jahre einen solchen Tribut leisten. Tatsächlich richtete sich die Zahl der Zwangsarbeiter aber nach dem Bedarf der Bergwerksbetreiber. Die Corregidores, Kolonialbeamte in den Provinzen, legten die geforderte Anzahl von Arbeitskräften, zwischen 13.000 und 17.000 im Jahresdurchschnitt, auf die einzelnen Dörfer um; die lokalen Chefs, caciques, mußten sich dann um die Bereitstellung der Arbeiter kümmern. »Dörfler zogen es vor, wirtschaftlich ruiniert, anstatt ausgewählt zu werden«, kommentiert Pierre Vilar (A History of Gold and Money, S. 128); der gleiche Autor berichtet von Fällen, wo der gesamte Viehbestand einer Familie als Bestechung an den Dorfvorsteher übereignet wurde, um der Zwangsarbeit zu entgehen. Das Los traf deshalb die Ärmsten, Mittellosen. Sie nahmen ihre Familie mit, brachen also den Kontakt mit der Dorfgemeinschaft ab; ihre Felder lagen brach.

Der so entwurzelte Mitayo blieb auch nach Ende des Zwangskontraktes in den Minen, jetzt allerdings als »freier« Arbeiter.

Das Mita-System führte zu Widerständigkeiten, die für die Kolonialherrschaft und -wirtschaft jedoch nicht bedrohlich waren.

Arbeitsbedingungen in Potosi. »Was nach Spanien gesendet wird, ist nicht Silber, sondern Blut und Schweiß der Indios«, kommentiert der Mönch Domingo de Santo Tomás, Schüler von Bartolomé de las Casas, des ersten Kritikers der spanischen Kolonialpolitik.

Die Arbeit war sehr schwer. Die indianischen Arbeiter mußten täglich acht Stunden unter Tage arbeiten. Sie erreichten ihren Arbeitsplatz über Leitern bis hinab auf eine Tiefe von 670 Metern. Die geforderte Tagesleistung belief sich auf 23 kg Gestein, das die Arbeiter in einem an der Brust befestigten Sack an die Oberfläche brachten. Arbeitsunfälle waren bei derartigen Verhältnissen unvermeidlich. Hinzu kamen für Untertagearbeit typische Krankheiten wie Staublunge und Lungenentzündung; die schweißnassen Arbeiter trafen beim Verlassen der Mine ungeschützt auf die kalten Winde der Hochanden. Potosi liegt 4000 Meter über dem Meeresspiegel.

Den unter dem Mita-System zwangsrekrutierten Arbeitern stand offiziell ein Lohn zu; er sollte die Ernährung sichern. Tatsächlich wurde der Hungerlohn sehr oft zusammengestrichen, denn die Bergwerksbetreiber koppelten die Lohnauszahlung an die vorgeschriebene Arbeitsleistung, was Manipulationen und Schikanen ermöglichte.

Die Mitayos bildeten den Stamm der Arbeitskräfte in den Bergwerken; es gab jedoch auch ein »freies« Proletariat. Bei dieser Gruppe war der Lohn höher und frei verhandelbar. Die freien Arbeiter rekrutierten sich mehrheitlich aus der Schicht der ehemaligen Zwangsarbeiter, die nach Ablauf der Kontraktzeit in Potosi blieben, und daneben aus den früheren Minenbetreibern. Vor der Erfindung des Quecksilberverfahrens wurden die Minen von indianischen Pächtern bewirtschaftet. Nach dem Gesetz gehörte der Boden der spanischen Krone, die Konzessionen vergab. Die Konzessionäre reichten die Konzession an die eigentlichen Betreiber weiter, normalerweise Indios. Diese kauften dem Konzessionär das von ihnen selbst am Tage geförderte Erz ab; sie kamen zu Verdienst, wenn sie das Erz zu Metall verarbeitet und einen Käufer gefunden hatten. Der Förderboom nach 1570 führte zu einem Anstieg bei den Arbeitskräften. Für die Konzessionäre von Erzadern mit geringem Silbergehalt wurde es nun lukrativ, Arbeitskräfte zu vermieten und die Fördertätigkeit einzustellen. Denn unter dem Mita-System stand jedem Bergwerksbetreiber eine bestimmte Anzahl von Zwangsarbeitern zu, was Konzessionäre benachteiligte, die über erzreiche Vorkommen verfügten.

Erwähnung finden muß der Einsatz von Sklavenarbeitern, die gemäß den Bestimmungen des ›gerechten Krieges‹ in den Indianerkriegen Ende des 16. Jahrhunderts im nachmaligen Chile erworben wurden.

Silber und Weltwirtschaft

Europa litt im gesamten Mittelalter bis in die Mitte des 15. Jahrhunderts stark unter einem drückenden Mangel an Edelmetallen. Der gesamte Handel, vor allem aber der Fernhandel, war durch das Fehlen genügender Mengen an Tausch- und Zahlungsmitteln sehr behindert. Auch wenn die im 16. Jahrhundert aus den Kolonien eingeführten Silbermengen mit der heutigen Produktion überhaupt nicht mithalten konnten – man schätzt, daß die gesamte Fördermenge des 16. und 17. Jahrhunderts der aktuellen Weltproduktion von zwei Jahren entspricht –, bildeten sie doch für das damalige Europa eine große Neuerung, die das gesamte Geldwesen der Zeit von Grund auf veränderte.

Da Silber auf dem internationalen Markt als Währung überall Gültigkeit besaß und daher sehr gesucht war, stieg Spanien dank der außerordentlichen Zufuhr von Silber aus Südamerika von einem an Ressourcen armen Land zum reichsten und mächtigsten Staat der Erde auf. Damals machte das Motto die Runde, Spanien sei vom äußersten Rand der Welt mitten in ihr Zentrum gerückt.

Bankenkapital. Der weitaus größte Teil des amerikanischen Silbers gelangte sicher nach Spanien. Nach gesetzlichen Bestimmungen wurden die Barren von privaten Münzereien zu Geldstücken mit unterschiedlichem Wert verarbeitet. Das spanische Silber wurde für den Kauf von Waren hauptsächlich in Frankreich verausgabt; ein weiterer Verwendungszweck war die Finanzierung des langwierigen Krieges der spanischen Krone in Flandern.

Die damalige Prägetechnik machte Fälschungen möglich, indem beispielsweise der Silbergehalt durch Kupferbeimischung reduziert wurde; auch wurden häufig Fälschungen bereits von den privaten Münzanstalten vorgenommen. Um diese Praktiken zu unterbinden, wurde im Jahr 1609 die Bank von Amsterdam gegründet. Sie unterstand der Stadtaufsicht; ihre Aufgabe war es, sämtliche Münzen auf ihren Metallgehalt hin zu überprüfen und entsprechend zu zertifizieren. Nach Abzug einer geringen Courtage wurde der Gegenwert dem Eigentümer auf dem Konto gutgeschrieben. Der Eigentümer konnte jederzeit die bei der Bank hinterlegten Münzen abrufen. Die Bank betrieb damals noch keine Kreditgeschäfte mit den Einlagen. So wird berichtet, daß im Jahr 1672 die Kaufmannschaft Amsterdams die Auszahlung ihrer Guthaben verlangte, um das Geld vor den heranrückenden Armeen Ludwig XIV. in Sicherheit zu bringen. Die Kundenwünsche wurden ohne Beanstandung erfüllt. Solidität und Sorgfalt der Bank wurden seitdem nicht mehr beanstandet. Das holländische Bankwesen, im 17. Jahrhundert vorbildhaft für Europa, wurde dann von England übernommen, wobei die Inthronisierung eines Mitglieds des Hauses von Oranje als englischer König hilfreich war: Der neue Monarch brachte auch seine Finanzexperten mit nach London.

Die Bank von Amsterdam war später in einen derben Betrugsskandal verwickelt. Der Bürgermeister der Stadt war nicht nur Aufsichtsrat der Bank, sondern in gleicher Funktion auch bei der Ostindischen Kompagnie. Deren einst glänzende Geschäfte gingen im 18. Jahrhundert dramatisch zurück; die erheblichen Verluste wurden durch Großkredite seitens der Bank verschleiert; dies ging so weit, daß diese um 1780 nicht mehr in der Lage war, alle Auszahlungen sofort und in vollem Umfang zu vollziehen. Bankdepots, die bei Transaktionen als Sicherheit dienten, wurden jetzt mit einem Abschlag bewertet. Zuvor war dem Depotinhaber ein Rabatt gewährt worden.

Die Innovation des Bankwesens wurde von anderen Staaten übernommen; dies fiel zusammen mit der Wirtschaftspolitik des Merkantilismus, der auf ökonomischem Terrain den Nationalstaatsgedanken vorwegnahm, bevor die Welle an bürgerlichen Revolutionen das Zeitalter des Absolutismus hinwegspülte.

Betrug und Korruption. Das kolonialwirtschaftliche Modell Spaniens gestattete nur spanischen Bürgern freie Betätigung in den Kolonien. Der Staat kontrollierte den Waren- und Güterverkehr zwischen den amerikanischen Besitzungen und dem Mutterland. Absicht war, der Krone das Monopol auf Gewinne aus dem Besitz der Kolonien und dem Handel mit ihnen zu sichern. Zur wirksamen Durchführung der staatlichen Kontrollen schien es günstig, den gesamten Waren- und Personenverkehr mit den Kolonien auf einen einzigen Hafen zu konzentrieren. Die Wahl fiel auf Sevilla, seit 1503 Sitz der Aufsichtsbehörde, Casa de la Contratación. Die »Pforte und Hafen für Westindien« genannte Stadt hielt das Monopol für den iberoamerikanischen Handel bis ins 18. Jahrhundert hinein.

An die 75 bis 80 Prozent der Schätze, die aus den Kolonien in Spanien ankamen, entsprangen dem Handelserlös von Privatleuten. Die anderen 20 bis 25 Prozent waren Einnahmen der Krone, d.h. royalities (Lizenzgebühren) auf die Bergbautätigkeit der Untertanen, Zölle auf Importe und Exporte und eine Reihe anderer Abgaben. Dazu kamen noch Einnahmen aus den spanischen Quecksilberminen, für welche die Krone unter Zwischenschaltung der allgegenwärtigen Fugger ein Monopol beanspruchte.

Es ist anzunehmen, daß der Silberschmuggel riesige Ausmaße besessen hat. Bei Verladung in Amerika sollten die nach Spanien zu importierenden Mengen Silbers registriert werden; dies bildete die Bemessungsgrundlage für Steuern und Zölle. Abgaben zu sparen und Steuern zu hinterziehen, gehört zum kapitalistischen Wesen. Das war auch im Spanien des 16. Jahrhunderts nicht anders. Dank tatkräftiger Mithilfe der Kolonialbeamten in Südamerika wurden Ladepapiere häufig gefälscht, oder Beamte der Casa de la Contratación ließen sich bestechen, so daß nur ein Teil der Ladung inspiziert wurde. Es liegt in der Natur der Sache, daß es hierüber kaum Aufzeichnung gibt. Bekannt ist ein Briefwechsel zwischen Kaiser Karl V. und seiner Tochter Johanna, in dem der Monarch von einem besonders dreisten Vorfall berichtet: Demnach passierte ein Schiff den Zoll in Sevilla mit gefälschten Ladepapieren; der Schwindel flog aufgrund einer zufälligen Inspektion auf. Ein ähnlicher Vorfall wurde 1568 aufgedeckt;

die amerikanische Silberflotte, 45 Schiffe mit einer offiziell deklarierten Silberladung von 4500 Dukaten, hatte tatsächlich einen Wert von mindestens 8000 Dukaten an Bord.

Energische und strenge Maßnahmen hatten nur geringen und nur zeitweiligen Erfolg. Der Schmuggel eskalierte derart, daß die Behörden die Wirkungslosigkeit ihrer Gegenmaßnahmen einsehen mußten und im Jahr 1660 die Registrierung ganz abschafften. Historiker gehen sogar soweit, den Silberschmuggel im 17. Jahrhundert als einen ›Nationalsport‹ zu bezeichnen, an dem sich Spanier, Ausländer, Kaufleute, Kapitäne, Admirale, einfache Seeleute und Passagiere gleichermaßen beteiligten. Auch die Geistlichen bildeten keine Ausnahme.

Staatsbankrott und europäische Wirtschaft. Der Anteil am amerikanischen Schatz, der der Krone zustand, war in der Regel bereits ausgegeben, bevor er überhaupt in Spanien angekommen war. Da die Verschuldung vor allem darauf beruhte, daß Spanien an vielen Fronten Krieg führte, verschwand das Geld der Krone aus Spanien und tauchte in den Kriegsgebieten wieder auf. Dazu einige Beispiele.

Im Jahr 1567 griff der Herzog von Alba Flandern an. Zwei riesige Wagenkolonnen, beladen mit Gold- und Silbermünzen, begleiteten das Expeditionskorps auf seinem Weg über Bayonne und Paris. In den folgenden Jahren ließ der Herzog noch mehrmals massiven Nachschub kommen. Der überwiegende Teil des spanischen Silbers gelangte zunächst in den Nordosten Frankreichs und erhöhte die dort zirkulierende Geldmenge.

Am 13. September 1583 liefen die aus 70 Schiffen bestehende Armada y flota de Nueva Espana und Armada y flota de Tierra Firme in Sevilla ein. Die Krone bekam nichts von dem riesigen Schatz zu sehen, denn unmittelbar nach der Landung wurde er unter einige der zahlreichen Gläubiger des Königs aufgeteilt, darunter 52.000 Dukaten an das Bankhaus Fugger.

Die Krone war zwar weitgehend, aber sicher nicht allein verantwortlich für den Abfluß des Silbers aus Spanien. Die wirtschaftlichen Verhältnisse in Spanien waren nicht geeignet, das außergewöhnliche Anwachsen der Geldmenge durch den plötzlichen Reichtum an amerikanischem Edelmetall produktiv umzusetzen. Eine Preisinflation war die Folge. Der Warenbedarf der neuen Kolonien mußte über Importe gedeckt werden, weil die Wirtschaft dort nicht über die nötigen Produktionsanlagen verfügte; außerdem wäre angesichts der Preisinflation eine solche Produktion überteuert gewesen.

Anfangs war das Mutterland in der Lage, den Bedarf der Kolonien an Waren zu decken. Im Zuge der kolonialwirtschaftlichen Erschließung verfügten die neuen Herren über großen Reichtum; die Nachfrage verschob sich hin zu Luxusgütern, zumal es ihnen gelungen war, der Krone Zugeständnisse abzuringen, was die lokale Produktion von Waren des Grundbedarfs anging. Bei dem neuen Bedarf handelte es sich um Wollstoffe, Schuhe, Teppiche, Möbel, Seide, Samt und Uhren, die aus spanischer Produktion nicht geliefert werden konnten. Die gesetzlichen Bestimmungen legten dem Außenhandel allerdings enge Fesseln an. Aus diesem Grund mußten sich spanische Exporteure an ausländische Produzenten wenden, denen sie ihren Namen liehen, um die zahlreichen Verbote zu umgehen, denen Ausländer im Handel mit den Kolonien unterworfen waren. Ende der 80er Jahre des 16. Jahrhunderts war Spanien bei Tuchen, Stoffen, Papier, Büchern und Holzarbeiten für seine umfangreichen Exporte in die Kolonien weitgehend von Frankreich abhängig. Auf diese Weise entwickelte sich in Europa ein ausgedehnter Handels- und auch Schmuggelverkehr.

Spanien zahlte seine Importe mit Silber aus den Kolonien, und so ergoß sich ein wahrer Silberstrom über ganz Europa. Im Protokoll der Cortes (Ständeversammlung) aus dem Jahr 1593 findet sich folgende Aussage. »Während unsere Königreiche wegen der Fülle an Gold und Silber, die aus Westindien gekommen sind und weiterhin kommen, die wohlhabendsten der Welt sein könnten, sind sie dagegen am Ende die ärmsten, denn sie bilden nur die Brücke, über die Gold und Silber in andere, uns feindliche Reiche gelangen« (nach Carlo Cipolla, Odyssee, S. 83). Dies gibt die tatsächlichen Verhältnisse einigermaßen korrekt wieder, denn die Steigerung der öffentlichen Ausgaben und die Konsumbedürfnisse der spanischen Kolonisten in Übersee verschärften das Handelsdefizit und trieben die

Inflation in die Höhe. Dem französischen Finanzminister und Theoretiker des Merkantilismus, Colbert, wird das folgende Zitat zugeschrieben: »Je mehr Handel ein Staat mit Spanien treibt, umso mehr Silber hat er«. Faktisch beherrschte Spanien nicht einmal zehn Prozent des Handels mit den Kolonien; etwa ein Drittel befand sich in holländischen/flämischen Händen, ein Viertel entfiel auf französische Handelsunternehmen, weitere 20 Prozent wurden von italienischen Gruppen vornehmlich aus Genua kontrolliert. Deutsches Handelskapital hielt einen Anteil von etwa zehn Prozent. Amerika war ein europäisches Geschäft, resümiert Eudardo Galeano (Die Offenen Adern, S. 35).

Anfänglich waren deutsche Finanzgruppen wie Fugger und Welser maßgeblich an der ursprünglichen Akkumulation beteiligt. Da sie jedoch die Finanziers der spanischen Krone waren, wurden sie Opfer von deren Überschuldung. Die Fugger beispielsweise gingen nach 1570 bankrott.

Weitere Entwicklung der Silberindustrie. Die Silberförderung stieg mit der Einführung des Quecksilberverfahrens nach 1570 an; sie erreichte ihren Höhepunkt in den Jahren 1610 bis 1645. Danach ging die Förderung bis zum Ende des Jahrhunderts zurück. Der Rückgang ist vor allem auf technische Probleme zurückzuführen, den Bau tieferer Schachtanlagen, damit verbundene aufwendige Entwässerungssysteme und Erschließung neuer Erzadern. Die erforderlichen erheblichen Kapitalmassen mußten erst mobilisiert werden, die technischen Anlagen benötigten Zeit bis zur Produktionsreife. Im Falle Mexikos kamen Versorgungsengpässe beim Quecksilber hinzu, denn das Material wurde größtenteils nach Peru umgeleitet, weil die Förderung der Quecksilbermine von Huancavelica rückläufig war.

Der neuerliche Aufschwung im 18. Jahrhundert wurde vor allem von der mexikanischen Minenindustrie getragen; dort gab es mittlerweile eine spezialisierte freie Lohnarbeiterschaft im Gegensatz zu den immer noch von bäuerlichen Zwangsarbeitern betriebenen Bergwerken von Potosi. Außerdem lagen die Minen Mexikos verkehrsgünstig an der Atlantikküste, was den Import spanischen Quecksilbers und die Verschiffung des Edelmetalls nach Europa erleichterte. Ferner hatte sich in Mexiko-Stadt ein Finanzsystem entwickelt, das in der Lage war, den Kapitalbedarf der Bergwerke relativ rasch zu bedienen.

Die politische Zuständigkeit für die andinen Bergwerke wurde im 18. Jahrhundert auf das neue Vizekönigreich Rio de la Plata übertragen mit der Absicht, über Buenos Aires den Zugang zum europäischen Markt zu erleichtern. Die fast zweihundertjährigen wirtschaftlichen und finanziellen Verbindungen mit dem alten Zentrum Lima wurden gekappt; die Anpassung an die neuen Verhältnisse belastete die Minenindustrie vor allem beim Kapitalbedarf und dem Aufbau neuer Transportwege. Schließlich erwies sich das Mita-System als antiquiert, denn die nun aufwendige Bergwerkstechnik erforderte eher Fachkräfte als ungelernte Zwangsarbeiter.

Goldrausch

Für das mittelalterliche Europa war Gold noch gleichbedeutend mit Afrika, mit dem es jedoch nur zwei Kontakte gab: über Ägypten und Nordafrika. Der erste Bezugspunkt schied aus politischen Gründen aus. Damit konzentrierte sich der Handel auf die nordafrikanischen Terminals, wo der Goldstaub des Sudan und des Senegal von Karawanen herantransportiert wurde. Produktion und Distribution lagen fest in afrikanischen Händen, dokumentiert unter anderem an der Blüte der Reiche von Ghana und Mali. Die ariden Zonen der Sahara und des Sahel boten zusätzlichen Schutz, weil die Großmärkte wie Timbuktu und Sijilmesa am Rande dieser unwirtlichen Region lagen und nur von Karawanen erreicht werden konnten.

Die Erschließung neuer Silbervorkommen in Europa seit dem späten 13. Jahrhunderte führte nach einer zwischenzeitlichen Normalisierung nach 1450 zu einem markanten und dauerhaften Preisverfall dieses Metalls gegenüber Gold. Damit war das ökonomische Motiv gegeben, in den afrikanischen Goldhandel einzugreifen und ihn, wenn möglich, unter eigene Regie zu bringen. Es war genuesisches Handels- und Bankkapital, das sich hier engagierte, einmal für die eigenen Kreditgeschäfte, zum andern aber auch für die lokalen Luxusgütermanufakturen, die ein europaweites Monopol bei der Fertigung von golddurchwirkten Stoffen hatten. Portugal bot sich in mehrfacher Hinsicht als politisch-militärischer Träger des wirtschaftlichen Vorhabens an. Die Adelsklassen waren in den politischen Wirren des späten 14. Jahrhunderts verarmt und suchten nach Verbesserung ihrer materiellen Lage.

Die Eroberung des nordafrikanischen Ceuta 1415 markiert den Anfang der portugiesischen Expansion, die sich sodann auf die Westküste Afrikas konzentrierte. Die von den Portugiesen in Dienst gestellten Karawellen ermöglichten erstmalig das Kreuzen gegen den Wind und damit die Beherrschung der Windverhältnisse im Südatlantik, die traditionell getakelten Segelschiffen eine Reise in Richtung Norden erheblich erschwert hatten.

Die Portugiesen griffen auf Handelsstationen im Senegal und in Guinea zu, die mit den Goldproduzenten im Innern Afrikas verbunden waren. Höhepunkt der portugiesischen Expansion bildete Sao Jorge da Mina im heutigen Ghana gelegen. Entgegen der Namensgebung, vermutlich eine geschickte Marketingaktion, wurde hier keineswegs Gold gefunden, sondern lediglich gehandelt. Es ist übrigens kennzeichnend für die Bemühungen Portugals, daß zu keinem Zeitpunkt die Goldförderung selbst unter Kontrolle gebracht wurde, sondern lediglich günstige Handelsbedingungen mit der Händlerschaft vor Ort vereinbart wurden. Wirtschaftlich war dies nur, solange der Goldpreis in Europa entsprechend hoch war. Der Zustrom großer Goldmengen aus den Schatzkammern der Inkas und Azteken führte zum Preisverfall und machte den portugiesischen Goldbesitz unrentabel. Um das Jahr 1540 hatte Portugal hierfür allerdings eine andere Verwendung: die Finanzierung der Gewürzeinkäufe an den asiatischen Märkten. Erwähnenswert ist, daß der Afrikahandel vom portugiesischen Staat an Konzessionäre vergeben wurde, die das Geschäft auf eigenes Risiko betrieben und dabei auf die Geldmittel italienischer Finanziers angewiesen waren.

Für einen anderen Wirtschaftszweig hingegen hatten diese Aktivitäten wegweisenden Charakter: es zeigte sich, daß Westafrika ein flexibles Angebot an Sklaven zu günstigen Bedingungen bereit hielt. Anfänglich handelte es sich hierbei wie im mittelalterlichen Europa um Kriegsgefangene, die auf diese Weise profitabel vermarktet wurden.

Die geographischen Kenntnisse versetzten Portugal in die Lage, als erste europäische Macht den Seeweg nach Indien zu erschließen. Auf dem Wege dorthin stießen sie auf die ostafrikanischen Goldvorkommen. Das über die arabischen Häfen an der Swahiliküste umgeschlagene Gold aus den Minen Zimbabwes hatte nur ein geringes Volumen; nach der portugiesischen Kolonialisierung wurde es ausschließlich im asiatischen Handel verwendet.

Der oberflächlich betrachtet rasche Erfolg Portugals in Indien entstammt seiner maritimen Vorsprungstechnologie. Die Anrainerstaaten des Indischen Ozeans verfügten nicht über hochseefähige Kriegsflotten; die vorhandenen Kriegsschiffe dienten ausschließlich dem Küstenschutz. Es fehlte den Portugiesen aber die Ressourcen, um landseitige Erfolge zu erzielen. Jedoch gelang es ihnen, sich an einigen strategischen Punkten an der Westküste Indiens festzusetzen, so in Surat und Goa; ihnen kam es darauf an, den euro-asiatischen Handel mit hochwertigen Produkten, hier vor allem Gewürzen, zu monopolisieren und die ›terms of trade‹ vor Ort zu ihren Gunsten zu gestalten.

Dazu diente die Kontrolle der maritimen Verbindungswege. Der Zugang zum Indischen Ozean von Europa aus wurde vom Militärhafen Mocambique kontrolliert; am Eingang zum Roten Meer, Verkehrsader für Ägypten und für Mekka, wurde Aden okkupiert; den Schiffsverkehr mit dem Persischen Golf überwachte das omanische Muskat; das Nadelöhr zwischen Indischem Ozean und Pazifik bildet die Straße von Malakka, wo sich die Portugiesen ebenfalls festsetzten. Die Unterhaltskosten für dieses ausgedehnte Stützpunktsystem und die Flotte, Estado da India genannt, wurden teilweise durch Steuern gedeckt, die der regionale Schiffsverkehr an die portugiesischen Behörden abführen mußte: Wurde ein Schiff ohne Carteza angetroffen, wurde die Ladung konfisziert. Die zeitweilige Monopolstellung im Gewürzhandel gab dem portugiesischen Staat weitere finanzielle Mittel für den Estado.

Monopole dieser Art fordern Konkurrenz heraus; die holländische Ostindienkompagnie knackte Anfang des 17. Jahrhunderts die militärische Vormachtstellung Portugals, was dieses dank der Erschließung Brasiliens offensichtlich verwinden konnte, so wie fast zweihundert Jahre später der Verlust der nordamerikanischen Kolonien den englischen Kapitalismus kaum erschütterte dank der Inbesitznahme Bengalens.

Der Estado da India war in mehrfacher Hinsicht epochal; er lieferte den Beweis, daß europäische Handelsinteressen im Osten, gestützt auf eine Kriegsflotte, dauerhaft wahrgenommen werden konnten; ferner wurde deutlich, daß die großen Reiche Asiens vermittels überlegener Militärtechnologie im maritimen Sektor zu Konzessionen gezwungen werden konnten, und schließlich stand den europäischen Mächten der Zugang nach Asien nahezu ungehindert offen; Hindernisse entstammten innereuropäischen Konflikten, aber nicht mehr asiatischen Widerständigkeiten. Der Estado war gewissermaßen der Schlüssel zum asiatischen Tresor.

Resümierend: Die spätmittelalterlich-frühneuzeitlichen Staaten Mittel- und Westeuropas waren ökonomisch schwach entwickelt, und es fehlte ihnen an politischer Macht, um ihren Währungen zur weltwirtschaftlichen Geltung gegenüber den islamischen Staaten am Mittelmeer und im Orient zu verhelfen. So wurde die gezielte, aus ökonomischen Erwägungen heraus entstandene Suche nach Gold die eigentliche Triebfeder der europäischen Expansion seit dem 16. Jahrhundert: Portugal griff nach dem Gold Westafrikas; Spanien eroberte auf der Suche nach dem Edelmetall Amerika.

Die reichhaltige Zufuhr von Gold und Silber nach Europa trug wesentlich zum Aufschwung der Weltwirtschaft bei, denn jetzt war es möglich, die Handelsbeziehungen mit dem Osten auszudehnen. Einem Warenaustausch waren bis dahin enge Fesseln angelegt gewesen, weil die weiterentwickelten Ökonomien Indiens und Chinas keinen Bedarf an der europäischen Warenproduktion hatten und auf Bezahlung in Edelmetall, vorzugsweise Silber, bestanden. Man könnte nun annehmen, daß ein dreigliedriges Weltwirtschaftssystem entstanden wäre, mit Europa als Mittler zwischen der amerikanischen Edelmetallproduktion und den asiatischen gewerblichen Fertigungsstätten. Es wird deutlich, daß ökonomische nicht von politisch-militärischer Macht zu trennen ist bzw. daß sich beide wechselseitig bedingen: Die wirtschaftliche Entwicklung in Westeuropa wurde durch den Gold- und Silberzufluß Amerikas stimuliert, und zugleich wurde dieser neue Reichtum für politische Ziele verwendet, was militärische Hochrüstung einschloß. Was in Amerika mit Erfolg praktiziert wurde, nämlich der Zugriff auf Ressourcen mit außerökonomischem Zwang und Gewalt, fand seine Fortsetzung gegenüber den Handelsstaaten Asiens, wo Gewalt bis hin zur Annektion die Handelsbeziehungen prägte. Das schon im frühen 16. Jahrhundert von Portugal eingeführte und aus Sicht Lissabons erfolgreiche Modell des estado da India, einer übermächtigen Kriegsflotte also, bildete die Vorlage für die Politik der aufstrebenden Wirtschaftsmächte Niederlande, England und Frankreich.

Asien im Visier

Was bedeuteten die Schätze der Neuen Welt für die euro-asiatischen Handelsbeziehungen? Am europäischen Warenangebot änderte sich zunächst nichts. Indien und China hatten keinen Bedarf an schweren Wolltuchen, damals eines der wichtigsten Produkte im innereuropäischen Handel; auch für Wein, ein weiteres wichtiges Handelsgut, gab es dort keinen Absatz. Mitunter verfielen europäische Händler auf bizarre Ideen, so den Verkauf von Heiligenbildern. Nachdem auch dies aus wenig erstaunlichen Gründen nicht den erhofften Verkaufserfolg zeitigte, dachten die verantwortlichen holländischen Kaufleute über den Vertrieb von eigens für den asiatischen Markt gefertigten pornographischen Abbildungen nach, wurden aber von der protestantischen Geistlichkeit hieran gehindert. Es blieb auch im 16. und 17. Jahrhundert beim traditionellen Tauschmuster: asiatische Luxusprodukte gegen europäisches Silber. In den Berichten der führenden englischen und holländischen Ostindienkompagnien finden sich bis Anfang des 18. Jahrhundert ständig Hinweise auf die Weigerung der asiatischen Handelspartner, andere Tauschprodukte als Silber zu akzeptieren.

Die Schaffung der englischen und holländischen Handelsgesellschaften führte zur Ausdehnung des Fernhandels, was durch die Erschließung der Seeverbindung zwischen Europa und Asien erleichtert wurde. Die beiden Handelsgesellschaften waren die Kolosse des damaligen Wirtschaftslebens, erreichten ein Handelsvolumen wie keine Kapitalgesellschaft vor ihnen und führten völlig neue Geschäftsverfahren ein; sie waren die Vorläufer der heutigen Aktiengesellschaften. In Indien trafen die Europäer auf ein vergleichsweise offenes Handelssystem, bei dem sie in Konkurrenz mit anderen Handelsgruppen traten, die beispielsweise im Warenaustausch mit dem arabisch-islamischen Raum oder mit China tätig waren. In der Blütezeit der Mogulherrschaft wurden die ›terms of trade‹ noch von der indischen Seite bestimmt; das gewaltsame Eindringen in den indischen Markt, wie es Portugal in einigen Enklaven betrieben hatte, konnte so nicht wiederholt werden. Die strikt kapitalistische Wirtschaftsweise der Ostindienkompagnien hätte dies auch nicht zugelassen, es sei denn, die Aufwendungen hätten Monopolgewinne in Aussicht gestellt. Eine solche Gelegenheit war an der Peripherie des asiatischen Wirtschaftsraums, dem indonesischen Archipel, gegeben. Die holländische VOC brachte mit Brachialgewalt die Gewürzproduktion dieser Region unter ihre Kontrolle und errichtete ein Monopol.

Der Chinahandel gestaltete sich wesentlich komplizierter als derjenige mit Indien. Die Zentralisierung Chinas ist ein Grund, der andere ist in der angesichts des riesigen Binnenraumes relativ geringen Bedeutung des Außenhandels für die chinesische Wirtschaft zu suchen. Andererseits war der chinesische Markt äußerst lukrativ, denn dort betrug das Tauschverhältnis von Silber zu Gold 5 zu 1; wohingegen in Europa das Verhältnis bei 14 zu 1 lag, d.h. auf ein Teil Gold entfielen 14 Teile Silber. Dies bildete einen großen wirtschaftlichen Ansporn, wie Pierre Vilar (A History of Gold and Money, S. 95) kommentiert.

Das amerikanische Silber erreichte den chinesischen Markt auf zwei Wegen: über die berühmte Manila-Galeone und den Seeweg über Lissabon und Macao. Einmal im Jahr wurde vom mexikanischen Acapulco aus Silber nach Manila auf den Philippinen verschifft, wo die Ladung von chinesischen Kaufleuten abgenommen wurde. Auf dem zweiten Weg wurde das Silber zuerst nach Sevilla verschifft, von dort gelangte es nach Lissabon, wurde dann auf Schiffen nach Goa, Portugals zentralem Stützpunkt in Indien, transportiert, um nach einer weiteren Umladung den Zielhafen Macao zu erreichen. Carlo Cipolla (Odyssee, S. 109) beschreibt das internationale Handelssystem des 16. und 17. Jahrhunderts zusammenfassend: »Eine große Menge Silber in Form von Münzen oder Barren (bewegte sich) von Mexiko und Peru aus nach Spanien... und von dort aus in alle europäischen Länder... Von Europa ging dann ein Großteil dieses Silbers weiter in Richtung Osten bis nach Indien und China. In entgegengesetzter Richtung flossen ein Strom asiatischer Produkte nach Europa und ein Strom europäischer Produkte auf den amerikanischen Kontinent. Das iberoamerikanische Silber... lieferte die notwendige Liquidität für das Funktionieren dieses Systems, das in diesem Umfang gerade wegen des Fehlens ausreichender Zirkulationsmittel im Mittelalter noch undenkbar gewesen wäre«.

China wies noch eine weitere Besonderheit auf; der interne Geldverkehr basierte auf Kupfermünzen. Es bestand eine große Nachfrage nach dem Rohstoff dafür, den portugiesische Händler über Hamburg bezogen, Verladeort der mitteleuropäischen Kupfergruben. Es wird geschätzt, daß jährlich 500.000 Kilogramm Kupfer nach China exportiert wurden. Die chinesischen Abnehmer bezahlten in Gold, was für sie angesichts des günstigen ›Wechselkurses‹ zu Silber die bevorzugte Bezahlung darstellte. In Europa hingegen war der Kurs gegenläufig, so daß das Bankhaus Fugger, Finanzier der Kupferminen, immense Profite realisierte.

Handel, so ein weitverbreiteter Mythos, sei friedensstiftend. Eingedenk der kolonialen Vernichtungskriege Spaniens in Amerika und der portugiesischen Seekriege im Osten scheint sich diese Behauptung beim späteren asiatischen Fernhandel im Hinblick auf die Hauptakteure zu bewahrheiten. Tatsächlich waren die Kompagnien nicht stark genug, um sich mit anderen als ökonomischen Mitteln im Markt zu behaupten; zudem waren die bisherigen militärische Erfolge gegen Gegner erzielt worden, die entweder völlig unvorbereitet waren, wie etwa beim Zugriff Portugals im Indischen Ozean, oder die wie im Falle der südamerikanischen Inka auf keinen breiten Rückhalt bei einer entrechteten Bevölkerung rechnen konnten, der ein Herrschaftsaustausch anfangs weitgehend gleichgültig war.

Eine militärtechnologische Überlegenheit Europas ist ein weiterer Mythos, der mit Blick auf gleichwertige Staaten, etwa Japan und Mogul-Indien, keiner Überprüfung standhält. Worin die europäische Kriegsführung überlegen war, war die Bereitschaft zur Vernichtung oder zum ›trigger-happy‹, wie die Methode zur Ausrottung der indianischen Bevölkerung Nordamerikas umgangssprachlich bezeichnet wird.

Als sich die Gelegenheit bot, wie im Indien des 18. Jahrhunderts beim Niedergang des Mogulreiches, kam außerökonomische Gewalt zur Anwendung. Die Saat der Gewalt als Instrument zur Durchsetzung von ökonomischen Interessen war von Portugal gesät worden. Die Keime die mit dem Estado da India gelegt worden waren, gingen knapp zweihundert Jahre später auf.

Zusammenfassung

Die Plünderung der Schätze Mexikos und des Inkareiches sowie die Erschließung der Silberminen von Potosi verringerten die Produktionskosten der Edelmetalle weiter, nachdem schon die technischen Veränderungen im europäischen Bergbau eine erste Kostensenkung bewirkt hatten. In der Folge ging über Europa, wo die Masse der neugewonnenen Edelmetalle rasch in Umlauf kam, eine Welle der Preiserhöhung hinweg. Der Ruin des Adels und der Lohnarbeiterschicht wurde beschleunigt. Das Sinken der Reallöhne wurde vom 16. bis zum 18. Jahrhundert zu einer der Hauptquellen der ursprünglichen Akkumulation: »In England und in Frankreich brachte der große Unterschied zwischen Preisen und Löhnen – als Ergebnis der Preisrevolution – die Arbeiter um einen Großteil ihres Einkommens, das sie bis dahin bezogen hatten, und lenkte diesen Reichtum in die Hände der Nutznießer anderer Einnahmequellen. Wie wir zeigten, blieben sowohl die Rente als auch die Löhne hinter der Preisbewegung zurück; die Grundbesitzer gewannen nichts aus den Einbußen der Arbeiter« (Earl Hamilton, ›American Treasure and the Rise of Capitalism‹, S. 355).

Als Folge des Defizits in der Handelsbilanz Spaniens und des Verfalls seines Handwerks gelangten die in Amerika geraubten und von Sklavenarbeitern geförderten Edelmetalle in den Kreislauf des außerspanischen Handelskapitals, das hierdurch einen gewaltigen Aufschwung nahm und zur tragenden Säule bei der Akkumulation wurde.

Im Blick auf den wirtschaftlichen Wandel hin zum Industriekapitalismus ist bemerkenswert, daß die neuen Reichtümer aus Amerika den bis dahin politisch bestimmenden Adel wirtschaftlich ins Hintertreffen brachten, so daß dessen Abtritt von der politischen Bühne vorgezeichnet war.

Lebendig begraben

Seit den 70er Jahren des 20. Jahrhunderts wird in Tanzania, in der Region Bulyanhulu, nahe dem Victoria-See, nach Gold geschürft. Es waren anfänglich selbständige Schürfer, die hier ihr Glück zu machen versuchten. Tatsächlich sind die Vorkommen so ergiebig, daß sie bald das Interesse der internationalen Bergbaukonzerne auf sich zogen. Obwohl sie über die erforderlichen staatlichen Schürflizenzen verfügten, wurden die Goldsucher nebst ihren Familien 1996 von den Goldfeldern vertrieben. Die tanzanische Regierung hatte die Evakuierung angeordnet. Bei den gewaltsamen Auseinandersetzungen starben mehr als 50 Bergleute; sie wurden lebendig begraben. Die staatliche Behörde und der neue Eigentümer, das kanadische Unternehmen Kahama Mining Corporation, ordneten an, die Schächte aufzufüllen, obwohl ihnen bekannt war, daß noch zahlreiche Bergleute unter Tage waren.

Rechtliche Schritte, auch von angesehenen internationalen Juristenvereinigungen und Menschenrechtsorganisationen, wurden abgeschmettert. Die Weltbank hingegen zögerte nicht, dem kanadischen Unternehmen für Erschließungsarbeiten einen Kredit in Höhe von knapp 120 Millionen Dollar zu gewähren.

Quelle: Lawyers‹ Environmental Action Team, Bulyanhulu Gold Mine; http://www.leat.or.tz/active/buly/

Zucker, Sklaven, Handelskapital

»Sie glauben vielleicht meine Herren, daß die Produktion von Kaffee und Zucker die natürliche Bestimmung von Westindien sei. Vor zweihundert Jahren hatte die Natur, die sich nicht um den Handel kümmert, dort weder Kaffeebaum noch Zuckerrohr gepflanzt«, so Karl Marx in der Demokratischen Gesellschaft zu Brüssel (Rede über die Frage des Freihandels, S. 456).

Zuckeranbau rückte in das Zentrum kolonialwirtschaftlicher Aktivitäten, nachdem die Plünderung der Gold- und Silvervorkommen die spanischen Eroberer weg vom Einfallstor Karibik auf das amerikanische Festland geführt hatte. Die hohen Erwartungen, die die Conquista in den herrschenden Kreisen Spaniens ausgelöst hatte, führten zur Inbesitznahme der formal nun der spanischen Krone unterstehenden karibischen Inseln. Dort wurden nach dem Vorbild der Metropole feudale Besitzverhältnisse eingeführt. Die spanischen Eroberer gingen rücksichtslos gegen die einheimische Bevölkerung vor, rotteten sie weitgehend aus oder trieben sie in den kollektiven Selbstmord; Feudalismus ohne Verfügung über menschliche Arbeitskraft ist aber nicht möglich. Auch fehlten angesichts geographischer und klimatischer Bedingungen die Möglichkeiten, eine aus Spanien bekannte Landwirtschaft aufzubauen. Zuckerrohr löste die drängenden Probleme; ansonsten wäre die erste Kolonialregion der Verödung anheim gefallen. So aber wurde die koloniale Karibik zum ersten Wachstumspol der aufkeimenden kapitalistischen Weltwirtschaft. Das dort geschöpfte Kapital, sei es auf den Plantagen selbst oder über Handelstätigkeiten, verbreiterte die wirtschaftliche Basis in den Kolonialmetropolen und schuf dort die Voraussetzung für eine Ausbreitung kapitalistischer Produktionsverhältnisse, die ohne diese Zufuhr wesentlich langsamer verlaufen wäre. Die Methoden der Aneignung durch unfreie Arbeit, die Einführung von Plantagenwirtschaft als der aus Kapitalsicht profitträchtigsten Bewirtschaftungsform sowie der einseitige Ressourcentransfer begründeten Ausbeutungsverhältnisse mit Modellcharakter für die übrige koloniale Welt.

Geschichte des Zuckers in Europa

Zucker war bis zur Industrialisierung im 19. Jahrhundert eine Luxusware, die angesichts ihres hohen Preises nur von den Oberschichten konsumiert wurde. Wirtschaftshistoriker sind der Ansicht, daß in Deutschland Ende des 14. Jahrhunderts der Preis für ein Kilogramm Zucker etwa das Fünffache eines ausgewachsenen Ochsen betragen habe. Werner Sombart spricht hier von einem Reservatkonsumartikel (Luxus und Kapitalismus, S. 145). Da stellt sich die Frage, wie es kommen konnte, daß die Zuckerindustrie in der Karibik zur großen Akkumulationsquelle wurde. Antworten auf diese Fragen beziehen sich zunächst auf die Verdrängung alter Produktionsstandorte, dann auf die Rationalisierung bei der Zuckerherstellung und ferner auf den Einbruch beim Hauptkonkurrenten, dem Bienenhonig. Schließlich ist angesichts des sich ausbreitenden Kapitalismus von einer numerischen Zunahme der Oberschicht auszugehen.

Im feudalen Mittelalter, sagt man, haben Süßspeisen fast keine Rolle gespielt; Bienenhonig war damals der am weitesten verbreitete Süßstoff. Die Bienenzucht litt jedoch unter den Folgen der Reformation, weil nun die Nachfrage nach Kerzen sprunghaft zurückging: Eine Vielzahl von Klöstern als Hauptabnehmer wurde geschlossen. Das beeinträchtigte auch das zweite Produkt der Bienenzucht – den Honig.

Das mittelalterliche Europa bezog seinen Rohrzucker von verschiedenen Standorten am Mittelmeer. Die Produzentenländer Syrien, Ägypten und Zypern belieferten über italienische Kaufleute den europäischen Markt. Im Vergleich mit anderen Produkten wie Gewürzen und Seide war dieser Zweig des Fernhandels wertmäßig allerdings gering. Zuckerplantagen auf Sizilien und in Süditalien traten als neue Anbieter auf, aber soweit eine dürftige Quellenlage eine Beurteilung zuläßt, behinderten die hohen Preise selbst dieser marktnahen Standorte eine Zunahme bei der Nachfrage. Zu Beginn des 15. Jahrhunderts setzte ein allmählicher Prozeß der Verlagerung des Zuckerrohranbaus in das westliche Mittelmeer ein. Bekannt ist, daß mindestens seit 1404 in Portugal Zuckerrohr angebaut wurde. Die Kolonialisierung der

Atlantikinsel Madeira eröffnete neue Perspektiven, denn deren Boden und Klima eigneten sich besonders gut für Zuckerrohr. Im Laufe des Jahrhunderts lief Madeira den übrigen Produzenten für den europäischen Markt den Rang ab: Hatte die Ernte um die Jahrhundertmitte schätzungsweise 200 kg betragen, so stieg sie in den folgenden Jahrzehnten auf etwa 1 Million kg. Um 1480 traten die Kanarischen Inseln, etwas später die Azoren, dann die Kapverdischen Inseln und Sao Tomé als neue Anbieter auf den Markt. Ein Preisverfall war angesichts des Angebotsüberhangs unvermeidlich. Dieser wurde jedoch für die Kapitalseite durch sinkende Produktionskosten weitgehend aufgefangen. Die traditionellen Anbieter waren unterlegen; sie verschwanden vom europäischen Markt, wo aufgrund dieser Art von Konkurrenzbereinigung die alte Balance zwischen Angebot und Nachfrage wieder hergestellt wurde.

Im Gefolge der europäischen Expansion seit dem 17. Jahrhundert ist auch eine Ausweitung der Anbaugebiete des Zuckerrohrs zu beobachten. Brasilien stieg zum größten Produzenten auf, der um 1600 eine Jahresförderung von etwa 18.000 Tonnen vorwies. Madeira büßte seine Stellung ein; Zuckerrohr verkümmerte dort; die Jahresleistung sank unter 500 Tonnen ab. An seine Stelle trat der Weinanbau. Bereits um 1670 lösten die Antillen Brasilien als Weltmarktführer beim Zucker ab, jedoch blieb das südamerikanische Land ein wichtiger Produzent. Alexander von Humboldt (Essai politique sur le royaume de la Nouvelle-Espagne, S. 19) macht für 1820 folgende Angaben: Das Produktionsvolumen der Antillen belief sich auf 287.000 kg, Brasilien produzierte 125.000 kg, gefolgt von Guyana mit knapp 40.000 kg.

Demnach stieg in den dreihundert Jahren nach Beginn der Kolonialisierung die Zuckerproduktion in Reichweite des kapitalistischen Weltmarktes um mehr als das Zehnfache; dies wiederum verweist auf eine gestiegene Nachfrage. Tatsächlich hatte sich der Kreis derjenigen, die von der Kolonialisierung und der auf ihr gründenden kapitalistischen Entwicklung profitierten, ausgeweitet. Aber Zucker war noch weit von einer Massenware entfernt. So wurden Ende des 18. Jahrhunderts für ein Kilogramm Zucker vom deutschen Endverbraucher 15 Gramm Feinsilber verlangt; der Tageslohn eines Augsburger Maurergesellen betrug etwa 5,4 Gramm Feinsilber, ein Steinbrucharbeiter verdiente nur 3,1 Gramm. Selbst ein hoher preußischer Beamter (im Range eines Kriegsrates) erhielt nur etwa das siebenfache Einkommen eines durchschnittlichen Arbeiters. Nach Hans Heinrich Maschurat (Preise und Verbrauch des Kolonialzuckers im vorindustriellen Europa, S. 27) importierte Europa um 1500 bei einer Bevölkerung von ca. 50 Millionen Menschen 2.500 Tonnen Zucker im Jahresdurchschnitt. Das entspricht einem Pro-Kopf-Verbrauch von ca. 60 Gramm im Jahr. Einhundert Jahre später wurden 20.000 Tonnen Zucker importiert; bei einer Gesamtbevölkerung von circa 90 Millionen bedeutete dies einen Pro-Kopf-Konsum von etwa 220 Gramm. Um 1800 wurden jährlich 200.000 Tonnen Zucker nach Europa exportiert. Die damalige Bevölkerungszahl betrug knapp 190 Millionen; der Durchschnittsverbrauch lag demnach bei etwas über einem Kilo. Zum Vergleich werden in der Bundesrepublik pro Kopf der Bevölkerung heute 36 kg Zucker konsumiert.

Den Endpreis von 15 Gramm Feinsilber pro Kilo Zucker zum Maßstab genommen, handelt es sich beim Zuckergeschäft im Europa des 18. Jahrhunderts immerhin um ein Umsatzvolumen von 3.000 Tonnen Silber. Nach heutiger Kaufkraft entspräche das Zuckergeschäft etwa 15 Milliarden Euro.

Die demographische Entwicklung hing hinter der Steigerung des Pro-Kopf-Konsums zurück und kann als Erklärungsfaktor vernachlässigt werden. Die Einkommensniveaus sowohl der Lohnabhängigen als auch der Beamten waren, bezogen auf den Zuckerpreis, zu niedrig; sie scheiden als Umsatzträger ebenfalls aus. Folglich beruht die Zunahme dieser Luxusware auf den erheblich verbesserten Einkommen der Oberschicht und der Bourgeoisie, also der an Tempo, Intensität und Reichweite gesteigerten Kapitalakkumulation. Ein Faktor bei dieser Reichtumsmehrung war wiederum die Zuckerproduktion selbst.

Der Weg zur Ware des alltäglichen Konsums hing dann entscheidend mit der Verbreitung der Zuckerrübe zusammen.

Vom Rohr zur Rübe

Die in Europa angebaute Zuckerrübe wurde zu Beginn des 19. Jahrhunderts zum Konkurrenten des tropischen Zuckerrohrs. Ausschlaggebend war das Bestreben, das von britischen Firmen gehaltene Monopol zu durchbrechen: »Die deutsche Zuckerindustrie war um die Jahrhundertwende der größte Exporteur des Reiches. 1900/01 wurde von einer Produktion von rund 2 Mill. Tonnen 1.150.000 Tonnen exportiert« (Karl Müller, Die Lage der Zuckerproduktion und Zuckermärkte, S. 431).

Andere europäische Staaten, die Zuckerrüben anbauten, betrieben eine ähnliche Wirtschaftspolitik wie Frankreich und das Deutsche Reich. Das führte dazu, daß der Anteil des Rübenzuckers an der Zuckerweltproduktion von knapp 5 Prozent im Jahr 1840 auf 53 Prozent gegen Ende des Jahrhunderts hochschnellte (M.G. Müller, Zuckerrohr, S. 96).

Ein Markteinbruch dieses Ausmaßes führte zu Reaktionen auf britischer Seite. Die Brüsseler Zucker-Konvention von 1902 stellte einen Kompromiß zwischen den europäischen Zuckerrübenanbauern und den Zuckerrohrproduzenten dar. Schutzzölle und Exportprämien sollten abgeschafft und gleiche Wettbewerbsbedingungen hergestellt werden. Der Weltmarktanteil des Rübenzuckers ging im Durchschnitt der nächsten fünfzig Jahre auf ein Drittel zurück. Aufgrund natürlicher und geographischer Faktoren war Zuckerrohr das weitaus ergiebigere Produkt; außerdem waren die Produktionskosten angesichts der kolonialen Hungerlöhne wesentlich niedriger. Die jeweiligen Regierungen waren verständlicherweise nicht daran interessiert, einen ertragsstarken Produktionszweig der Landwirtschaft verkommen zu lassen, daher wurde – wenn auch auf etwas niedrigerem Niveau – die Protektionspolitik wieder aufgenommen, und Großbritannien, vorgeblicher Förderer des Freihandels, gewährte der eigenen Zuckerrohr verarbeitenden Industrie einen vollständigen Schutz vor ausländischer Konkurrenz. Die beiden Weltkriege in der ersten Hälfte des zwanzigsten Jahrhunderts gaben dann der Zuckerrübenproduktion zusätzlichen Auftrieb. So nahm beispielsweise in Deutschland während des 2. Weltkrieges die Zuckerrübe 2,5 Prozent der Ackerfläche ein, deckte aber fast 9 Prozent des Kalorienbedarfs der deutschen Bevölkerung. Oder: Von einem Hektar konnten, dem Kalorienwert nach, bei Anbau von Zuckerrüben 20 Menschen ein Jahr lang ernährt werden; bei Kartoffeln waren es 10, bei Weizen nur 6 Menschen und bei Roggen lediglich 5.

Eine weitere Eigenschaft sprach für Zucker in Krisenzeiten: Er ist im Gegensatz zu anderen Lebensmitteln fast unbegrenzt haltbar, wenn er trocken gelagert wird. Chemische Veränderungen am Zukker treten bei normalen Temperaturen nicht ein. Zucker kann also in größerem Umfang in ›Normalzeiten‹ eingelagert werden und steht dann für ›Notzeiten‹ bereit.

Raffgier

Zucker war in europäischen Augen ein hochpreisiges und prestigeträchtiges Produkt. Die frühen Produktionsorte, in relativer Nähe zum europäischen Markt gelegen, hatten davon profitiert. Bei Beginn der kolonialen Expansion bot sich die Chance, neue Anbauzonen zu erschließen, wohl in der Absicht, Standortvorteile auszunutzen in bezug auf Bodenqualität und Arbeitskosten. Antrieb für die Auslagerung der Zuckerproduktion waren weniger betriebswirtschaftliche Kalküle als vielmehr die selbstverschuldete Krise des spanischen Kolonialismus in der Karibik: Die auf Plünderung und Raub ausgelegte Politik drohte rasch zu scheitern, als sich die erhofften Erträge nicht einstellten. Die Aneignung der Gold- und Silberschätze Mexikos und Südamerikas kompensierte die finanziellen Verluste des spanischen Staates in der Karibik. Die Region verkümmern zu lassen, war jedoch aus mehreren Gründen nicht möglich. Erstens bildete sie den geographischen Zugang zu Mittel- und Südamerika und war für die Seeverbindungen mit der Metropole von herausragender strategischer Bedeutung. Zweitens wurde der spanische Kolonialismus von anderen europäischen Mächten, vornehmlich England, den Niederlanden und später Frankreich herausgefordert. Es galt, die von der eigenen Vorgehensweise verursachten gesellschaftlichen und sozialen Zerstörungen aufzuhalten. Die feudale Prägung des spanischen Kolonialismus deutete demnach auf eine agrarische Lösung hin. Die Ausrottung der einheimischen Bevölkerung zwang die dem Adel entstammenden Grundbesitzer, Arbeitskräfte zu importieren. Das damalige europäische Arbeitsmarktmodell basierte auf Sklaven und Zwangsarbeitern; bei diesen handelte es sich entweder um Kriegsgefangene oder eigens für den Arbeitsmarkt rekrutierte Menschen unterschiedlicher Nationalitäten. Die Niederlassung Venedigs am Schwarzen Meer, Kaffa, war seit Mitte des 15. Jahrhunderts der größte Sklavenumschlagsplatz; Sklavenware übertraf andere Handelstätigkeiten bei weitem. Dies ist im Zusammenhang mit der demographischen Katastrophe der Pest zu sehen, die mehr als ein Drittel der Bevölkerung Europas hinwegraffte. Die Angebotslücke bei Arbeitskräften wurde auf diese Weise geschlossen. Die Sklavengeschäfte mit Westafrika standen in dieser Tradition. Zwangsarbeiter wurden aus dem Riesenheer der Armen rekrutiert. Man nimmt an, daß in städtischen Gebieten die Zahl der Erwerbslosen und Obdachlosen fast die Hälfte der Bevölkerung betrug. Insofern war es auch im staatlichen Interesse, den sozialen Konfliktherd durch Zwangsemigration zu entschärfen.

Die klimatischen Bedingungen und die Bodenbeschaffenheit auf den meisten Karibikinseln eignen sich vorzüglich für den Zuckerrohranbau. Jedoch hat eine solche Tätigkeit nur Sinn, wenn sie mit einem entsprechenden Vertrieb verbunden ist. Die spanische Nobilität war auch hier auf die Unterstützung durch auswärtiges Kaufmannskapital angewiesen. Ferner legt die Zuckergewinnung aus Rentabilitätsgründen eine bestimmte Betriebsgröße nahe: Das Zuckerrohr muß nach der Ernte gemahlen, zerkleinert und mehrfach gekocht werden. Die maschinelle Ausstattung erfordert eine bestimmte Kapazitätsauslastung. Das führte zu immer größeren Betriebseinheiten, wobei eine ohnehin extensiv ausgelegte Bewirtschaftungsweise die Ausdehnung der Anbaufläche erforderlich machte. Zuckergewinnung war der eigentliche Zweck der neuen Landwirtschaft. Andere landwirtschaftliche Tätigkeiten verkümmerten. Eine Plantagenwirtschaft entstand, die monokulturell war und sich Nahrungsmittel von außerhalb beschaffen mußte.

Es entstanden so frühzeitig die Herrschaftsverhältnisse, die die Zuckerwirtschaft in den nächsten Jahrhunderten prägen sollten: Plantagenbesitzer und Handelskapital. Das spätere Vordringen von Agrarkonzernen war Ergebnis der industriellen Entwicklung Nordamerikas und betraf vorrangig die Zuckerproduktion Kubas, wo sie seit dem späten 19. Jahrhundert vorherrschend waren.

Aber das nach dem Gold- und Silberbergbau zweite außereuropäische Terrain ursprünglicher Akkumulation wirkte wie ein Magnet auf andere Interessenten. In einer Serie von Kriegen wurden die Besitzstände revidiert. Spanien verzehrte sich in Kriegen in Europa gegen Flandern/Holland, England und Frankreich, die es angesichts zerrütteter Staatsfinanzen und einer verkommenen politischen Führung (Monarchie und Adel) nicht gewinnen konnte. Preisgabe kolonialen Besitzes war einer der Tribute. Die Spanien in wirtschaftlicher Hinsicht weit vorauseilenden Handelsmächte England, Niederlande und Frankreich führten untereinander ebenfalls Kriege, denen handfeste Wirtschaftsinteressen zugrundelagen. In den Anglo-niederländischen Seekriegen des 17. Jahrhunderts ging es um das Monopol auf den euroasiatischen Handel. Die englisch-französischen Kriege des 17./18. und frühen 19. Jahrhunderts hatten die Vorherrschaft über Nordamerika und Indien zum Gegenstand, beides überaus profitable Terrains.

Die Antillen wurden in die Zuckerinseln der Weltwirtschaft verwandelt. Von Hispaniola ausgehend wurden die übrigen Inseln in den ›Zuckernexus‹ einbezogen. Die Ausdehnung verlief langsam, aber stetig. Weil die Produktion auf den Weltmarkt ausgerichtet war, durchliefen die einzelnen Standorte Veränderungen, die sie selbst nicht beeinflussen konnten. So steht der Boom der Plantagenwirtschaft im Nordosten Brasiliens im Zusammenhang mit der Krise des spanischen Kolonialismus im 16. Jahrhundert; ähnliches gilt für Barbados und Jamaika, deren Aufstieg an die Vormachtstellung des britischen Kolonialismus gekoppelt war. Barbados war die erste karibische Insel, auf der Zucker für Massenausfuhr von 1641 an angebaut wurde, obwohl die Zuckerplantagen auf Hispaniola und Kuba auf eine längere Tradition zurückblickten. Es waren Holländer, die die Pflanzungen auf der kleinen britischen Insel eingeführt hatten. Zeitgleich verbreitete sich der Zuckeranbau auf andere Inseln, vor allem Jamaika, und auf dem Festland in Guayana.

Der Unabhängigkeitskampf Haitis um die Wende des 18./ 19. Jahrhunderts begünstigte den kubanischen Zuckeranbau. Boomjahre an einem Standort bedeuteten Krise und Niedergang an anderen. Das Ausmaß an Abhängigkeit ergibt sich aus dem Wesen der Plantagenwirtschaft und der ihr zugrundeliegenden marktwirtschaftlichen Orientierung. Unter Profitaspekten war es sinnvoll, die Produktionsflächen auszudehnen, die Kosten für Bodendüngung und -pflege zu vermeiden, auf alternative Feldfrüchte zu verzichten. Sobald die weltwirtschaftlichen Bedingungen sich veränderten, bewirkte dies wegen der monokulturellen Ausrichtung jedoch eine wirtschaftliche und soziale Katastrophe für den gesamten Standort.

Baron von Schimmelmann

Baron von Schimmelmann war ein Späteinsteiger in das Kolonialgeschäft. Der Schatzmeister und Staatsminister im Dienste Dänemarks kaufte 1763 die karibischen Plantagen und Raffinerien der dänischen Kolonialgesellschaft. Dazu gehörten die Inseln St. Thomas, St. John und St. Croix. Der Baron verstand das Finanzgeschäft, wobei er immer zuallererst an sich dachte. Er war sozusagen eine multinationale Firma und handelte sowohl mit Sklaven als auch mit Gewehren – er war preußischer Heereslieferant –, Münzen, Schnaps, Kaffee, Zukker, Rum und Baumwolle. Neben den Plantagen in Westindien besaß er Gewehr- und Kaffeefabriken, Brennereien und Zukkerraffinerien. Seine Leistung lag darin, daß er durch Vernetzung dieses verschiedenartigen Warenhandels den größtmöglichen Gewinn für sich verbuchen konnte.

Als der Baron fast 58jährig im Jahr 1782 starb, hinterließ er ein Erbe von schätzungsweise fünf Millionen Reichstalern. Knapp 19 Jahre vorher hatte er für eine halbe Million Reichstaler den Besitz des dänischen Königs in Westindien gekauft.

Quellen: Asit Datta, Welthandel und Welthunger. München, 1984, S. 29; Entwicklungspolitische Korrespondenz (Hrsg.), Deutscher Kolonialismus. Materialien zur Hundertjahrefeier 1984. Drucksache 1. Hamburg 1983, S. 20.

Wirtschaftskriege. Die Reichtümer der Neuen Welt machten gierig. Das spanische Monopol wurde von anderen europäischen Handelsmächten bekämpft; für die englische und französische Monarchie bedeutete die Förderung des einheimischen Handelskapitals finanziellen Zugewinn und somit Stärkung der eigenen Position. Staatsbeteiligung an den Unternehmen sowie die Gewährung von Monopolen, auf bestimmte Waren oder den Warenverkehr mit einer bestimmten Region, entsprachen der merkantilistischen Wirtschaftspolitik jener Tage. Für das holländische Handelskapital ging damit der Kampf um staatliche Unabhängigkeit einher, die im wesentlichen in der Hoheit über Steuern und Ressourcen bestand.

Lange Zeit war Spanien militärisch einfach zu übermächtig. Es ist nicht überraschend, daß anfänglich Plünderungen, staatsseitig gebilligt, aber von Privatkapital betrieben, die politische Lage in der Karibik im 16. Jahrhundert prägten. Hierunter fiel auch Piraterie. Die Risiken für die Investoren im Pirategeschäft waren sehr hoch – den legendären Erfolgen standen zahlreiche Verluste gegenüber, so daß aus unternehmerischer Sicht dieses Geschäft auf Dauer nicht lukrativ war. Schmuggel war weniger spektakulär, dafür aber einträglicher. Beide Zugriffe machten die strategische Anfälligkeit des spanischen Kolonialismus aus, und damit war der Weg in die systematische Plünderung, also Kolonialismus, vorgezeichnet.

Mitte des 17. Jahrhunderts hatten die drei größten Handelsmächte England, Frankreich und die Niederlande Kolonialbesitze in der Karibik. 1697 mußte Spanien seine erste Kolonie, Hispaniola, an Frankreich abtreten. England verfügte mit Barbados und Jamaika über zwei wichtige Plantagenkolonien, während die Niederlande bei diesem Verteilungskampf ins Hintertreffen gerieten. Dies mag ein Grund dafür gewesen sein, Nieuwe Amsterdam, das dann in New York umbenannt wurde, bei England gegen Surinam einzutauschen. Dieser Verteilungskampf wurde militärisch in Europa ausgetragen. Angesichts der begrenzten logistischen Möglichkeiten war ein geographisch leicht erreichbarer Kriegsschauplatz vorzuziehen; entscheidend scheint allerdings gewesen zu sein, daß aufgrund der absolutistischen Staatsform Kriegsziele schneller erreicht werden konnten, wenn das in Reichweite liegende Machtzentrum erschüttert wurde. Auch die weiteren Konflikte, bestimmt von den Auseinandersetzungen zwischen England und Frankreich, weisen ein ähnliches Handlungsmuster auf: Es ging im wesentlichen um außereuropäische Inbesitznahme, der Schwerpunkt der Kämpfe lag jedoch in Europa. Aus geopolitischer Sicht kam hierbei der Insellage Englands eine erhebliche Bedeutung zu. Es brauchte nicht unmittelbar in die Kampfhandlungen einzugreifen, konnte über Drittstaaten, vorrangig Preußen, Einfluß auf die Vorgänge auf dem Kontinent nehmen und seine Kräfte für die außereuropäische Expansion bündeln.

Die meisten der zahllosen Kriege, die das 17. und 18. Jahrhundert erfüllten, hatten handels- und kolonialpolitische Veranlassungen, die, namentlich seit England bestimmenden Einfluß gewann, immer dominierender wurden. Der heroische religiöse Befreiungskrieg der Niederländer vom spanischen Joch war bei Lichte besehen ein fast einhundertjähriger Kolonialeroberungskrieg in Ostindien und ein ebenso langer Kaperkrieg gegen die spanische Silberflotte und den spanisch-amerikanischen Kolonialhandel. Der Krieg, den die Vereinigten Provinzen der Niederlande 1652 bis 1654 mit England führten, war veranlaßt worden durch die Navigationsakte Cromwells; als umgekehrt England im Jahre 1664 den Holländern den Krieg erklärte, war dies die Antwort auf das feindselige Verhalten der holländisch-westindischen Kompagnie in Afrika. Der spanische Erbfolgekrieg war ebenso wie der große Koalitionskrieg von 1689 bis 1697 in erster Linie ein Kampf Englands und Hollands gegen die Gefahr, die von Frankreich her und von der Vereinigung des französischen Handels mit der spanischen Kolonialmacht drohte. Endlich fochten im 18. Jahrhundert wiederholt die beiden großen Kolonialmächte England und Frankreich einen Zweikampf aus. Daß England in den Kriegen 1756-1763 Sieger blieb, erbrachte seine »Vormachtstellung im Welthandel und im Kolonialbesitze« (Werner Sombart, Der moderne Kapitalismus, S. 440f).

Jedoch sah sich England veranlaßt, durch militärische Aktionen zunächst das revolutionäre Frankreich kleinzuhalten, um später dann das Streben Napoleons nach der Hegemonie in Europa zu verhindern. Erst danach war die britische Vorherrschaft gesichert. Die kolonialen Einflußzonen waren parzelliert.

Sklavenhandel

Die »Verwandlung von Afrika in ein Geheg zur Handelsjagd auf Schwarzhäute« (Karl Marx) hat ihren Ursprung in der Suche nach Arbeitskräften: Die Ausrottung der einheimischen Bevölkerung der Karibik besiegelte auch das Schicksal eines großen Teils der Bevölkerung Schwarzafrikas. Die Afrikaner wurden deportiert, um die ausgerotteten Urbewohner in den tropischen Plantagen Amerikas zu ersetzen. Sie besaßen Arbeitsgewohnheiten und Erfahrungen im tropischen Feldbau, die weder die Indianer Amerikas noch die europäischen Einwanderer hatten.

Es ist schwierig, die Bedeutung des Aderlasses richtig einzuschätzen, den Schwarzafrika erlitt. Die statistischen Angaben über den Umfang des Sklavenhandels sind leider sehr bruchstückhaft. Am Ende des 18. Jahrhunderts betrug die Zahl der jährlich nach Amerika verbrachten menschlichen Ware ungefähr 100.000. Du Bois spricht von 900.000 für das 16. Jahrhundert, etwa 2,8 Millionen für das 17., 7 Millionen für das 18. und weiteren 4 Millionen für das 19. Jahrhundert, insgesamt mehr als 15 Millionen Menschen (W.E.B. Du Bois, The

Negro, S. 155). Mittlerweile wird dieser Wert anhand von Auswertungen britischer Parlamentsberichte für den Zeitraum 1798-1848 auf 20 Millionen beziffert. Die Berechnungen berücksichtigen nur die in Amerika angelandeten Sklaven, nicht jedoch die unterwegs gestorbenen. Fast jeder Sechste überlebte die Schiffspassage nicht. Ferner sind die Opfer der Sklavenjagden in die Berechnungen einzubeziehen, so daß wenigstens 40 Millionen Menschen vom Sklavenhandel betroffen waren – tot oder lebendig.

Das erste englische Schiff, das die Küste Guineas anlief (1562), trug den bezeichnenden Namen »Jesus«. Sein Kapitän Hawkins plünderte die Ladungen anderer Sklavenhändlerschiffe und tauschte die menschliche Fracht in der Karibik gegen Zucker ein. Er wurde schnell einer der reichsten Kaufleute Englands, erhielt von Königin Elizabeth I. den Adelstitel und wurde zum Schatzmeister der Flotte ernannt. Seine Methode des Afrikageschäfts wurde von anderen Handelsgruppen erfolgreich kopiert.

Handelsgesellschaften

Worin bestanden die Werkzeuge des Sklavenhandels? Europäische Kaufleute schlossen sich zusammen, um den Kapitalbedarf zu decken und die Risiken eines Handels zu verteilen, der die Schiffe im besten Falle acht bis zehn Monate auf dem Meer hielt. Die Handelsgesellschaften versuchten durch öffentlichen Einfluß Privilegien zu erlangen, die bis zum Monopol reichten. 1626 bat die Kompanie von Rouen Kardinal Richelieu, an der Küste Afrikas Handel treiben zu dürfen, und zwar »alle anderen ausschließend«. Der französische Finanzminister und Architekt des frühen französischen Kolonialismus, Colbert, bedachte im 1664 die Westindische Kompagnie mit einem 40 Jahre gültigen Monopol für den Handel vom Kap Verde bis zum Kap der Guten Hoffung und zu den Antillen. Philosoph Voltaire war sich nicht zu schade, Kapitalanteile an den Handelsgesellschaften zu zeichnen. In England erwarb im Jahr 1661 die »Königliche Abenteurer Kompagnie von Afrika« ein Monopol für den Sklavenhandel vom Kap Blanco bis zum Kap der Guten Hoffnung. Ihre Aktionäre entstammten vorwiegend dem Hochadel. 1697 erwirkte das englische Parlament Handelsfreiheit für alle Untertanen der Krone. Dies löste einen Boom aus: In den ersten zwei Jahren nach Inkrafttreten der neuen Bestimmung verschifften private Kaufleute über 40.000 Sklaven nach Jamaika, während die Königliche Kompanie in den ersten zehn Jahren ihrer Geschäftstätigkeit lediglich 46.000 Afrikaner vermarktet hatte. Eine sehr spezielle Art von Monopol war das von der spanischen Monarchie an einen Privatmann verkaufte Recht, eine bestimmte Anzahl, mitunter auch eine vorgegebene Tonnage von Afrikanern in die amerikanischen Kolonien transportieren zu dürfen; so verpflichtete sich die Portugiesische Guinea-Kompanie im 1696 »10.000 Tonnen Neger« zu liefern.

Quellen: G.E. Aylmer, ›Navy, State, Trade and Empire‹ in The Oxford History of the British Empire. Volume I. The Origins of Empire. British Overseas Expansion to the Close of the Seventeenth Century. Nicholas Canny, Editor. Oxford University Press, 1998, S. 467-481; David Richardson, ›The British Empire and the Atlantic Slave Trade, 1660-1807‹ in The Oxford History of the British Empire. Volume II. The Eighteenth Century, edited by P.J. Marshall and Alaine Low. Oxford University Press, 1998, S. 440-464.

Das betriebswirtschaftlich Wegweisende des Hawkins-Modells bestand in der Senkung der Kosten bei gleichzeitiger Erhöhung des Umsatzes: Die ersten auf Sklavenhandel spezialisierten Unternehmen hatten die menschliche Ware in Schwarzafrika erworben, diese dann in der Karibik bzw. Brasilien veräußert, von wo aus sie die Leerfahrt in den jeweiligen Heimathafen antraten. Indem nun in der

Karibik Zucker für den europäischen Markt geladen wurde, ergab sich ein weiterer den Umsatz steigernder Geschäftszweig; das Verhältnis Kosten zu Umsatz verbesserte sich und entsprechend stieg der Ertrag.

Der Profit ergab sich auf drei Wegen; erstens beim Tausch Waren gegen Sklaven in Afrika; dann bei der Transaktion Sklaven gegen Zucker und schließlich beim Verkauf des Zuckers. Die von allen Wirtschaftshistorikern nachgewiesenen hohen Profitraten in diesem Geschäft hatten folgende Ursachen. Im Austausch für Sklaven lieferte Europa an Afrika Fabrikate, die aufgrund ihrer Seltenheit und ›Exotik‹ auf afrikanischer Seite in ihrem Wert maßlos überschätzt wurden. Dabei handelte es sich größtenteils um Ramsch. So erfreuten sich abgelegte Theaterkostüme großer Beliebtheit, weil solche Kleidungsstücke in Farbe, Stoff und Schnitt unbekannt waren. Da die afrikanischen Händler an der Küste im Regelfall nur Mittelsmänner waren, benötigten sie Waren, mit denen sie Sklaven im Landesinnern erwerben konnten. Sie waren, der eigenen Gewinnlogik folgend, an solchen Waren interessiert, die eine hohe Attraktion besaßen; das waren Alkohol und Feuerwaffen. Da es keine einheimische Produktion gab, die als Maßstab für den Wert dieser Waren hätte zugrunde gelegt werden können, wurden hier Waren minderer Qualität angeboten. Es ist davon auszugehen, daß die europäischen Firmen am Handelsplatz Afrika wegen unterschiedlicher gesellschaftlicher Verhältnisse Extraprofite realisierten, die im innereuropäischen Handel nicht möglich gewesen wären. Der Arbeitsmarkt in der Karibik wurde von der Angebotsseite bestimmt; die Nachfrage überstieg das Angebot, und dadurch diktierten die Anbieter die Preise der Ware Mensch. Auch hier wird von enormen Profiten im dreistelligen Bereich berichtet. Andererseits ist davon auszugehen, daß beim Kauf des Zuckers die Produzenten preisbestimmend waren, vermutlich wegen der ebenfalls hohen Nachfrage. Zucker blieb bis ins 19. Jahrhundert hinein ein Luxusartikel; sein durchschnittlicher Preis betrug das Fünffache des Bienenhonigs.

Der Reichtum der Plantagenwirtschaft in der Karibik beruhte auf der Ausbeutung von Sklavenarbeit, deren Beschaffung selbst ein äußerst lukratives Geschäft war. Beides: Zucker und menschliche Ware beschleunigten den Prozeß der Kapitalakkumulation in den europäischen Zentren dieses Dreieckshandels, Liverpool und Bristol in England, Nantes und Bordeaux in Frankreich.

Zur Illustration der Profitträchtigkeit wird das folgende Beispiel herangezogen. Zwischen 1698 und 1707 exportierte die Königliche Afrika Kompanie Waren im Wert von 293.740 Pfund Sterling von England nach Westafrika. Die Kompanie verkaufte 5.982 Sklaven in Barbados zu einem Gesamtpreis von 156.425 Pfund Sterling, was einem Kopfpreis von 26 Pfund Sterling entspricht. Ferner verkaufte sie 2.178 Sklaven in Antigua für 80.522 Pfund Sterling, entsprechend 37 Pfund Sterling pro Kopf. Insgesamt verschiffte die Handelsgesellschaft 17.760 Sklaven in die Karibik. Die Verkäufe in Barbados und Antigua waren demnach weniger als die Hälfte des Gesamtumschlages, entsprachen jedoch wertmäßig 80 Prozent der englischen Exporte nach Afrika. Unterstellt man einen Durchschnittspreis von 26 Pfund Sterling pro Kopf für die 9.600 Sklaven, für deren Vermarktung es keine Angaben gibt, dann hat die Kompanie im Sklavengeschäft einen Gesamtumsatz von wenigstens 488.000 Pfund Sterling realisiert; dem steht ein Wareneinsatz (Exporte nach Afrika) in Höhe von 293.740 Pfund entgegen. Der Rohprofit beträgt somit mindestens 195.000 Pfund Sterling, von dem dann Betriebskosten für Schiffe und Mannschaften abzuziehen sind, zu denen es jedoch keine Angaben gibt. Dennoch ist anzunehmen, daß die Handelsgesellschaft einen mehr als ordentlichen Profit erwirtschaftete.

»Unterentwicklung als Motor von Entwicklung« so lassen sich die wirtschaftlichen Vorteile bezeichnen, die sich hieraus für die europäischen Kolonialmächte ergaben.

- Im Jahr 1729 nahmen die englischen Karibik-Kolonien ein Viertel der Eisenexporte Englands auf, und
- Westafrika war der mit Abstand wichtigste Absatzmarkt der Waffenmanufakturen Birminghams, damals das Zentrum der englischen Rüstungsproduktion.
- 1753 gab es 120 Zuckerraffinerien in England, 80 in London und 20 in Bristol.

- Mitte des 18. Jahrhunderts war ein Drittel der Textilexporte Manchesters für Westafrika bestimmt, die Hälfte ging in die Karibik und nach Nordamerika.
- Anfang des Jahrhunderts war ein Zehntel der englischen Handelsflotte im Warenverkehr mit der Karibik beschäftigt; zwischen 1709 und 1787 wuchs der Seeverkehr um das Vierfache, derjenige mit Westafrika nahm sogar um das Zwölffache zu.
- Liverpool entwickelte sich zum Zentrum des Dreieckshandels. 1709 segelte das erste Sklavenschiff von Liverpool nach Afrika. Knapp achtzig Jahre später waren es 85 Schiffe. Im 18. Jahrhundert segelten im Jahresdurchschnitt 30 Liverpool-Schiffe nach Westafrika. 1709 war ein Prozent der in diesem Hafen registrierten Schiffe im Sklavenhandel tätig; 1771 war es bereits jedes dritte. Fast die Hälfte der hier beheimateten Seeleute lebte vom Sklavenhandel, der der Stadt einen jährlichen Reingewinn von 300.000 Pfund Sterling eingebracht haben soll. Der Handel regte nachgelagerte Wirtschaftszweige an; so gab es zwei Schnapsbrennereien, die ausschließlich für den afrikanischen Markt produzierten, daneben zahlreiche Manufakturbetriebe für Schiffsausrüstungen, wie Seilereien und Gießereien. Aus einem kleinen Fischernest zu Anfang des Jahrhunderts entwickelte sich ein Handelszentrum, in dem bald mehr als 40.000 Menschen lebten.

Für die Entwicklung Schwarzafrikas hatte dies verheerende Auswirkungen. Der Sklavenhandel konnte nur aufgrund des gesellschaftlichen Entwicklungsstandes, bei dem fast überall so etwas wie Leibeigenschaft (in patriarchalischer Form) bestand, eingeführt werden. Aber gerade innerhalb dieser Gesellschaftsstruktur führte er zwangsläufig zu einer Rückbildung der Produktivkräfte. Die Sklavenjagd wurde zu dem offenbar wichtigsten Erwerbszweig der örtlichen Herrscher. An Stelle der produktiven Aktivität wurde nun Krieg, der eigens zum Erwerb von ›Handelssklaven‹ geführt wurde, mit der Folge von menschlicher und materieller Vernichtung zur gewinnbringendsten Beschäftigung. Damit veränderte sich auch die soziale Differenzierung innerhalb der afrikanischen Gesellschaften, wo von nun an die Reichtumsanhäufung der herrschenden Schichten auf der

Verelendung der breiten Masse der Bevölkerung basierte. Hier setzte ein bis in die Gegenwart spürbarer Prozeß der »Entwicklung von Unterentwicklung« ein.

Das letzte Viertel des 18. Jahrhunderts sah den Höhepunkt des Sklavenhandels, das anbrechende 19. Jahrhundert seinen Niedergang. 1807 wurde der Sklavenhandel in England verboten, 1815 in Frankreich. Ausschlaggebend war hierbei der politische Druck der erstarkten Industriebourgeoisie, denn Sklaven scheiden als Konsumenten aus und eine dermaßen arbeitsintensive Produktionsweise wie die Sklavenwirtschaft hat kaum Bedarf an Maschinen und anderen industriellen Ausrüstungsgütern. 1833 wurde in den englischen, 1848 in den französischen Kolonien die Sklaverei abgeschafft. Aber der Sklavenhandel hatte noch weiterhin Bestand, denn Hauptabnehmerländer wie die Vereinigten Staaten, Kuba und Brasilien verboten die Sklaverei bekanntlich erst wesentlich später.

Zur politischen Ökonomie der Plantagenwirtschaft

Die Plantage, die ihren Ursprung dem Zuckerbedarf Europas verdankt, war ein auf Gewinnstreben angelegtes Unternehmen, das auf den kapitalistischen Markt ausgerichtet war. Der Grundherr war bei der Organisation der Arbeit auf seiner Plantage unabhängig, er beschäftigte Sklaven und – in sehr geringem Umfang – auch gutbezahlte Spezialisten beispielsweise beim Betrieb der Zuckermühlen. In der Plantagenwirtschaft treffen somit drei historische Phänomene aufeinander: Feudalismus, kombiniert mit Sklaverei, was die Produktionsverhältnisse innerhalb der Plantage anbelangt, Kapitalismus bei der Weiterverarbeitung und Vermarktung.

Dazu folgende Hinweise:

Das Endprodukt Zucker erforderte einerseits agrarischen Anbau, dessen Ernte industriell bzw. maschinell verarbeitet wurde. Es gab also eine Scheidung nach Anbau und Verarbeitung. Der Anbau war in erster Linie arbeitsintensiv; Grundrenten mußten nicht abgeführt werden, da die Ländereien von der Krone an Angehörige des Adels und andere Spitzen der Feudalgesellschaft vergeben wurden. Anfangs wurde das geerntete Zuckerrohr von Mühlsteinen zermahlen, die von Zugtieren oder menschlicher Muskelkraft bewegt wurden. An die Seite der trapiche genannten Mühle trat in den 20er Jahren des 16. Jahrhunderts die ingenio. Hierbei handelt es um ein von Wasserkraft betriebenes Mahlwerk. Beide Systeme existierten lange Zeit nebeneinander. Während die trapiche teuer war im Verbrauch von Futtermitteln für die Zugtiere und Grundnahrung für die menschlichen Arbeitskräfte, benötigte die ingenio Wasser in ausreichender Menge, was nicht überall in der Karibik gegeben war. Die Kapazität einer trapiche betrug in etwa 30 Ochsenkarren Zuckerrohr am Tag, aus dem ca. 400 kg Zucker hergestellt wurden. Die Wasserkraftmühlen konnten durchschnittlich 50 Wagenladungen verarbeiten.

Entscheidend war, daß eine ingenio einen erheblichen Investitionsaufwand erforderte; man schätzt den Kapitalbedarf auf 10 – 12.000 Golddukaten. Die operativen Ausgaben waren ebenfalls beträchtlich, denn in der Mühle waren zwischen 80 und 120 Mann beschäftigt, ein Großteil davon Spezialisten und Fachkräfte für die Wartung des anfälligen Systems. Ferner wurden Ochsengespanne in ausreichender Zahl benötigt, einmal um das Rohr von den Feldern zur Mühle zu transportieren, dann um Brennholz für die Sirupgewinnung heranzuschaffen. An den Produktionsstrukturen wird erkennbar, daß hier feudale Verhältnisse beim Anbau auf kapitalistische bei der Verarbeitung trafen. Auf Sklavenarbeit wurde wegen Arbeitskräftemangel zurückgegriffen. Es ist aber fraglich, ob Sklavenarbeit in reproduktiver Hinsicht eine – wie behauptet – kostengünstige Alternative zur Lohnarbeit war.

Die aus verschiedenen Elementen zusammengesetzte Plantagenstruktur wirkte wie ein zum Entweichen des natürlichen Reichtums erdachtes Sieb: »Im Moment des Eintritts in den Weltmarkt erlebte jede Zone einen dynamischen Zyklus; später jedoch, sei es infolge der von Ersatzprodukten ausgeübten Konkurrenz, der Erschöpfung des Bodens oder dem Aufkommen anderer, besser geeigneter Zonen, kam der Verfall. Die Kultur der Armut, die auf bloßes Fortbestehen orientierte Wirtschaft... sind die Preise, die im Verlauf der Jahre für den anfänglichen Impuls der Produktion zu bezahlen sind. Der Nordosten war die reichste Zone Brasiliens und ist heute die ärmste; in Barbados und in Haiti sind menschliche Ameisenhaufen anzutreffen, die zum Elend verurteilt sind; der Zucker wurde zum Hauptschlüssel für die Beherrschung Kubas durch die Vereinigten Staaten; ihr Preis war die Monokultur und der erbarmungslose Raubbau« (Eduardo Galeano, Die offenen Adern Lateinamerikas, S. 73).

Zucker in Brasilien. Hybris scheint ein herausragendes Merkmal der ›abendländischen Zivilisation‹ zu sein; nicht anders kann man den vom Vatikan vermittelten Vertrag über die Aufteilung der Welt unter die beiden ersten Kolonialmächte Spanien und Portugal deuten. Das nun Portugal zugeteilte Brasilien mußte zwar erst noch ›entdeckt‹ und dann von französischen Handelsstützpunkten gesäubert werden. La France Antartique, wie die französischen Faktoreien um das spätere Rio de Janeiro genannt wurden, fiel in der zweiten Hälfte des 16. Jahrhunderts an Portugal. Wie anderswo auch war die Kolonialisierung hier eine äußerst blutige Angelegenheit, die sich zunächst auf die Küstenregionen beschränkte. Diese Beschränkung hängt damit zusammen, daß die großen Flußsysteme, vom Amazonas abgesehen, verkehrsfeindlich waren und so den Vormarsch von Kolonialtruppen behinderten. Das gab der einheimischen Bevölkerung eine vorübergehende Schonfrist und ersparte ihr die Sklaverei. Westafrika hingegen verfügte nicht über diesen Schutzfaktor; das Hinterland war leicht erreichbar und reduzierte die Beschaffungskosten für Sklaven.

Die Besiedlung der portugiesischen Niederlassung entlang der brasilianischen Atlantikküste wurde von landlosen Bauern aus dem Norden Portugals (Minho) und Sträflingen wahrgenommen. Die Gebiete waren von der Monarchie in ein Dutzend erblicher capitanias parzelliert worden. Bei den neuen Eigentümern handelte es sich meistens um Angehörige des niederen Adels, denen es an Kapital für Infrastruktur oder Starthilfen für die Siedler mangelte. Dies macht zwei Entwicklungen verständlich, einmal die Aufgabe einiger Feudalpfründe, die danach von der Krone selbst verwaltet wurden, und zum andern das Bemühen, Handelskapital anzuziehen und eine Exportwirtschaft aufzubauen. Im Nordosten bot sich hierfür Zuckerrohranbau an. Einige Jahrzehnte zuvor hatten portugiesische Handelsgruppen erfolgreiche Plantagenwirtschaften auf Madeira und der der afrikanischen Küste vorgelagerten Insel Sao Tomé begonnen. Sie verfügten also über das erforderliche Wissen und über Absatzwege. Darunter fällt auch die Lösung des Arbeitsproblems durch Sklavenarbeit. Portugiesische Handelshäuser hatten ein dichtes Beschaffungsnetzwerk mit örtlichen Mittelsmännern auf dem afrikanischen Festland (Senegambia, Guinea) aufgebaut. Der Ausbau der Beziehungen mit dem Königreich Kongo zog eine Ausdehnung des Sklavensystems nach sich. Denn die Größe des Territoriums und die offensichtliche Durchsetzungskraft der Potentaten ermöglichten die Intensivierung dieser Art der Arbeitskraftrekrutierung zu beiderseitigem Nutzen. Der Sklavenhandel überstieg den Bedarf der brasilianischen Plantagenwirtschaft bei weitem. Man geht davon aus, daß um 1600 die Sklavenpopulation in Brasilien bei ca. 15.000 Menschen lag, von denen 70 Prozent auf den insgesamt 130 Zuckerplantagen arbeiteten. Ein Sklavenarbeiter produzierte durchschnittlich 10 kg Zucker im Jahr. Bei einer durchschnittlichen Lebenserwartung von sieben Jahren wären in der zweiten Hälfte des 16. Jahrhunderts ungefähr 50.000 versklavte Afrikaner nach Brasilien exportiert worden. In jenen Jahren betrug der durchschnittliche Sklavenexport aus dem Kongo 5.000 pecas. Ein peca bezeichnete einen jungen kräftigen afrikanischen Mann; alle übrigen Sklaven zählten weniger als diese Maßeinheit; so wurde ein Mann mittleren Alters als 0,5 peca verbucht.

Der Sklavenhandel mit dem Kongo geriet aus zwei Gründen ins Stocken; einerseits war die portugiesische Krone mit der Administration des zusammengerafften Imperiums überfordert; die politischen Beziehungen mit dem Königreich Kongo, unbedeutend im Vergleich mit den Kolonialbesitzungen in Asien, litten hierunter; andererseits gab es Rivalitäten innerhalb der verschiedenen Wirtschaftsinteressen, die dazu führten, das südlich gelegene Angola zu erschließen und dort die Sklavenbeschaffung aufzunehmen.

Widerstand

Der Widerstand, den die Afrikaner der Sklaverei entgegenbrachten, nahm unterschiedliche Formen an. Am bemerkenswertesten ist hierbei der Sklavenaufstand auf Haiti, der 1804 zur Gründung der ersten Negerrepublik führte. Weitere Beispiele sind Palmarès und die sogenannten quilombo. Die Republik Palmarès im Nordosten Brasiliens wurde von entlaufenen Sklaven gegründet; dort lebten zeitweilig bis zu 25.000 Ex-Sklaven. Palmarès führte einen Guerillakrieg gegen die Wiedereroberungsversuche der Portugiesen. Erst 1697, nach beinahe 100jährigem Widerstand, wurde Palmarès erobert. Wenn Rebellionen blutig niedergeworfen wurden, kam es oft zur Flucht. Die Entflohenen nahmen in unwirtlichen Gegenden Zuflucht und bauten heimliche Zentren auf – das quilombo. Von dieser Art war das quilombo der »Bush-Negroes« von Holländisch-Guayana, dessen mühsam erkämpfte Unabhängigkeit bis in unsere Zeit anerkannt ist. Weitere Beispiele waren die quilombos von Kolumbien, Peru und Guatemala.

Die Suche nach Identität und Zusammenhalt nahm auch kulturelle Züge an: »Die Neger haben Afrikas schlagenden Puls nach Amerika verpflanzt, im Tamtam hallt er wider. Die Samba und andere Tänze, die bei wöchentlichen Festen im Kreis getanzt wurden, bringen verschiedene Volksgruppen dazu, ihre kulturellen Eigenheiten aufzugeben. Sie erfinden eine Kunst, die ganz einfach afrikanisch ist, wenn auch nicht frei von europäischen Elementen. Selbst die afrikanischen Götter haben im Dunst und der Pestilenz der Zwischendecks den Atlantik überquert... Der afrikanische Voodoo-Kult mit seinen Riten der Besessenheit und der Ekstase wurde in Haiti wie als Letzte Ölung nach dem Weg der Leiden bewahrt. Der Kult der Verstorbenen, der so kennzeichnend war für die Religion der Afrikaner, in der die Toten zwar nicht leben, aber stärker vorhanden sind als hier auf Erden, erfuhr in diesem Zusammenhang eine ergreifende, beinahe überragende Bedeutung: die Toten, so glaubte man, nunmehr befreit von der Geißel des Tyrannen, machten die höllische Überfahrt über den Atlantik noch einmal, aber in umgekehrter Richtung. Ohne Fesseln konnten sie dem geliebten Kontinent entgegensegeln, um sich der verehrten Versammlung der Vorfahren anzuschließen.«

Quelle: Joseph Ki-Zerbo, Die Geschichte Schwarzafrikas. Frankfurt/ Main, 1981, S. 235.

Kuba. 1762 besetzten englische Truppen die spanische Kolonie Kuba. Die vorübergehende Annektion sollte weitreichende Folgen für das soziale und wirtschaftliche Gefüge der Insel haben, die bis dahin als »Werkstatt« der regionalen Kolonialwirtschaft gewirkt hatte: Dort gab es die einzige Schiffswerft nebst weiteren Reparaturanlagen in der Region. Diese wiederum stützten sich auf Eisengießereien und Manufakturen, in denen die benötigten Werkzeuge und Materialien, u.a. auch Kanonen, hergestellt wurden. Die Landwirtschaft bildete das wirtschaftliche Rückgrat. Herausragend waren hier Tabakanbau und Rinderzucht, beide exportorientiert. Das Dörrfleisch bildete, einmal pro Woche gereicht, eine wesentliche Ernährungskomponente der Sklaven auf den Plantagen der Karibik.

Die von der zeitweiligen Besatzungsmacht Großbritannien erwirkte Einfuhr von Sklaven in großem Stil gab der bis dahin unbedeutenden Zuckerwirtschaft auf der Insel den entscheidenden Auftrieb. Absicht der Briten war es, eine neue Produktionszone für den äußerst ertragreichen Rohstoff zu schaffen, dem eigenen Handelskapital eine weitere Einnahmequelle zu sichern und das spanische Handelsmonopol zu brechen. Die Zuckerindustrie nahm einen gewaltigen Aufschwung. Für die Arbeiter auf der Werft und in der Gießerei ebenso wie für die kleinen Handwerker war es einträglicher, in den Zuckermühlen zu arbeiten. Die Felder der kleinen Tabakbauern wurden weitgehend von den Zuckerplantagen übernommen. Die neuen Anbauflächen für Zuckerrohr wurden über Brandrodung gewonnen. Das Feuer verschlang die zum Tabakanbau bestimmten Fluren und Wälder und zerstörte die Weideplätze. Die extensive, auf Raubbau ausgerichtete Zuckerrohrwirtschaft behinderte langfristig die Ergiebigkeit der bewirtschafteten Flächen. So sank der Ertrag der Zuckerpflanzungen Kubas pro Hektar auf weniger als ein Drittel des in Peru erzielten und ist um mehr als das Vierfache geringer als auf Hawaii.

Kuba verwandelte sich zu einer vom Zuckeranbau abhängigen Plantagenökonomie: Die Manufakturen verkamen; ebenso der Tabakanbau; Dörrfleisch wurde nun aus der Region am Rio de la Plata importiert, wo damals der Grundstein der bis in die Gegenwart dominanten Fleischindustrie gelegt wurde. Neben Kuba war Brasilien der wichtigste Absatzmarkt.

Der kubanische Zuckerboom war auch Folge der Krise des wichtigsten Produzenten Haiti. In der französischen Kolonie kam es Ende des 18. Jahrhunderts zum erfolgreichen Aufstand der Sklaven. Während des Befreiungskrieges unter Toussaint-Louverture, an den heute lediglich der Name des Flughafens von Port-au-Prince erinnert, kam die Zuckerwirtschaft weitgehend zum Erliegen. Die Weltmarktpreise gingen daraufhin in die Höhe; andere Produzenten, so auch Kuba, profitierten von dieser Entwicklung. Allerdings wurde jetzt in Kontinentaleuropa der Anbau von Zuckerrüben attraktiv. Frankreich anerkannte die Unabhängigkeit Haitis erst 1825; bis dahin hatte es eine Wirtschaftsblockade verhängt, der sich der Kongreß der Vereinigten Staaten 1806 anschloß. Andere Anbaugebiete außerhalb der Karibik zählten ebenfalls zu den Nutznießern, so besonders Bengalen. Die britische Kolonialpolitik wurde zunehmend von den Interessengegensätzen der Plantagenplutokraten, wie sie von ihren Gegner bezeichnet wurden, und der ›indischen Lobby‹ bestimmt. Letztere setzte sich durch mit dem Ergebnis, daß als erstes auf dem britischen Markt das Monopol für karibischen Zucker aufgehoben und zweitens die Abschaffung der Sklaverei durchgesetzt wurde. Damit wurden der Plantagenwirtschaft zwei ihrer wichtigsten ökonomischen Säulen genommen. Die Orientierung des britischen Kolonialismus auf Indien muß übrigens als ein weiterer Grund gesehen werden für die offensichtlich passive Haltung Großbritanniens gegenüber den US-amerikanischen Expansionsbestrebungen in der Karibik im weiteren Verlauf des 19. Jahrhunderts.

Zucker festigte die gesellschaftliche Stellung des Großgrundbesitzes. Die sogenannte Saccharokratie setzte alles daran, die Abhängigkeit Kubas vom Zuckeranbau und -export beizubehalten. Die immensen Erträge, die vom weltweit größten Zuckerproduzenten erwirtschaftet wurden, wurden regelrecht verpraßt. Dahinter verbarg sich ein rationales Kalkül; denn die für Großbritannien und später die Vereinigten Staaten bestimmten Exporte waren an die Auflage gebunden, den kubanischen Markt für Industrieprodukte aus den Abnehmerstaaten zu öffnen. Auf diese Weise wurde die Entstehung einer einheimischen Industrie unterbunden. Die einseitige Ausrichtung auf den Export des Rohstoffs Zucker ging so weit, daß Süßigkeiten, also industriell bearbeiteter Zucker, importiert werden mußten. Die sozialen Verhältnisse wurden geprägt von der Kluft zwischen einer zahlenmäßig kleinen Pflanzeraristokratie und einer ›verlumpten‹ Bevölkerungsmehrheit. Den hieraus entstehenden Spannungen und Konflikten konnte die Wirtschaftselite relativ gelassen entgegensehen, da sie im Bedarfsfall auf die rückhaltlose Unterstützung durch die Vereinigten Staaten zählen konnte. Aus Sicht der Elite war ein Wechsel erstrebenswert, weil die spanische Kolonialmacht völlig verkommen und damit unter Sicherheitsaspekten unbrauchbar war; die USA schienen da eine attraktive Alternative zu bieten. Die formale Unabhängigkeit 1902 gab der Pflanzeraristokratie politische Handlungsmöglichkeiten, die eher symbolisch waren, aber prestigeträchtige Posten boten. Wirtschaftlich war das Land von den Vereinigten Staaten abhängig, die schon Mitte des 19. Jahrhunderts den kubanischen Außenhandel dominierten und dort mehr kauften und verkauften als Spanien, obwohl die Insel damals noch spanische Kolonie war. Die Hinwendung zu den USA kam der »Saccharokratie« entgegen, denn so gab es einen gesicherten Absatzmarkt. Gleichzeitig strömte US-Kapital ins Land, was einem strategischen Interesse Washingtons zusätzlichen Halt gab.

Der Vormarsch US-amerikanischer Wirtschaftsinteressen in die Karibik war auch Resultat der politischen Erstarkung des Landes seit dem frühen 19. Jahrhundert, die mit einer aggressiv betriebenen räumlichen Ausdehnung als Mittel zur ursprünglichen Akkumulation einherging. Dem Drang nach Westen entsprach eine Orientierung nach Süden; der Anrainerstaat Mexiko verlor 1848 fast die Hälfte seines Territoriums (Texas, Neumexiko, Arizona, Utah, Nevada, Colorado und Kalifornien) an die Vereinigten Staaten. Mitte des 19. Jahrhunderts begann Washington, die britische Vormachtstellung in der Karibik herauszufordern. Großbritannien war damals die dominante See- und Handelsmacht, die neben ihren westindischen Kolonien die Atlantikküste Zentralamerikas kontrollierte, vorrangig Belize und Nicaragua. Sowohl die USA als auch Großbritannien waren bemüht, als Alternative zum langwierigen und kostenintensiven Seeweg über Kap Hoorn zwischen der Karibik und dem Pazifischen Ozean eine Landverbindung herzustellen. Für die Vereinigten Staaten ging es damals um eine schnelle Verbindung zwischen den Industriezentren an der Ostküste und dem neu annektierten Kalifornien, während für London die wirtschaftliche Vernetzung mit Asien und hier vor allem China im Zentrum der Planungen stand. Washington setzte sich in der Folgezeit über diplomatische Absprachen mit der britischen Regierung hinweg. Grundlage bildete der Clayton-Bulmer-Vertrag aus dem Jahr 1850, in dem beide Mächte sich gegenseitig Rechte bei der Nutzung der sogenannten Nicaragua-Route zubilligten. Diese Route galt als die effizienteste Landverbindung zwischen Atlantik und Pazifik. 1867 erhielten die USA dafür Exklusivrechte von Nicaragua. Erwähnt sei, daß das zentralamerikanische Land spätestens seit der zeitweiligen ›Eroberung‹ durch den US-Staatsbürger William Walker anfang der sechziger Jahre ein Anhängsel der Großmacht aus dem Norden war. Großbritannien hatte dem nichts entgegenzusetzen. Die schwere Krise in Indien nach dem Sepoy-Aufstand, 1858, der an Schärfe zunehmende Konflikt mit der Kolonie Irland, die Machtverschiebungen auf dem europäischen Festland nach dem Deutsch-Französischen Krieg 1870/71 und die lange Wirtschaftskrise banden die Kräfte der britischen Politik.

Bei diesen Vorgängen nahm Kuba einen zentralen Platz ein. Einerseits war die Insel Schwerpunkt US-amerikanischer Investitionen geworden; zum andern bot es eine strategische Position am Ausgang der Karibik zum Nordatlantik und damit zur US-Ostküste. Die neue imperialistische Welle unter den europäischen Mächten beförderte Pläne in Washington, bei der weiteren Aufteilung der Welt nicht zu kurz zu kommen. Die Übernahme der spanischen Besitzstände in der Karibik und in Asien bot sich als erstes Betätigungsfeld an. Bei der 1898 betriebenen Besetzung Kubas konnte Washington auf die Vorleistungen nationaler Kräfte zurückgreifen, die dort gegen die Herrschaft Spaniens vorgingen. Zwar wurden US-Truppen 1902 von der Insel abgezogen und Kuba unabhängig; aber ein Zusatz in seiner Verfassung, das sogenannte Platt-Amendment, räumte den Vereinigten Staaten das Recht ein, in Kuba einzugreifen, falls ihre Interessen bedroht wären. Der Zusatz sah auch die Einrichtung eines Flottenstützpunktes vor, Guantanamo, von dem die USA bis in die Gegenwart Gebrauch machen. Kuba war bis zur Revolution 1959 ein US-Anhängsel; zwischen 1906 und 1909, dann 1912 und noch einmal von 1917 bis 1923 wurden US-Truppen auf die Insel entsandt, um die ›Pax Americana‹ zur Geltung zu bringen. Durch den Krieg gegen Spanien 1898 fielen den USA außerdem Puerto Rico sowie in Asien Guam und die Philippinen zu.

Eine starke Militärpräsenz in der Karibik schien im Zeitalter der ›Kanonenboot-Diplomatie‹ geboten. Die Vereinigten Staaten sahen sich dem Widerstand der europäischen Kolonialmächte Frankreich, Niederlande und Großbritannien gegenüber, der Vollständigkeit halber ist der kleine Kolonialbesitz Dänemarks zu erwähnen. Die Halbkolonien in der Region hatten sich im Rahmen der Modernisierung ihrer Plantagenwirtschaften (vornehmlich beim Eisenbahnbau) bei den europäischen Mächten verschuldet, die nicht zögerten, säumige Zahler durch die Anwesenheit von Kanonenbooten an ihre Pflichten zu erinnern. Die Dominikanische Republik war beispielsweise 1904 bankrott. Vor allen anderen Kreditoren übernahm die Regierung der Vereinigten Staaten das lokale Steuerwesen; aus den Einnahmen wurden auch europäische Kreditgeber bedacht. Aber die

Vereinigten Staaten führten den Dollar als alleiniges Zahlungsmittel ein, was der US-Wirtschaft große Vorteile gegenüber der europäischen Konkurrenz verschaffte. Ein weiteres Anschauungsbeispiel liefert Nicaragua. Dort hatte es die Regierung 1909 gewagt, an den USA vorbei einen Großkredit mit britischen und japanischen Banken zu beschaffen, der für den Bau einer Kanalverbindung zwischen den Ozeanen vorgesehen war. Washington finanzierte daraufhin einen lokalen Aufstand gegen eine als liberal bezeichnete Regierung. Danach übernahmen die USA die Kontrolle der nationalen Banken und des Steuerwesens.

Der 1914 fertiggestellte Panamakanal symbolisierte schließlich die unangefochtene US-Hegemonie in der Karibik, die seitdem auch als ›US-amerikanischer Archipel‹ bezeichnet wird. Die Serie von militärischen Interventionen der USA in der Zwischenkriegsära nach 1918 unterstrich die neuen Machtverhältnisse. Zu Beginn des Zweiten Weltkrieges tauschten die Vereinigten Staaten fünfzig ausgediente Zerstörer gegen Militärbasen in den britischen Karibikkolonien. Dies zeigt noch einmal den Stellenwert, den die Region für Washington besitzt, aber auch den Niedergang des britischen Imperialismus.

Im Jahr 1880 wurde auch auf Kuba die Sklavenwirtschaft abgeschafft. In der Folgezeit begann das die Zuckerindustrie beherrschende ›Yankee-Kapital‹ mit Rationalisierungen großen Stils.

Die Insel verfügte dabei über einen Vorteil: große, bislang noch nicht kultivierte Flächen, die von exzellenter Qualität waren. Das Reservoir an Neuland ermöglichte es den Plantagenbesitzern, auf Bodendüngung und -konservierung zu verzichten; außerdem sahen sie keinen Grund, die Ertragsqualität des Zuckerrohrs durch Züchtungen zu verbessern. Dies macht verständlich, daß eine durchschnittliche Plantage eine Profitrate von wenigstens 18 Prozent erwirtschaftete.

Der Zwang, das Profitniveau zu wahren und zu steigern, führte aber zu strukturellen Veränderungen. Es war geboten, die Produktivität bei der Zuckerherstellung zu verbessern, um auf diese Weise die Kosten zu senken. Deshalb wurden modernste Maschinen eingesetzt; Dampfkraft löste die Wassermühlen ab und die Einführung von Eisenbahnen machte es betriebswirtschaftlich möglich, den Radius der einzelnen Plantage auszudehnen und die Betriebsflächen zu vergrößern. Beides fügte sich zu einer Rationalisierung großen Stils zusammen: Die Kapazität der modernen Maschinerie verlangt nach steigender Rohmaterialmasse, die von entsprechend großen Betriebsflächen bereitgestellt wird. Im Ergebnis war ein Konzentrationsprozeß bei den Zuckermühlen zu verzeichnen. Anfang des 19. Jahrhunderts gab es 870 solcher Einrichtungen, die knapp 40.000 Tonnen verarbeiteten, also 50 Tonnen pro Mühle. Am Ende des Jahrhunderts war die Zahl der Mühlen nahezu halbiert; die einzelne Anlage wies jetzt eine Jahresleistung von über 2.500 Tonnen auf, ein Produktivitätszuwachs um das Fünfzigfache. Die Zuckergewinnung verzeichnete im gleichen Zeitraum eine fünfundzwanzigfache Steigerung. Hier zeichnet sich eine weitere Entwicklung ab – die Dominanz der Verarbeitung über die landwirtschaftliche Produktion. Großmühlen, central genannt, wie etwa die damals weltgrößte Central Constancia mit einer Jahresleistung von 20.000 Tonnen, konnten nur rentabel operieren, wenn die Rohstoffzufuhr gesichert war. Also ging von den Mühlen ein Konzentrationsprozeß bei den Plantagen aus. Unabhängige Pflanzer, die colonos, lieferten nur noch zwanzig Prozent des Zuckerrohrs.

Der Vormarsch des Industriekapitalismus in die Zuckergewinnung wurde im wesentlichen getragen von US-amerikanischen Unternehmen, die mit Kuba einen wichtigen Lieferanten für ihren einheimischen Markt, dessen Bedarf aus lokalen Quellen wie Louisiana nicht gedeckt werden konnte, domestiziert hatten. Die Kolonie Hawaii kam aus logistischen Gründen und den damit einhergehenden hohen Transportkosten als Versorger für die Ballungszentren an der US-amerikanischen Ostküste nicht in Betracht. Der US-Kapitalstock im kubanischen Zuckersektor um 1900 betrug mehr als 30 Millionen Dollar; der Durchschnittsexportwert belief sich auf 60 Millionen Dollar. Seit der Transformation Kubas zur Halbkolonie stieg der US-amerikanische Einfluß noch weiter. Die sechs Plantagen der Cuban American Sugar Company verfügten über eine Fläche von 150.000 ha; die zweitgrößte Gruppe Cuban Atlantic Sugar Company betrieb neun Plantagen auf knapp 100.000 ha etc. Diese Großplantagen konnten wesentlich günstiger produzieren als die Konkurrenz, so daß in der ersten Hälfte des 20. Jahrhunderts ein weiterer Verdrängungswettbewerb einsetzte. Die kubanische Produktion stieg auf mehr als 2,5 Millionen Tonnen oder um das Zweieinhalbfache gegenüber 1897. Der Konzentrationsprozeß bei der Zuckerverarbeitung setzte sich weiter fort. Es gab Anfang der 30er Jahre nur noch 158 Mühlen, die im Durchschnitt 15.000 Tonnen verarbeiteten, ein Produktivitätszuwachs um das Fünffache.

So zeigte sich auf Kuba am Vorabend der Revolution folgendes Bild. »Von der landwirtschaftlich genutzten Fläche dienen 61 Prozent dem Anbau von Zuckerrohr. Es bestehen im Lande 161 Zuckerfabriken, wovon sich etwa die Hälfte mit einem Drittel der Gesamtkapazität in einheimischen und rund 50 mit etwa 50 Prozent der Gesamtkapazität in nordamerikanischen Händen befinden. Die restlichen Fabriken sind zum großen Teil in spanischem Besitz. Der durchschnittliche Lebensstandard der Bevölkerung ist sehr niedrig. Zwischen der Kaufkraft der großen Masse und der verhältnismäßig dünnen kapitalkräftigen Oberschicht klafft eine merkliche Lücke« (Deutsch-Südamerikanische Bank, Wirtschaftsbericht Kuba, S. 3).

Abfallprodukt Rum

Rum ist ein Abfallprodukt der Zuckergewinnung (Melasse). Anfänglich war er ein auf die karibischen Kolonien begrenztes Getränk. Das änderte sich jedoch in der zweiten Hälfte des 17. Jahrhunderts. Ein bislang ungelöstes Problem bei der Seefahrt war Skorbut, eine Krankheit, die durch Vitaminmangel entsteht, zuerst den Mund des Kranken befällt und diesen unfähig macht, feste Nahrung zu sich zu nehmen. Die Ursachen waren damals nicht bekannt; wohl wußte man, daß die schlechte Ernährung an Bord die Ursache für diese Krankheit war, von der bei längeren Fahrten durchschnittlich mehr als die Hälfte der Besatzungen hinweggerafft wurde. Zwar wußte man, daß Zitrusfrüchte ein wirksames Gegenmittel waren. Die chinesischen Seefahrer setzten sie schon seit langem ein. Aber Zitrus war zu kostspielig, und so wurde nach anderen Mittel gesucht, beispielsweise Sauerkraut oder Bier, allerdings mit unbefriedigenden Resultaten. Die Royal Navy probierte nach der Besetzung Jamaikas 1655 Rum aus. Mit durchschlagendem Erfolg, freilich mit Nebenwirkungen: Die Tagesration von einem halben Liter schützte tatsächlich die Besatzungen vor Skorbut, führte aber zu schweren Unfällen, weil die alkoholisierten Seeleute in den Schiffswanten oft das Gleichgewicht verloren und abstürzten. 1740 kam der Befehlshaber der Flotte, Admiral Vernon, auf die Idee, Rum mit Wasser zu verdünnen. Die Prophylaxe war gewährleistet, der verdünnte Trank verminderte gleichzeitig die Zahl der Arbeitsunfälle. Der Admiral bevorzugte einen Mantel aus filzähnlichem Material, Grogram genannt; sein hieraus abgeleiteter Spitzname ›Old Grog‹ verlieh dem neuen Standardtrank der Kriegsmarine den Namen. Erwähnt sei, daß Ende des Jahrhunderts dem Grog etwas Zitrussaft zugesetzt wurde.

Darüber hinaus gab es für Rum einen weiteren Absatzmarkt in Nordamerika, nämlich als Ersatz für Wasser. Sauberes Trinkwasser war in den britischen Kolonien kaum vorhanden, was nicht verwunderlich ist, da Kanalisation und Kläranlagen unbekannt waren. Das Brunnenwasser war mit Fäkalien durchsetzt und nahezu ungenießbar. Deshalb griff man nach Ersatz. Zwar hatten schottische und irische Einwanderer die Whiskybrennerei in die Kolonien eingeführt; da es dort keinen Torf gab, war der Kolonialwhisky aber geschmacklich wenig ansprechend. Der Ende des 18. Jahrhunderts in Kentucky (Bezirk Bourbon) aus Mais gewonnene Whisky war etwas höherwertiger. Eine auf den Alkoholgehalt bezogene etwas schwächere Alternative war Apfelwein, der sich größter Beliebtheit erfreute. Rum war jedoch das mit großem Abstand beliebteste Getränk, von dem pro Jahr und Kopf (einschließlich Kinder und Alte) im Durchschnitt vierundzwanzig Liter konsumiert wurden. Damals war der Alkoholgehalt wesentlich höher als heute.

Rum wurde zu einem der wichtigsten Wirtschaftszweige der Kolonien. Das Handelskapital in Neuengland war auch am Sklavenhandel beteiligt. Schiffe, beladen mit Rumfässern, liefen die Häfen Westafrikas an, wo Rum gegen Menschen getauscht wurde. Die Sklaven wurden auf den Spezialmärkten der Karibik veräußert, Teile der

Einnahmen für den Kauf von Melasse verausgabt. Der Abfallstoff wurde auf die Schiffe verladen und in Neuengland zu Rum verarbeitet.

Dieser sehr profitable Dreieckshandel erhielt einen empfindlichen Schlag durch das britische Molasse-Gesetz aus dem Jahr 1733; damit wurde eine exorbitant hohe Steuer auf Zucker und Molasse erhoben, sofern diese Waren nicht aus britischen Quellen stammten. Manche Historiker sind der Ansicht, daß dieses Gesetz die Widerständigkeit der Kolonien gegen die Metropole schürte und der eigentliche Grund der Rebellion 1775ff gewesen sei. Diese Deutung ist sicherlich ernst zu nehmen, weil handfeste Wirtschaftsinteressen betroffen waren. Außerdem ist die Vorstellung, daß die Verteuerung von Alkohol am Beginn einer Weltmacht stand, nicht ohne Pikanterie (Reay Tannahil, Food in History, S. 254-6).

Mit der Baumwolle zur industriellen Revolution

Zum Industriekapitalismus gehörten bestimmte Voraussetzungen. Diese waren technischer, aber vor allem ökonomischer und gesellschaftlicher Art. Die technischen Voraussetzungen wurden im 18. Jahrhundert mit der wachsenden Mechanisierung der Textilindustrie und besonders mit der Vollendung der Dampfmaschine verwirklicht. Die ökonomischen und gesellschaftlichen Voraussetzungen waren das Vorhandensein großer Kapitalkonzentrationen und einer Masse »freier« Arbeiter, das heißt solcher, die aller Mittel einer selbständigen Existenz entblößt und zugleich aller feudalen Bindungen ledig waren.

Im Innern der europäischen Welt ging die Genesis des Kapitalismus durch die Enteignung des unabhängigen Kleinbauerntums vor sich, wofür England das dramatische historische Beispiel bietet. Ein anderer Weg war der fortschreitende Ruin des Kleinbauern mittels der Steuer, wie er sich in Frankreich nach der Revolution vollzog. So wurde die Arbeit allmählich von den Produktionsmitteln geschieden, und die angeführten Voraussetzungen fanden sich verwirklicht.

Die sozialen und politischen Bedingungen für den Industriekapitalismus waren im England des 17. Jahrhunderts geschaffen worden. Die absolutistische Monarchie war seit dem Sturz der Stuart-Könige 1688 gebrochen. Die Stärkung des Parlaments festigte die Position der wirtschaftlich erstarkten und nun auch gesellschaftlich in den Vordergrund drängenden Bourgeoisie. Zu diesem Zeitpunkt war das Bauernlegen nahezu abgeschlossen; freie Bauern wurden ersetzt durch Farmen, die nach Größe und Spezialisierung die Konturen eines agroindustriellen Betriebes erahnen ließen. Ferner stand ein Heer an arbeitssuchenden Ex-Bauern und Pächtern bereit, Industriearbeit anzunehmen. Schließlich hatten bahnbrechende technische Neuerungen in Landwirtschaft, Bergbau und Textilindustrie stattgefunden, die auf eine Verwendung warteten. Allerdings vergingen fast 100 Jahre, bevor die sogenannte industrielle Revolution in England mit voller Kraft einsetzte. Es gibt einige Erklärungen für diese Verzögerung. Die Krise des 17. Jahrhunderts, wie Eric Hobsbawm die politischen Ereignisse in Europa charakterisiert, hatte einen wirtschaftlichen Niedergang auf dem Kontinent bewirkt, so daß wichtige Absatzmärkte gerade für die englischen Textilproduzenten nicht mehr vorhanden waren. Der Überseehandel mit seinen Möglichkeiten zu Plünderungen und Aneignungen hingegen durchlief eine höchst profitable Phase. Aus Kapitalsicht war es daher naheliegend, hier zu investieren. Parallel hierzu hatte das produzierende Gewerbe Englands eine Neuerung eingeleitet, die bald zum Modell wurde. In den Wirtschaftsbeziehungen mit den Besitzungen in Nordamerika war eine für den weiteren Kolonialismus prägende Arbeitsteilung bereits vorweggenommen worden: Die Kolonien wurden gezwungen, Rohstoffe an die Metropole zu liefern und von dieser Fertigwaren zu beziehen. Der Aufbau eigener Manufakturen wurde verboten.

Die Niederlande, die größte europäische Handelsmacht, und was Kapital und Bankwesen angeht, sicherlich der zweite Kandidat neben England für einen industriekapitalistischen Wandel, hielten am Handel fest. Eine solide Alternative hierzu gab es für sie nicht. Dies erklärt den wirtschaftlichen Niedergang Ende des 18. Jahrhunderts und das Zurückfallen bei der industriellen Entwicklung.

Die Mitte des 18. Jahrhunderts einsetzende Eroberung Indiens gab den englischen Textilbetrieben den entscheidenden Impuls für eine industrielle Perspektive. Das hängt weniger mit den immensen Plünderungen zusammen, die von der East India Company als Agentin des britischen Kolonialismus verübt wurden, als vielmehr mit der Eliminierung eines bis dahin starken Konkurrenten.

Indische Ressourcen

Indische Baumwolle war ein bedeutendes Produkt beim dreiseitigen Tauschgeschäft mit Europa: Indische Textilien wurden von den Gewürzproduzenten stark nachgefragt, so daß europäisches Handelskapital gezwungen war, die entsprechenden Waren vorab in Indien zu erwerben. Bei der Umstrukturierung der Fernhandelsbeziehungen mit Asien hatte keines der europäischen Unternehmen indische Textilien auf seinem Einkaufszettel. Der englischen East India Company (EIC) ging es vornehmlich darum, die in England produzierten Wollstoffe und Produkte zu verkaufen, um mit den Erlösen Pfeffer und Gewürz zu bezahlen. Allerdings bestand in Südostasien aus einsichtigen Gründen kein allzu großer Bedarf an diesen Materialien, da sie weder den klimatischen noch den kulturellen Bedingungen gerecht wurden. Wollstoffe taugen nicht in tropischen bzw. subtropischen Gegenden. Indien und die Gewürze produzierenden Länder hatten ästhetische Vorlieben, denen die Importprodukte nicht entsprachen. Schließlich wurde die Konkurrenz um den Zugang zu den Gewürzmärkten zwischen den europäischen Handelsstaaten mit militärischen Mitteln ausgetragen. Aber weder Portugal, das im 17. Jahrhundert ein vorübergehendes Monopol für den europäischen Markt mit den Gewürzen Asiens erkämpft hatte, noch die Niederlande, deren Vereinigte Ostindische Kompanie (VOC) die portugiesische Nachfolgeschaft antrat, noch die englische Kompanie verfügten über die Ressourcen, den Gewürzproduzenten ihre Handelsbedingungen so aufzuzwingen, daß auf das Medium indische Textilien verzichtet werden konnte.

Das holländische Handelskapital, das sich lange Zeit gegen die englische Konkurrenz behaupten konnte und das gesamte 17. Jahrhundert hindurch das Gewürzmonopol in Europa innehatte, war gezwungen, in Indien Zweigniederlassungen einzurichten, wo die entsprechenden Tauschprodukte erworben wurden. Hieran verdeutlicht sich eine über mehrere Jahrhunderte gewachsene wirtschaftliche Verflechtung zwischen Indien und den Gewürzländern Südostasiens; die indischen Hersteller in den Produktionszentren Bengalen, Bombay und Coromandel hatten sich auf den Bedarf ihrer Kundschaft eingestellt und speziell auf sie zugeschnittene Textilien gefertigt.

Die englische Ostindienkompanie, so schien es Mitte des 17. Jahrhunderts, war ins Hintertreffen geraten. Sie war auf den Handel mit Indien angewiesen; Alternativen gab es damals keine. Aus Profitgründen begann die Handelsgesellschaft nun, indische Baumwollprodukte nach Europa zu exportieren. Diese Neuerung war in mehrfacher Hinsicht wegweisend. Der Gewürzmarkt wies ein erhebliches, Pro-

Ostindische Kompagnie

»Bei jeder Erneuerung der Charta (wurde) seitens der Kaufleute von London, Liverpool und Bristol Anstrengungen gemacht, um das Handelsmonopol der Ostindischen Kompanie zu durchbrechen und sich an diesem Handel, in dem man eine wahre Goldgrube erblickte, zu beteiligen. Als Folge dieser Anstrengungen wurde in das Gesetz von 1773, durch das die Charta der Ostindischen Kompanie bis zum 1. März 1814 verlängert wurde, eine Bestimmung aufgenommen, laut welcher nahezu alle Waren von britischen Privatpersonen von England nach Indien ausgeführt und von Angestellten der Ostindischen Kompanie nach England eingeführt werden durften. Dieses Zugeständnis war jedoch an Bedingungen geknüpft, die seine Wirkung in bezug auf das Recht der privaten Kaufleute zur Ausfuhr nach Britisch-Indien zunichte machten. 1813 war die Ostindische Kompanie nicht mehr in der Lage, dem Druck des nicht monopolisierten Handels standzuhalten. Mit Ausnahme des Monopols für den Chinahandel wurde der Handel mit Indien unter bestimmten Bedingungen für das private Unternehmertum freigegeben. Nach der Erneuerung der Charta im Jahr 1833 fielen schließlich auch diese letzten Einschränkungen: Der Kompanie wurde jeglicher Handel verboten, ihr kommerzieller Charakter wurde völlig aufgehoben und ihr Privileg, britische Staatsangehörige vom indischen Territorium fernzuhalten, annulliert« (Karl Marx, ›Die britische Herrschaft in Indien‹ in *MEW*, Band 9, S. 130).

fite schmälerndes Problem auf. Die damalige Segelschiffahrt war von den Windverhältnissen abhängig. Das brachte es mit sich, daß neue Lieferungen, den Monsun- und Passatwinden folgend, immer innerhalb weniger Wochen in Europa angelandet wurden. Dies bedeutete einen Preisverfall, da zeitweilig das Angebot die Nachfrage überstieg.

Eine strategische Lagerhaltung, um das Angebot künstlich zu verknappen, war kostenintensiv und führte bei nur begrenzt möglicher Lagerung zu weiteren Verlusten.

Um 1660 begann die East India Company mit dem Import indischer Textilen nach England in großem Stil. Dies sollte ein regelrechter Exportschlager werden, der für die nächsten 100 Jahre zu mehr als zwei Dritteln den Warenumschlag der Company darstellte.

Indische Textilien waren bis dahin in England, von Dekorationszwecken für Wohnungen einmal abgesehen, gänzlich unbekannt.

Bei den herrschenden Kreisen und den Begüterten stieg die Nachfrage nach den neuartigen Textilien. Die modebewußten Adligen und ihre Familien trugen nun Kleidungsstücke aus Calico. Die Wollmaterialien und Seide, die früher für Damenkleidung verwendet wurden, wurden nun vollständig durch indische Stoffe ersetzt.

Was waren die Gründe für diesen Modetrend, von Wirtschaftshistorikern als ›Indian Craze‹ bezeichnet? Zunächst war ein allgemeiner Wandel weg von den schweren Wolltuchen und Pelzen hin zu leichteren Materialien festzustellen. Die Baumwollprodukte entsprachen also dieser Entwicklung. Hinzu kam, daß die indische Ware frischere Farben hatte, elegantere Zuschnitte ermöglichte und sich besonders leicht bearbeiten ließ. Entscheidend für den Verkaufserfolg war allerdings, daß die East India Company, das kommerzielle Vehikel der herrschenden Kreise, für ihre Klientel in Indien maßgeschneiderte Produkte herstellen ließ. Das war kurzfristig sicherlich nicht profitabel, schuf aber in Europa Begehrlichkeiten bei denjenigen, die diese Materialen noch nicht trugen. Für einen Profit verheißenden Massenumsatz entsandte die Company englische Spezialisten nach Indien, die in den dortigen Manufakturen Stoffe nach den Präferenzen und Wünschen der europäischen Kundschaft herstellten.

Ferner sind Baumwollstoffe einfach zu färben und zu bedrucken; und da die indischen Manufakturen über Vorsprungstechnik beim Färben verfügten, konnten sie – einzigartig für die europäische Kundschaft – erstmalig Materialien anbieten, die auch nach mehrmaligem Waschen nicht ausbleichten. Schließlich betrugen die Herstellungskosten in Indien knapp ein Drittel vergleichbarer englischer Produkte; selbst bei Berücksichtigung der hohen Transportkosten und der Gewinnmargen lagen sie im Preis günstiger als das Konkurrenzangebot.

Die indischen Textilien stießen auch im übrigen Europa auf große Resonanz. Die Modewelle erwies sich als sehr langlebig und leitete einen Wandel bei der Textilherstellung und -verwendung ein. Die traditionellen Bearbeiter von Wolle und Seide erlitten Absatzeinbußen; viele gingen in Konkurs. Dies betraf sämtliche Produktionszentren nicht nur in England, sondern auch in Frankreich, den Niederlanden und in Italien.

Die Krise einer der großen Manufakturbranchen löste Reaktionen gegen die überlegene Konkurrenz aus. Der englische Staat reagierte unter Druck der einheimischen Textilfabrikanten und des Landadels, dessen materielle Grundlage die Schafzucht bildete, mit einem Verbot von indischen Textileinfuhren. Das sogenannte Calicogesetz von 1700 nahm lediglich Musselin und unbearbeitetes Calico hiervon aus. Musselin, benannt nach der irakischen Stadt Mossul, war ohnehin ein Luxusgut; unbearbeitetes Calico hingegen war ein Rohmaterial für die einheimische Industrie. Hier handelt es sich offensichtlich um eine Politik der Importsubstitution. In dem Gesetz heißt es u.a. »Wenn der Handel mit Ostindien [Westindien bezeichnete damals noch die Karibik] so fortgesetzt wird, wird der Staatsschatz geplündert. Die daraus resultierende Arbeitslosigkeit wird dem Land schweren Schaden zufügen und die Mehrzahl der verarbeitenden Industrie zwingen, in Übersee tätig zu werden.« Das Calicogesetz hatte allerdings nicht die erhoffte Wirkung. Deshalb wurde zwanzig Jahre später ein weitaus schärferes Gesetz verabschiedet. Mit dem ausdrücklichen Hinweis auf den Erhalt der einheimischen Woll- und Seidenfabrikation wurde jetzt das Tragen von Kleidungsstücken aus Calico-Material unter Strafe gestellt; gleiches galt für die Verwendung von Calico bei Wohnungseinrichtungen. Bezeichnenderweise wurde Musselin hiervon ausgenommen; ebenso wurde der Re-Export von Calico gebilligt.

Die Politik der Importsubstitution war deshalb erfolgreich, weil es den englischen Manufakturen gelang, die indische Drucktechnik zu imitieren. Textilien mit dem vom Markt geforderten ›indischen outlook‹ wurden in England hergestellt und vermarktet. Außerdem waren die englischen Imitate vom indischen Original in Qualität und Verarbeitung nicht mehr zu unterscheiden. Das traf allerdings nicht auf Musselin zu, bei dessen Bearbeitung die indischen Produzenten ihren Verfahrensvorsprung hielten.

Die Förderung von Re-Exporten verbreiterte das Geschäftsfeld der East India Company. Wichtigster Markt wurde Deutschland, von wo als Gegenleistung Leinen bezogen wurde, daneben wurde ein Großteil der EIC-Lieferungen von spanischen Handelsgesellschaften in die Kolonien weitergeleitet. Interessant ist, daß die englischen Imitate in Afrika kaum Absatz fanden. Das hängt wohl damit zusammen, daß die Qualität unzureichend war. Offenbar waren die englischen Manufakturen nicht in der Lage, die ganz feinen Stoffvarianten, die in warmen Klimazonen geboten sind, herzustellen. Jedenfalls blieb der Anteil von Baumwollprodukten an den englischen Gesamtausfuhren über Jahrzehnte hinweg niedriger als 10 Prozent.

Statistische Angaben zeichnen ein interessantes Bild: Während Exporte englischer Imitate insgesamt im Zeitraum 1700 bis 1770 rückläufig waren, verdoppelten sich die Re-Exporte nach Europa und Nordamerika. Berücksichtigt man den sicherlich nicht gering zu veranschlagenden Schmuggel, dem sich vornehmlich niederländische Handelsgesellschaften verschrieben hatten, ist anzunehmen, daß in Indien hergestellte Textilien den europäischen Markt dominierten. Für die englischen Hersteller bedeutete dies, die Qualität der eigenen Produkte zu verbessern und die Kosten zu senken.

Der Aufstieg der englischen Textilindustrie datiert auf das letzte Quartal des 18. Jahrhunderts. 1774 erließ das Parlament eine Bestimmung, die es Bürgern gestattete, Kleidung zu tragen, die vollständig aus Baumwolle gefertigt war. Dies gab den lange vorher entworfenen technischen Neuerungen endlich die Möglichkeit zur Anwendung. Erfindungen wie die berühmte Spinning Jenny, das mechanische Spinnrad, der automatische Webstuhl waren schon lange vorher am Reißbrett entworfen worden, konnten aber erst jetzt wirtschaftlich gewinnbringend eingesetzt werden. Dank dieser Innovationen stieg die Produktivität sprunghaft an, die Herstellungskosten sanken beträchtlich, und die Produktion von hochwertigen Garnen bei gleichbleibender Qualität war nun möglich: Ein Pfund Garn der Klasse No. 100 kostete Anfang der 80er Jahre circa zwei Pfund Sterling; der Preis sank in der Folgezeit stetig und lag zu Beginn des 19. Jahrhunderts bei drei Schilling, eine Verbilligung um mehr als 90 Prozent.

Vor diesen Neuerungen waren englische Manufakturen nicht in der Lage gewesen, feines Garn herzustellen. Das erklärt, warum indische Produkte bevorzugt wurden. Das änderte sich nun. Musselin war ein anderes Material, bei dem indische Hersteller zunächst konkurrenzlos waren. Aber auch hier holten englische Fabrikanten auf.

Der Einsatz von Dampfkraft war ein wichtiger Schritt bei der Steigerung von Produktivität und Kostensenkung. Mit der Lösung der technischen Probleme stand einer Massenfertigung nichts mehr im Wege. Allerdings traten neue Hindernisse auf: der Wandel von der Manufaktur zum Industriebetrieb ließ die Nachfrage nach Baumwolle erheblich anwachsen. Hinzu kam, daß die neuen Anlagen aus Rentabilitätsgründen langfaserige Baumwolle verarbeiteten. Sie ließ sich am besten zu langen Fäden verspinnen, der Ertrag aus einer Baumwollpflanze konnte also maximiert werden.

Die Qualität des Rohstoffes Baumwolle hatte in der Vergangenheit keine große Rolle gespielt, was im wesentlichen mit der rückständigen Verarbeitungsweise zu erklären ist. Hauptlieferanten mit einem Importanteil von fast 80 Prozent waren die karibischen Kolonien und Indien. Importe aus Nordamerika waren noch bedeutungslos, obwohl die in den Südstaaten der USA angebaute Baumwolle von einzigartiger Qualität war. Sie hatte jedoch einen erheblichen Nachteil: die Baumwollkapseln waren extrem ölhaltig, die notwendige Entkernung war sehr arbeitsintensiv; maschinelle Bearbeitung war unbekannt. Das änderte sich schlagartig durch die Erfindung der Cotton Gin von Eli Whitney. Die maschinelle Entkernung ermöglichte eine Tagesleistung von 152 Kilogramm pro Arbeitskraft, wofür früher fast ein Monat benötigt worden war. Die Nachfrage nach US-amerikanischer Baumwolle stieg dank der bahnbrechenden Entwicklung sprunghaft; nebenbei machte sie den Erfinder der Cotton Gin immens reich, die Firma

Whitney zählt noch heute zu den führenden Unternehmen des militärisch-industriellen Komplexes. 1793, dem Jahr der Erfindung, hatten US-Plantagen 500.000 Pfund Baumwolle exportiert; knapp zehn Jahre später waren es 18 Millionen Pfund. In South Carolina, beispielsweise, wird die Spitzenart Sea Island Cotton angebaut. Von dort wurden 1793 90.000 Pfund geliefert, im Jahr 1801 bereits 8,3 Millionen Pfund. Hauptabnehmer war Großbritannien, das mehr als drei Viertel seiner Baumwolle jetzt aus den Vereinigten Staaten bezog.

So ging der Import indischer Rohbaumwolle drastisch zurück, obwohl ihr Preis erheblich unterhalb des US-amerikanischen lag. Der Grund lag vor allem in der natürlichen Beschaffenheit der kurzfasrigen Art, die sich nicht so fein und so lang spinnen läßt. Es ist zu vermuten, daß die Betriebskosten für die Herstellung einer vergleichbaren Qualität so hoch waren, daß der Preisvorteil bei der Rohware aufgehoben wurde.

Die englische Textilindustrie verdrängte die lange Zeit übermächtige indische Konkurrenz vom europäischen und nordamerikanischen Markt. Betrug der Anteil von Baumwollprodukten an den Ausfuhren Großbritanniens bis in die achtziger Jahre des 18. Jahrhunderts durchschnittlich fünf Prozent, so stieg er 1794 auf 16 Prozent und erreichte 42 Prozent im Jahr 1804.

Die Zerstörung der indischen Baumwollindustrie vollzog sich in drei Schritten: erstens mit der Sperrung von Fertigwarenimporten in England nach 1770, zweitens durch die technischen Entwicklungen, die Massenproduktion und Kostensenkung bewirkten, und drittens durch die koloniale Inbesitznahme. Im Jahr 1818 war Indien nahezu vollständig erobert. Großbritannien untersagte gesetzlich die Ausfuhr von textilverarbeitenden Maschinen nach Indien. Durch die technischen Neuerungen sank der Verkaufspreis eines Pfundes gesponnener Baumwolle zwischen 1774 und 1820 auf etwa ein Zehntel des ursprünglichen Preises. Die indischen Erzeuger konnten zu diesem Preis manuell nicht mehr produzieren, und folglich wurde der größte Teil der indischen Heimarbeiter arbeitslos.

Eine neue Handelsstruktur nahm Gestalt an, bei der Großbritannien Textilien nach Afrika exportierte, von dort Sklaven für die Plantagenwirtschaft nach Nordamerika verschiffte, die ihrerseits Rohbaumwolle nach Großbritannien lieferte.

Der Niedergang der indischen Textilmanufaktur hat aber nicht nur ökonomische Ursachen; der Aufstieg der britischen Textilindustrie wäre ohne soziale Umbrüche nicht möglich gewesen.

Tummelplatz Bengalen

Indien bildete den eigentlichen Schwerpunkt der kommerziellen Offensive Europas. Portugal hatte sich mit militärischen Mitteln den Zugang zu den wichtigsten Umschlagplätzen des Subkontinents erzwungen und von dort aus gewaltsamen Eintritt in die innerasiatische Wirtschaft verschafft. Niederländische und englische Handelsgesellschaften, gefördert von den jeweiligen Staaten, verdrängten jedoch den ›Expansionspionier‹.

Der Konkurrenzkampf zwischen den europäischen Handelsmächten führte dazu, daß die Faktoreien in Indien befestigt, die militärischen Kapazitäten und die Flotte ausgebaut wurden. Dies alles verursachte erhebliche Kosten, die dem eigentlichen Zweck der Betreiber, nämlich profitable Geschäfte zu machen, zuwiderliefen. Die Verantwortlichen der englischen East India Company bewiesen in dieser Situation Weitsicht; sie wiesen ihre Repräsentanten vor Ort an, Landbesitz zu erwerben, denn der war gleichbedeutend mit »Abgaben der Einwohner«. Dies bedeutete zusätzliche Einnahmen und Absicherung gegen die Risiken im Handelsgeschäft. Die aus dem Jahr 1698 stammende Anweisung wurde in Bengalen erprobt.

Die östliche Provinz des Mogulreiches wurde zum Schrittmacher und wichtigsten Ausgangspunkt der englischen Kolonialisierung Indiens.

Bengalen wurde von zeitgenössischen Besuchern als ein Paradies auf Erden bezeichnet. Tatsächlich zeichnete sich das Gebiet durch fruchtbare Böden aus, wo angesichts der klimatischen Bedingungen mehrere Ernten im Jahr möglich waren. Der größte Teil Bengalens besteht aus einer riesigen Ebene, die von unzähligen Kanälen und

Seitenarmen der Flüsse Ganges und Brahmaputra durchzogen wird. Die günstige geographische Lage und das dichte Verkehrsnetz von Wasserwegen machten die Häfen zu bedeutenden Knotenpunkten im Netzwerk des Fernhandels, der vor der europäischen Intervention die Wirtschaftsräume Vorderer Orient, Südostasien und China umfaßte. Bengalen wurde 1576 von den Mogulherrschern erobert; es entwikkelte sich zur reichsten und ergiebigsten Provinz des Reiches, die das größte Steueraufkommen aufwies.

Zu Beginn des 18. Jahrhunderts hatte die knapp einhundertfünfzigjährige Mogulherrschaft in Indien ihren Höhepunkt überschritten; politischer Niedergang war überall sichtbar. Denn die aus Zentralasien stammenden Eroberer, Nachfolger des letzten Mongolenherrschers Timur, hatten ihre zunächst auf Nordindien beschränkte Machtsphäre in langwierigen Grenzkriegen mit den Hindustaaten, zu denen auch Bengalen zählte, zwar ausgedehnt, waren zur Festigung ihrer Macht jedoch auf die Kooperation mit den unterworfenen Machthabern angewiesen. Es ist daher zutreffend, die Mogul als Oberherren zu klassifizieren, die keine tiefe Verwurzelung in der indischen Gesellschaft hatten und die aus diesem Grund erhebliche Mittel aufwenden mußten, um ihre Suprematie zu sichern und zu ›kaufen‹. Dafür waren Steuerabgaben vorgesehen. Der Finanzbedarf des Mogulstaates war dementsprechend hoch; gleiches galt für die lokalen Machthaber. Die hohen Steuern belasteten das einheimische Gewerbe und vor allem die Bauern; die wirtschaftliche Leistungskraft ging allmählich zurück. Die Herrschenden erhöhten daraufhin die Steuerraten, was den weiteren wirtschaftlichen Niedergang beschleunigte, die Staatsfinanzen zerrüttete und die Grundlagen der politischen Herrschaft untergrub. Dies war zusammengefaßt die Situation um 1700.

Gegen eine jährliche Abgabe an den Mogulstaat erhielt die englische Ostindienkompanie das Recht, in Bengalen abgabenfreien Handel zu treiben und den Territorialbesitz um ihre Niederlassung Kalkutta auszuweiten. Die Abgabe war, gemessen am Handelsvolumen, extrem niedrig. Daß beim Zustandekommen dieses Firman (Handelsvertrag) Korruption und Schmiergelder im Spiel waren, versteht sich von selbst. Für die Company begannen goldene Zeiten. Denn sie hatte nun einen Wettbewerbsvorteil gegenüber der Konkurrenz, die auf jedes Geschäft Abgaben entrichten mußte. Noch wichtiger war jedoch, daß ihr das Recht eingeräumt wurde, Freihandelspässe auszustellen. Gegen ein Entgelt verkaufte sie die Freibriefe an indische Händler, die dann, wie die Engländer, abgabenfreien Handel betreiben konnten. Damit wurden die einheimischen Konkurrenten in Abhängigkeit gebracht, die ihrerseits zu Subunternehmern der East India Company wurden – die Freibriefe verpflichteten die bengalischen Kaufleute, ihre Waren ausschließlich an die Company zu verkaufen. Die Händler unterhielten normalerweise Geschäftsbeziehungen weit über Bengalen hinaus; der abgabenfreie Handel wurde deshalb viel weiter ausgedehnt, als es in dem Firman vorgesehen war. Damit stiegen die Umsätze der englischen Handelsgesellschaften, der Freihandel drang tief in die innerindischen Geschäftsbeziehungen ein. Im Ergebnis versiegte aus Sicht des Staates eine erhebliche Steuerquelle. Um diese zu kompensieren, wurde auf das zweite fiskalische Instrument zurückgegriffen – Besteuerung der Bauern.

Die Eigentumsverhältnisse auf dem Lande waren von dörflichen Gemeinschaften geprägt. Die jeweiligen Herrscher belegten die Dörfer mit Steuern, die von Zamidaren eingetrieben wurden. Diese agierten auf eigene Rechnung, indem sie dem Potentaten die vorher vereinbarte Summe abführten, ihm aber das tatsächliche Aufkommen verheimlichten. Innerhalb der Dorfgemeinschaften existierten Arbeitsteilung und Spezialisierung; neben Äckern für den Eigenbedarf gab es Baumwollfelder; Baumwollgarne wurden im Dorf gesponnen und gewebt.

Die Politik der englischen Handelsgesellschaft erregte den Widerstand der bengalischen Nobilität, die als Statthalter der Mogulherrscher mit den örtlichen Finanzen betraut war. Mitte des 18. Jahrhunderts waren militärische Auseinandersetzungen unvermeidlich. Dabei ging es auch um Unabhängigkeit gegenüber den Mogulherren, deren Machtgefüge damals schon morsch geworden war. Ihr Kernland mit der Hauptstadt Delhi war wiederholt von persischen und afghanischen Kriegsherren besetzt und geplündert wurde. In europäischen

Geschichtsbüchern wird die Schlacht von Plassey, 1757, als epochal klassifiziert, weil die East India Company das Heer des bengalischen Nawab (Statthalter der Mogulherrscher) schlug und seitdem zur Kolonialmacht über Bengalen wurde. Tatsächlich dauerte der Widerstand an, und erst sieben Jahre später war der letzte Widerstand gebrochen worden. Die siegreichen Engländer saßen nun an den Schalthebeln der Macht in Bengalen. Sie zögerten nicht, die üppige Pfründe zu vereinnahmen.

Als faktischer Kolonialherr, der das politische Geschäft formell von einheimischen Marionetten ausüben ließ und hier das Modell der später im Empire praktizierten Politik der ›indirekten Herrschaft‹ erstmals erprobte, verfügte die Company über einen sich ständig erweiternden Grundbesitz, der sich durch die Abgaben der Bevölkerung allmählich zur wichtigsten Einnahmequelle entwickelte. Die Einziehung der Abgaben stellte eines der größten Probleme dar. Denn die englische Kolonialmacht hatte keine Informationen über Besitz- und Eigentumsverhältnisse am Boden. Da bot sich als pragmatische Lösung an, die in diesem Gewerbe ausgewiesenen Zamidare als Eintreiber einzusetzen. Die Steuereintreiber im Dienste der East India Company leiteten den monetären Druck auf die Dörfer weiter. Eine Katastrophe bahnte sich an, die von der europäischen Geschichtsschreibung allerdings weitgehend verdrängt wird.

Totale Mißernten sind in Bengalen selten, was im wesentlichen mit dem Klimafaktor in Zusammenhang steht. Kam es dennoch zu solchen Katastrophen, reagierte der Zentralstaat mit Steuernachlässen. Nicht so die neuen Herren. Die East India Company ließ sämtliche Getreidevorräte aufkaufen und trieb die Preise in die Höhe. »Der Erfolg war durchschlagend. Im Jahr 1770 kam es zu einer der verheerendsten Hungersnöte in der Geschichte Indiens. Ein Drittel der bengalischen Bevölkerung fand den Tod. Auch jetzt war von Abgabenermäßigung keine Rede. Die Engländer zeigten sich unerbittlich. Nahezu unbegreiflich erscheint die Tatsache, daß es der East India Company gelang, nur eine verhältnismäßig geringe Einnahmeneinbuße hinnehmen zu müssen und die Abgabenhöhe des Jahres 1771 – mit einer um 7 – 10 Millionen Menschen dezimierten Bevölkerung

– schon über das Maß von 1768 hochdrücken zu können. Dies allein führt das Ausmaß der unbeschreiblichen Auspressung der Bauern vor Augen.« (Jürgen Conrad, Die East India Company, S. 131-2).

Das System der maximalen Abpressung stieß angesichts der verheerenden Lage jedoch an seine Grenzen. Die Verantwortlichen der EIC begannen ein neues fiskalisches Experiment; sie schufen eine eigene Steuerverwaltung, die nun die Steuerpfründe für einen Zeitraum von fünf Jahren an den Meistbietenden versteigerte. Dies trat eine vorübergehende Spekulationswelle los, getrieben von der Annahme, in kürzester Zeit viel Geld zu verdienen. So wurden für die meisten Distrikte Preise geboten, die die tatsächliche Wirtschaftskraft der dortigen Bevölkerung bei weitem übertrafen; es war also abzusehen, daß die Pächter sich selbst in den finanziellen Ruin bringen würden. Sie fielen mit gnadenloser Härte über die Bauern her; sie preßten alles aus ihnen heraus. Aber selbst dies reichte meistens nicht aus, die Zahlungsverpflichtungen gegenüber der Company einzuhalten. Die Spekulationsblase platzte.

Die neuen Kolonialherren, offenbar unbeeindruckt von dem sozialen Elend, das sie verschuldet hatten, rückten von den Spekulanten, Kaufleuten, Bankiers, aber auch Angestellten der EIC selbst ab, und wandten sich den Trägern des alten Systems zu. Die Zamidare wurden wieder installiert.

Vor dem Erfahrungshintergrund in England war es naheliegend, nun in Bengalen ein auf Privateigentum basiertes Steuersystem einzuführen. Die Steuerreformen von 1793 regelten die Eigentumsverhältnisse neu. Der Zamidar wurde zum Großgrundbesitzer, der von nun an über seine Länderein nach Belieben verfügen konnte. Er mußte einen festen Steuerbetrag, unabhängig vom Ertrag, der bebauten Fläche abführen.

Der Zamidar war in erster Linie Privateigentümer, der an den Pachteinnahmen, nicht jedoch an der Bewirtschaftung seiner Ländereien interessiert war. Insofern unterschied sich die neue Klasse nicht von der früheren. Außerdem war sein Recht verbrieft, das Land weiter zu verpachten. Der Pächter handelte ähnlich. Eine weitere Unterverpachtung warf immer noch genügend Gewinn ab. Es entstand innerhalb kürzester Zeit ein Zwischenpächtersystem riesigen Ausmaßes. Das war nur möglich, indem die Schlupflöcher der Steuerreform schamlos augenutzt wurden: über Strohmänner wurden fiktive Landverkäufe initiiert, so daß die alten Pachtverträge hinfällig wurden. Die vorgeblich neuen Eigentümer handelten nun die Abgaben, die von den Bauern zu entrichten waren, neu aus, natürlich zu ihren Gunsten. Die erdrückende Abgabenlast zwang die Bauern dazu, bisher unbebautes Land zu kultivieren oder Kredite aufzunehmen. Ein neuer Geschäftszweig entstand: Wucher.

Für den Bauern waren Wucherer und Großgrundbesitzer oft ein und dieselbe Person, die durch kräftige Vorschußzahlungen die Bauern in vollständige Abhängigkeit brachte. Die Zinsen taten ein übriges, damit die Willkür des Grundherren Bestand hatte. Widerstand war zwecklos, denn angesichts knapper werdender Bebauungsfläche hatte der Bauer keinen Ausweg. Die Vertreibung vom Land hätte den völligen Ruin bedeutet.

Der ungeheure Druck des Zwischenpächtersystems lastete auf den Dorfgemeinschaften. Die frühere Säule der indischen Gesellschaft zerbrach, die kommunalen Institutionen konnten nicht mehr aufrechterhalten werden:

- Das Arbeitsvermögen der Bauern wurde in einer nicht mehr vertretbaren Weise belastet. Die notwendigen Unterhaltsmittel standen nicht mehr zur Verfügung.
- Die Organisation gemeinschaftlicher Arbeiten war kaum noch möglich.
- Die gemeinsame Bewässerung der Felder wurde nur noch ungenügend ausgeführt.
- Der Boden und der Mensch, der ihn bearbeitete, wurden völlig ausgelaugt. Der Verelendungsprozeß der bengalischen Bauern, im weiteren Verlauf auf das übrige Indien übertragen, nahm unter dem englischen Kolonialismus seinen Anfang. »England hat das ganze Gefüge der indischen Gesellschaft niedergerissen, ohne daß bisher auch nur die Spur eines Neuaufbaus sichtbar geworden wäre. Dieser Verlust seiner alten Welt, ohne daß eine neue gewonnen worden wäre, gibt dem heutigen Elend des Hindu eine beson-

dere Note von Melancholie« (Karl Marx, Die britische Herrschaft in Indien, S. 129).

Habgier

Das unmittelbare Resultat der militärischen Zugriffe der East India Company in Bengalen war Plünderung in großem Stil. Die vertraglichen Vereinbarungen mit den unterlegenen Lokalherrschern verschafften der Company und ihren Repräsentanten den Zugriff auf Gold und Juwelen. Daneben fielen die Pacht- und Steuereinnahmen an. Es ist offensichtlich, daß solche Umverteilungsprozesse die regionale Wirtschaft schwer schädigten.

Indien war nur ein Geschäftsbereich der ursprünglichen Akkumulation; hinzu kamen die Plantagenökonomie Westindiens und vor allem der Sklavenhandel. Es ist unstrittig, daß sie der wirtschaftlichen Entwicklung Englands einen entscheidenden Anstoß gaben. Die East India Company als Kolonialmacht gab der englischen Textilindustrie eine Handhabe, ihre wirtschaftspolitischen Vorstellungen durchzusetzen, also durch Importverbote die indische Konkurrenz vom britischen Binnenmarkt fernzuhalten. Man sollte vermuten, daß die Company, die ihre Profite aus dem anglo-indischen Handel zog, gegen diese geschäftsschädigenden Auflagen vorgegangen wäre, besonders nachdem die Regierung gleichzeitig die Ausfuhr von Edelmetallen nach Indien untersagte. Vor der Eroberung Bengalens hatte die Company indische Produkte weitgehend nur gegen Edelmetall kaufen können, weil die Verkäufer andere Waren nicht akzeptierten. Für die Zurückhaltung der EIC gibt es zwei Gründe. Erstens war der Re-Exporthandel schon seit längerem der profitabelste Geschäftszweig, und der Handel mit indischen Fertigprodukten für die Märkte in Europa war von den Restriktionen ausgenommen. Zweitens waren die Verantwortlichen vollauf mit der privaten Bereicherung in Bengalen beschäftigt, so daß ihnen offensichtlich die Auswirkungen der neuen wirtschaftspolitischen Richtlinien entgingen.

Nach Abschluß der technischen Modernisierung begannen die

englischen Textilindustriellen, die East India Company herauszufordern. Die Company hielt das Handelsmonopol auf den Indien-Handel und kontrollierte somit den Zugang zu diesem Markt. Die Gruppe des Handelskapitals, die durch das EIC-Monopol vom Zugang zum Indienhandel ferngehalten wurde, war bemüht, dies zu ändern. Die Textilindustrie, ihrem Profittrieb folgend, war daher um Freizügigkeit bemüht. Dies erklärt, warum nun im Parlament die Praxis der EIC angeprangert wurde. Die Helden der Eroberung erschienen jetzt plötzlich als raffgierige und skrupellose Ausbeuter. Die Serie von Untersuchungsausschüssen und sogenannte Impeachment-Verfahren gegen leitende Angestellte dienten hintergründig dem Zweck, die Company in den Augen der englischen Öffentlichkeit zu diskreditieren. Vorgänge dieser Art beleuchten die Interessengegensätze zwischen der alten Elite, die als Gesellschafter an der Plünderungspolitik der EIC auch verdiente, und der aufstrebenden Industriebourgeoisie. Ausschlaggebend für das Votum gegen die Company war vermutlich der Landadel; Großgrundbesitzer, zwar wirtschaftlich gefestigt, aber politisch allmählich an Einfluß einbüßend, sahen in einer Kolonialreform in Indien die Chance einer neuen Betätigung.

Die Auseinandersetzungen zogen sich hin, vor allem wegen internationaler Vorgänge. Die französische Revolution und der Machtantritt Napoleons veränderten die politische Szene in Europa. Der Griff Napoleons nach der Weltmacht rückte Indien plötzlich in das strategische Zentrum. Denn bei der Invasion Ägyptens war deutlich geworden, daß Indien das eigentliche Ziel war. Nachdem die napoleonische Bedrohung beendet war, konnte auch der koloniale Umbau in Indien in Angriff genommen werden. Die Company büßte ihre wirtschaftliche Vormachtstellung ein, die schon 1784 eingeführte staatliche Kontrolle ihrer Aktivitäten in Indien reduzierte die Handelsgesellschaft auf die Rolle einer Sachwalterin des englischen Staates.

Im Jahr 1813 endete das Monopol der East India Company, der indische Markt wurde allgemein für englische Waren geöffnet. In den nächsten zwanzig Jahren stiegen die Importe Indiens von Baumwollprodukten von knapp 1 Million Yards auf 51 Millionen. Ähnliche Steigerungsraten erzielten Wollstoffe, Eisenwaren und Seidenartikel.

Ein Augenzeuge berichtet

Der englische Kaufmann William Bolts, selbst im indischen Geschäft engagiert, gab 1772 folgendes zu Protokoll:

»Unvorstellbare Unterdrückung und Härten wurden den armen Produzenten und Arbeitern auferlegt, die tatsächlich nichts weiter sind als Sklaven der Company. Die Ausbeutungsmethoden gegenüber den armen Webern sind vielschichtig; sie werden sorgfältig von den Agenten der Company und den Mittelsmännern praktiziert. Dazu zählen Geldstrafen, Kerker, Prügel etc... Diese Praktiken verbreiteten sich in ganz Bengalen. Und man kann mit Recht behaupten, daß der gesamte Binnenhandel und der Handel der Company mit Europa auf fortgesetzter Unterdrückung basieren... Die Engländer mit ihren Agenten und Mittelsmännern entscheiden darüber, welche Mengen der einzelne Produzent zu liefern hat und zu welchem Preis«.

(zitiert nach Ramkrishna Mukherjee, *The Rise and Fall of the East India Company*. New York, 1974, S. 272).

Die Angestellten der East India Company konnten in Indien wie die Fürsten leben. Sogar kleine Schreiber und Juniorkaufleute waren in der Lage, sich einen enormen Lebensstandard zu leisten.

Indien hatte in England den Ruf eines Märchenlandes, in dem jeder sein Glück machen konnte. Vielen ist dies auch gelungen – nicht nur den ›hohen Herren‹ der Company. Diese sahnten zwar am meisten ab, aber für die niedrigen Chargen blieb genügend übrig.

Es waren nicht allein die Korruption, nicht nur die einträglichen Verbindungen zu den indischen Beamten, die den Angestellten der Company ihren Reichtum brachten. Auch auf dem Handelssektor konnten sie für sich selbst einträgliche Profite erzielen. Sie standen zwar im Dienste der Gesellschaft und durften offiziell selbst keine privaten Handelsgeschäfte betreiben. Doch es gab kaum einen Angehörigen der East India Company – von den niedrigsten bis zu den höchsten Rängen –, der dies nicht tat.

Die Aufgabe der Angestellten in den einzelnen Handelsfaktoreien bestand darin, mit den indischen Zulieferern in Kontakt zu treten, die Waren zu begutachten, möglichst niedrige Preise auszuhandeln und den Kauf im Namen der Company zu tätigen. Ein einfacher Trick brachte ihnen dabei eine Menge Geld ein. Sie kauften die Waren als Privatpersonen billig ein und verkauften sie zu einem entsprechend höheren Preis an die Company weiter – selbstverständlich unter einem Decknamen. Die meisten englischen Kaufleute stellten im Laufe der Zeit einheimische Händler an, durch die sie einen lukrativen Privathandel treiben ließen.

Nicht selten wurden die Privatgeschäfte der englischen Agenten von roher Gewalt begleitet. Sie unterhielten bewaffnete Schlägertrupps, mit denen sie ihren ›Geschäftspartnern‹ leicht die gewünschten Bedingungen diktieren konnten. Wollten sie ihre Waren an indische Kaufleute verkaufen, handelten sie mit unglaublicher Brutalität. Die Inder mußten die Waren 30%, 40% oder 50% über dem Marktpreis kaufen. Sie ruinierten sich damit praktisch selbst.

Die Company war im großen und ganzen geduldig. Sie sah sich zwar gezwungen, hier und da einzuschreiten. Insbesondere dann, wenn die Londoner Direktoren über den Stand der Finanzen ungehalten waren, oder wenn sich in der englischen Öffentlichkeit Proteste über die Verhältnisse in Indien regten. Aber wer wollte schon mit der notwendigen Konsequenz und Härte in Bengalen durchgreifen?

Quelle: Jürgen Conrad, Die East India Company. Lampertheim, 1980, S. 116-119.

Das indische Handwerk wurde vom Markt gefegt, wie die Entwicklung der indischen Exporte belegt: Beliefen sie sich 1814 noch auf 1,3 Millionen Stück, waren es 1832 nicht mehr als 300.000 Stück und im Jahr 1844 knapp 60.000.

Bis ins letzte Quartal des 18. Jahrhunderts wies die anglo-indische Handelsbilanz einen Überschuß zugunsten Indiens auf. Im Jahresdurchschnitt exportierten indische Produzenten etwa Waren im Gegenwert von 3 Millionen Pfund Sterling und bezogen aus England Waren im durchschnittlichen Umfang von 500.000 Pfund Sterling. In knapp zwanzig Jahren war dieses Verhältnis in sein Gegenteil verkehrt worden: Indien exportierte auf sehr niedrigem Niveau, während englische Importe seinen Markt überschwemmten.

Bis 1813 war Indien in der Hauptsache ein exportierendes Land, während es nun zu einem importierenden wurde. Hatte man die einheimische indische Produktion von England ferngehalten oder nur unter den härtesten Bedingungen zugelassen, so wurde Indien nun selbst mit englischen Waren bei niedrigem, lediglich nominellem Zoll überschwemmt. Das bedeutete den Ruin der einst so berühmten einheimischen Baumwollindustrie. 1780 betrug der Wert der nach Indien ausgeführten englischen Produkte und Manufakturwaren nur 386.152 Pfund Sterling, der Wert der während desselben Jahres ausgeführten Edelmetalle 15.041 Pfund Sterling. Der Gesamtwert der Ausfuhr im Jahr 1780 belief sich auf 12.648.616 Pfund Sterling, so daß der Handel mit Indien nur 1/32 des gesamten Außenhandels ausmachte. 1850 dagegen betrug die Ausfuhr aus Großbritannien und Irland nach Indien 8.024.000 Pfund Sterling, wovon auf Baumwollwaren allein 5.220.000 Pfund Sterling entfielen, so daß sie mehr als 1/8 der Gesamtausfuhr und mehr als ¼ des Baumwollaußenhandels ausmachten. Die Baumwollfabriken beschäftigten nunmehr 1/8 der Bevölkerung Großbritanniens und lieferten 1/12 des gesamten Nationaleinkommens. Von 1818 bis 1836 stieg die Garnausfuhr aus Großbritannien nach Indien im Verhältnis von 1 zu 5200. Während 1824 die Ausfuhr von englischem Musselin nach Indien kaum eine Million Yard erreichte, belief sie sich 1837 schon auf über 64 Millionen Yard.

Mit jeder Handelskrise gewann der Handel mit Ostindien an

überragender Bedeutung für die englischen Baumwollfabrikanten, und der ostindische Kontinent wurde tatsächlich zu ihrem besten Absatzmarkt. In gleichem Maße, wie die Baumwollindustrie vitale Bedeutung für das gesamte soziale System Großbritanniens erlangte, erlangte Ostindien vitale Bedeutung für die englische Baumwollindustrie.

Die jährlichen Überschüsse im bilateralen Handel beliefen sich im Jahresdurchschnitt auf 5-6 Millionen Pfund Sterling zugunsten Englands, d.h. Indien bezahlte selbst für seine Kolonialisierung. Die Vernichtung der Textilmanufakturen und des Verlagswesens (dörfliche Spinner und Weber), um der englischen Industrie einen Markt zu öffnen, war das unmittelbare Resultat. Die Begleichung der Importrechnung gegenüber England machte die fortgesetzte Mobilisierung von einheimischen Ressourcen erforderlich, was im wesentlichen über Landsteuern erfolgte. Der ökonomische Druck auf die Dörfer, durch das Zwischenpächtersystem ohnehin schon hoch, nahm weiter zu. Das Resultat der ersten Phase der englischen Kolonialherrschaft über Indien war Massenverelendung – die Knochen der Weber bleichen die Ebenen Indiens.

Der Ruin Indiens war der maßgebliche Grund für den Aufstieg Großbritanniens, so Eric Hobsbawm (Industrie und Empire, 1. Bd, S. 55f): »wer industrielle Revolution sagt, meint Baumwolle... Die Basis der britischen Baumwollindustrie war nicht ihre Überlegenheit im Wettbewerb, sondern ihre Monopolstellung auf den kolonialen ... Märkten, die ihr das britische Empire, die britische Flotte und die britische Vormachstellung im Handel sicherten«.

Die Vernichtung der indischen Textilindustrie traf auch die Landwirtschaft. Das Gleichgewicht zwischen Ackerbau und Handwerk, Landwirtschaft und Handel, das die Einheit des indischen Dorfsystems bildete, war entscheidend gestört. Die Arbeitslosen aus der Textilwirtschaft konnten nicht von den anderen Branchen der Manufaktur und Industrie aufgenommen werden, da auch diese Bereiche aus dem gleichen Grund betroffen waren. So versuchten die arbeitslosen Textilarbeiter in der Landwirtschaft unterzukommen. Am Anfang des 20. Jahrhunderts wuchs der Anteil der von der Landwirtschaft lebenden

Bevölkerung auf 93 Prozent; vierzig Jahre zuvor hatte er noch bei 61 Prozent gelegen.

Die East India Company hatte sich auf diese Wechselfälle eingestellt und mit dem Chinahandel eine Alternative gefunden, ihr letztes Monopol.

Dealen mit China

China war neben Indien das zweite große Land im asiatischen Wirtschaftsraum, dessen Aktivitäten und Transaktionen eine lange Tradition aufweisen. Die europäischen Handelsgesellschaften drängten sich in diese Beziehungen hinein, waren aber in China zunächst erfolglos. Das hängt damit zusammen, daß dieses Land wirtschaftlich weitgehend autark, also auf Importwaren nicht oder kaum angewiesen war; außerdem herrschten dort stabile politische Verhältnisse: Die Welle des europäischen Kolonialismus zerbrach lange Zeit an der Küste Chinas.

Die East India Company hatte seit dem späten 17. Jahrhundert Tee aus China bezogen, der sich bald zum englischen Nationalgetränk entwickelte: Erstmals wurde im Jahr 1664 Tee nach England gebracht, ungefähr 1 Kilo. 100 Jahre später waren es schon 2,5 Millionen Kilogramm. Für die Company war dieser Handel in zweifacher Hinsicht bedeutsam. Erstens verfügte China über das Anbaumonopol; erst Mitte des 19. Jahrhunderts sollte es gelingen, in Britisch-Indien Tee erfolgreich anzubauen. Zum zweiten war Tee nicht substituierbar, die Handelsgesellschaft geriet auf diesem Geschäftszweig weder in Konkurrenz zu englischen Produkten, noch mußte sie, wie dies bei Baumwolle der Fall war, den Druck des einheimischen Kapitals fürchten. Tee war die wirtschaftliche Stütze der englischen Handelsgesellschaft über alle politischen Wechselfälle hinweg und für den englischen Staat eine sehr erträgliche Einnahmenquelle, die ungefähr ein Zehntel der Steuereinnahmen lieferte. Nach Schätzungen schlug die Company im Jahresdurchschnitt einen Gewinn von 2 Millionen Pfund Sterling aus dem Teegeschäft.

Seit dem Verlust ihres Monopols in Bengalen setzte die East India Company alles daran, den Chinahandel auszuweiten und noch profitabler zu gestalten. Hier trat nun ein Problem auf. Die chinesische Seite hatte keinen Bedarf an den gängigen europäischen Produkten; sie verlangte Bezahlung in Edelmetallen in Form von Münzen oder Barren. Die klassischen Produkte Englands wie Wolle und Wolltuch fanden zwar Abnehmer, dies allerdings zu Preisen weit unterhalb der Einstandskosten. Eine Lösung wurde bald gefunden: Mit der Inbesitznahme Bengalens gewann die Company tiefere Einblikke in die Geschäftspolitik der indischen Handelsgesellschaften. Es zeigte sich, daß in China große Nachfrage nach zwei Produkten bestand – Baumwolle und Opium. Deutlich wurde, daß aus dem Export dieser Waren der Einkauf von Tee bestritten werden konnte. Diese Lösung war dringend geboten, da beispielsweise im letzten Jahrzehnt des 18. Jahrhunderts der Importwert von Warenlieferungen aus China ungefähr 27 Millionen Pfund Sterling betrug, dem nur Exporte in Höhe von 16,5 Millionen Pfund Sterling entgegenstanden. Es mußten Edelmetalle im Wert von 10,5 Millionen zum Ausgleich des Handeldefizits bereit gestellt werden.

Seitdem die East India Company Zugriff auf die Baumwollproduktion und -verarbeitung Bengalens hatte und den Anbau von Opium kontrollierte, änderte sich die anglo-chinesische Handelsbilanz dramatisch. Bald war es China, das über seinen Exporthafen Kanton Silber im Wert von jährlich mehr als 8 Millionen spanische Dollars exportieren mußte.

»Die Periode der Erschließung Chinas für das europäische Kapital wird durch Opium inauguriert, indem China gezwungen wird, das Gift aus den indischen Plantagen abzunehmen, um es für die englischen Kapitalisten zu Geld zu machen… Zu Beginn des 19. Jahrhunderts fiel das Opium so stark im Preis, daß es rapid zum ›Volksgenußmittel‹ wurde... Die verheerenden Wirkungen des Gifts, namentlich der billigsten, von der armen Bevölkerung gebrauchten Sorten, gestalteten sich zur öffentlichen Kalamität und riefen als Notwehr seitens Chinas ein Verbot der Einfuhr hervor... Daraufhin wurde 1833 ein verschärftes Gesetz erlassen, das für jeden Opiumraucher hundert

Peitschenhiebe und zweimonatige Ausstellung am Pranger festsetzte. Die Gouverneure der Provinzen wurden verpflichtet, in ihren Jahresberichten die Erfolge des Kampfes mit dem Opium zu berücksichtigen. Der doppelte Erfolg dieses Kampfes lief freilich darauf hinaus, daß einerseits im Innern Chinas... Mohnkulturen im großen Maßstab angelegt wurden, und daß andererseits England China den Krieg erklärte, um es zur Freigabe der Einfuhr zu zwingen. Nun begann die glorreiche ›Erschließung‹ Chinas für die europäische Kultur in Gestalt der Opiumpfeife« (Rosa Luxemburg, Die Akkumulation des Kapitals, S.308f).

Die englische Regierung begründete die Bombardierung chinesischer Hafenstädte durch die Kriegsflotte mit der Durchsetzung von Freihandel; der eigentliche Grund, nämlich die Marktöffnung für das höchst einträgliche Opiumgeschäft, wurde der Öffentlichkeit nicht mitgeteilt.

Zusammenfassung

Investitionen werden getätigt, wenn eine Vermarktungssphäre existiert. Denn nur so läßt sich eine Kapitalverwertung erzielen. Da diese dem Prinzip der Profitoptimierung unterliegt, gehen Produktivität und Kostensenkung garantierende Investitionen einher mit einer entsprechenden Vermarktung. Parallel zum Ausschluß der seinerzeit übermächtigen indischen Konkurrenz vom britischen Binnenmarkt und der Vernichtung der Manufaktur in Indien, gekoppelt an die koloniale Inbesitznahme, verlief der Aufstieg der englischen Textilindustrie. Die geläufige Bezeichnung ›industrielle Revolution‹ ist irreführend, weil es sich hierbei um einen allmählichen, jedoch stetigen Prozeß handelt, der sich durch mehrere Jahrzehnte hindurchzog. Außerdem war die außerökonomische Gewalt ausschlaggebend, gerade auch beim sozialen Umbau in England selbst.

Profite am laufenden Band

Der Begriff Fordismus wurde in den zwanziger Jahren von Antonio Gramsci geprägt; es ging ihm dabei darum, die Überlebensfähigkeiten des Kapitalismus durch Selbsttransformation, wie er es nannte, herauszufinden. Damit grenzte er sich von den geläufigen marxistischen Zusammenbruchsprognosen ab. Empirischen Bezugspunkt bei Gramsci bildete dabei die Lage in den Vereinigten Staaten, zum damaligen Zeitpunkt die einzige kapitalistische Gesellschaft mit dynamischem Wachstum und Stabilität. Nach Gramsci stellt der Fordismus als neues Produktionskonzept mit seinen neuartigen Organisationsformen eine tragfähige und zukunftsweisende Modernisierungsstrategie dar: »Die Fordmethode ist ›rational‹, muß also verallgemeinert werden, aber dafür ist ein langer Prozeß der Veränderung der gesellschaftlichen Bedingungen und der individuellen Verhaltensweisen und Sitten und Gewohnheiten nötig; und das kann nicht durch bloßen ›Zwang‹ erfolgen, sondern nur durch Milderung des Zwanges (Selbstdisziplin) und Überzeugung, auch in Form höherer Löhne«, schreibt er in seiner Philosophie der Praxis, S. 400.

Das fordistische Produktionskonzept basiert auf Montagelinien, die durch den Einsatz von Fließbändern, Einzweck-Präzisionsmaschinen und gesonderten Montageabteilungen möglichst alle Arbeitsschritte zu einem kontinuierlichen Prozeß zusammenführen. Die Fließbandproduktion erforderte eine perfektionierte Standardisierung der Produktteile, denn ein reibungsloser Produktionsfluß wäre durch zu weite Fabrikationstoleranzen behindert worden. Unter Rentabilitätsgesichtspunkten brachten die Montagelinien eine Steigerung der Arbeitsproduktivität, weil der Arbeitsrhythmus dem Takt von Maschinen und Fließbändern angepaßt wurde und sich dadurch über biologische Grenzen hinwegsetzte. Schließlich eröffneten die Montagelinien den Unternehmen die Chance zur Beschleunigung des Kapitalumschlags, denn der integrierte Produktionsprozeß reduzierte den Zwang zur Lagerhaltung und verkürzte die ›Totzeiten‹ des Arbeitsprozesses. Alle diese Faktoren führten zu einer beträchtlichen Senkung der Stückkosten.

Erst der Absatz der produzierten Waren auf dem Markt schließt den Prozeß der Kapitalverwertung ab und leitet ihn zugleich erneut ein. Massenproduktion braucht daher Massenkonsum. Dieser aber setzt eine entsprechende Entwicklung der kaufkräftigen Nachfrage voraus, die in den entwickelten Industriegesellschaften neben Warenexport maßgeblich über Reallohnsteigerungen zu gewährleisten ist. Zugleich ließ sich das fordistische Konzept damit sozial konsensfähig machen. Andererseits durften die Reallohnsteigerungen die Rentabilität der Investitionen nicht zu stark belasten, da sonst die Akkumulation ins Stocken zu geraten drohte. Diesem doppelten Sachzwang trug die Herausbildung des fordistischen Lohnkompromisses Rechnung, der die Koppelung des Reallohnwachstums an die Produktivitätsentwicklung zum Inhalt hatte und damit die Lohnsteigerungen »rentabilitätsneutral« machte.

Es schien so, als könnte der Fordismus den Krisenerscheinungen im Kapitalismus entgegenwirken. In der Tat fand er Einsatz in allen entwickelten Industriestaaten. In einem Land wie der Bundesrepublik, das konsequent das fordistische Modell praktizierte, zeigt sich heute besonders drastisch dessen begrenzte Tragweite: Kapitalakkumulation hat die Aneignung von Mehrwert zur Grundlage, auf Dauer sind Verwertungs- oder Überproduktionskrisen unvermeidlich.

In diesem Kapitel soll die Einführung des Fordismus behandelt werden, ein weiterer Fall von Kapitalverbrechen.

Die USA – Wunderkind des Kapitalismus

In den 25 Jahren zwischen 1875 und 1900 entwickelte sich in den USA eines der großen Wunder des Kapitalismus: Ein rückständiges Agrarland wuchs innerhalb kurzer Zeit zur industriellen Weltmacht heran. Der Aufstieg der Vereinigten Staaten zur wirtschaftlichen und politischen Hegemonialmacht kann zu weiten Teilen aus idealen Voraussetzungen für Kapitalakkumulation abgeleitet werden. Elemente sind:

- Ein gesellschaftliches Umfeld, in dem feudale Strukturen nicht vorhanden waren;
- Bequeme Möglichkeiten, ursprüngliche Akkumulation durch territoriale Ausdehnung voranzutreiben;
- Ein riesiger gegenüber dem Weltmarkt abgeschotteter Binnenmarkt, der sämtliche Rohstoffe und Nahrungsmittel bereit hielt;
- Verwirklichung eines entfesselten Kapitalismus nach Vernichtung ständischer Organisationen und sozialer Opposition;
- Industrielle Reservearmee durch stetigen Zustrom von Arbeitsimmigranten;
- Geographische Distanz zu den europäischen Industriezentren und deren Konflikten.

Dem Kapitalismus in den USA standen ein sehr großes und an Rohstoffen reiches Binnengebiet und durch Einwanderung sowie Einbeziehung von ehemaliger Sklavenarbeit in die kapitalistische Produktion laufend neue Arbeitskräfte zur Verfügung. Nach dem Bürgerkrieg war der Kapitalismus hier frei von behindernden Relikten. Auf diesem Boden erwuchs ein zahlenmäßig starkes Kleinbürgertum, das einen geographisch einheitlichen Massenmarkt bildete. Die Größe dieses Marktes ermöglichte die Entwicklung von Massenproduktionsmethoden in einem Grade, wie es in den kleineren europäischen Staaten niemals möglich war.

Schneller und durchgreifender als in den europäischen Industriestaaten kam es in den Vereinigten Staaten zur Bildung von Großkonzernen und marktbeherrschenden Finanzgruppen. Andererseits wurde hier wie nirgendwo sonst die organisierte Arbeiterschaft brutal niedergehalten. Um 1900 beherrschte ein Prozent der Unternehmen mehr als ein Drittel der gesamten US-amerikanischen Industrieproduktion, am Vorabend des Ersten Weltkrieges war es bereits fast die Hälfte. Dem steht die miserable materielle Lage der Lohnarbeiter gegenüber; die Durchschnittslöhne für Facharbeiter lagen knapp oberhalb des Existenzminimums, die für Hilfsarbeiter deutlich darunter. Soziale Sicherungssysteme waren unbekannt, die Unfallrate am Arbeitsplatz lag in den USA weitaus höher als in Europa.

Das Auto wurde von Europäern erfunden; aber US-amerikanische Ingenieure und Unternehmer machten es zu einem Massenartikel. Zu Beginn des 20. Jahrhunderts waren die meisten US-Bürger davon überzeugt, daß Automobile das Pferd und die Kutsche ablösen würden. Im Jahr 1900 gab es in den USA 8.000 Automobile, 1920 waren es acht Millionen und 1929 über 18 Millionen. Mit »automobility« ließ sich der Individualismus pflegen; das Auto paßte zu einer Kultur, die verschwenderisch mit Raum, aber knauserig mit der Zeit umging. 1933 kam je ein Auto auf 5 US-Amerikaner, 20 Franzosen, 23 Engländer, 58 Deutsche und 108 Italiener.

Der Autoexport der Vereinigten Staaten holte den Export von Baumwolle ein, bis dahin deren führender Ausfuhrartikel nach Europa. Als letzte stellten sich die Bestattungsunternehmen auf motorisierte Fahrzeuge um. Ein in den 1930er Jahren populärer Spruch lautete, daß die Amerikaner als erste Nation in der Menschheitsgeschichte sogar zum Armenhaus mit dem Auto rollen würden.

Die US-Automobilindustrie war die erste weltweit, die die neue Produktionsmethode des Fordismus einführte, also Massenproduktion für Massenkonsum. Diese Neuerung verhalf der Branche sowohl auf dem nationalen Markt als auch in der Weltwirtschaft zum Durchbruch. Die Auto-Konzerne trugen wesentlich dazu bei, die weltwirtschaftliche Führerschaft der Vereinigten Staaten zu etablieren. Sie waren die ersten, die im großen Stil Produktionsstätten in anderen Ländern errichteten oder bestehende Fabriken aufkauften. So etablierten sich General Motors und Ford bereits in den zwanziger Jahren auf dem deutschen Markt.

Massenproduktion über Fließbandarbeit führte zu tiefgreifenden

Veränderungen in der Arbeitswelt. Massenproduktion erfordert entsprechenden Absatz, um das in der Ware eingeschlossene Kapital zu verwerten. Der Fordismus brachte Massenkonsum hervor; der Lohnarbeiter, bisher bloßer ›Mehrwertproduzent‹, wurde nun als Käufer der von ihm produzierten Ware ›entdeckt‹. Die Mechanisierung des Lebens, angefangen von der Fortbewegung mittels Privat-PKW bis hin zum Haushalt (Elektroherde, Kühlschrank, Waschmaschine, Staubsauger usw.), bedeutete einerseits eine erhebliche Erleichterung, während andererseits die Arbeitsbedingungen am Fließband, das Diktat der Maschine über den Menschen, noch zur Verschärfung der Entfremdung des Arbeiters von seinem Produkt und damit zur Entwürdigung führten. Gesteigerte Arbeitsproduktivität und -intensität, Arbeitstempo, Arbeitsteilung, gesteigerte Ausbeutung usw. sind weitere Faktoren der Degradierung.

Werbung, Marketing und Medien waren im großen Stil gefordert, den Massenkonsum anzuheizen, Botschaften zu verbreiten, die von den eigentlich unmenschlichen Bedingungen am Arbeitsplatz ablenkten, und im öffentlichen Diskurs propagandistisch zu verdecken, daß der Fortschrittsgedanke, mit dem der Industriekapitalismus daherkam, bei näherer Betrachtung der Arbeitsverhältnisse desavouiert war.

Tankstellen in den USA

Vor 1920 wurde Benzin meist von kleinen Ladenbesitzern verkauft, die den Kraftstoff in Kannen oder Kanistern unter der Theke oder vor dem Laden lagerten. Das jeweilige Produkt hatte keinen Markennamen, und der Autobesitzer konnte nicht immer sicher sein, ob er auch wirklich Benzin für sein Geld bekam.

Der systematische Aufbau von Tankstellen und deren Verbreitung im Lande setzten erst in den zwanziger Jahren ein; in diesem Jahrzehnt stieg die Zahl der Tankstellen in den USA von etwa 12.000 auf fast 150.000. Sie waren überall – in Großstädten an belebten Straßenecken, in Kleinstädten an den

Hauptstraßen. Ihre Zukunft wurde eingeläutet, als 1921 in Fort Worth, Texas, eine Großtankstelle eröffnete, mit acht Zapfsäulen und drei Zufahrten von der Straße. Der wahre Vorreiter in Sachen Tankstellen war jedoch Los Angeles mit seinen modernen Service-Stationen, einer standardisierten Anlage mit großen Leuchtzeichen, Toiletten, Überdachungen, Grünflächen und asphaltierten Einfahrten. Die von Shell eingeführten genormten ›cracker-box‹-Tankstellen verbreiteten sich verblüffend schnell über das ganze Land, und gegen Ende der zwanziger Jahre erzielten sie ihre Einnahmen nicht nur durch den Verkauf von Benzin, sondern auch durch die sogenannten ›TBA‹-Produkte, »tires, batteries and accessories«, Reifen, Batterien und Zubehör. Standard of Indiana verwandelte seine Tankstellen in regelrechte Warenhäuser, die neben Benzin die ganze Produktpalette der Ölindustrie anboten, von Motoröl bis Möbelpolitur und Schmieröl für Nähmaschinen und Staubsauger. Eine neue Zapfsäule wurde schnell im ganzen Land beliebt, eine Pumpe, bei der das Benzin erst in eine Glaskugel oben auf der Säule getrieben wurde, damit sich der Kunde mit eigenen Augen von der Reinheit des Produktes überzeugen konnte, bevor es durch den Schlauch in seinen Tank floß.

Quelle: Daniel Yergin, Der Preis. Die Jagd nach Öl, Geld und Macht. Frankfurt/Main, 1993, S. 271f

Daß die Automobilindustrie zum Leitsektor wurde, hing maßgeblich von der Rolle des Staates ab: Ohne öffentliche Straßenbauprogramme, innerstädtisch und überörtlich, wäre der Nutzen des neuen Fortbewegungsmittels PKW sehr eingeschränkt geblieben. Das nationale Highway-Programm der Regierung Eisenhower aus den 1950er Jahren wird weitgehend als das größte seiner Zeit bezeichnet. Interessant ist dabei, daß es auf Betreiben des damaligen Verteidigungsministers Wilson zustandekam, der vorher Vorstandsvorsitzender von General Motors gewesen war. Aber der Staat tolerierte auch eine besondere Art der Marktbereinigung seitens der Autokonzerne gegenüber öffentlichen Verkehrssystemen: Bereits 1932 gründete General Motors ein Unternehmen, United Cities Motor Transit, dessen Aufgabe darin bestand, in den US-Städten Betreiberfirmen von Straßenbahnen aufzukaufen, das Schienensystem nebst Waggons zu verschrotten und durch Dieselbusse aus dem Hause GM zu ersetzen. Vier Jahre später gründeten General Motors, der Reifenhersteller Firestone und der Ölkonzern Standard Oil of California ein Gemeinschaftsunternehmen, National City Lines, das mit dem gleichen Ziel auf nationaler Ebene agierte und das offenbar erfolgreich. Denn bis zum Jahr 1956 hatten 45 Großstädte ihre elektrischen Straßenbahnen, die unter kommunaler Regie geführt wurden, eingestellt. Die sie ersetzenden Busse verkehrten weniger regelmäßig, waren auf lukrative Strecken konzentriert und für den Benutzer wesentlich teurer. Denn es waren private Busbetreiber, die das Geschäft des öffentlichen Nahverkehrs fortsetzten. Für die meisten Stadtbewohner wurde es notwendig, ein privates Auto zu benutzen.

Der Ausbau des Straßensystems hatte nun Auswirkungen auf Wohnwelt und Siedlungsweise, denn nun wurde es möglich, die Stadt zu verlassen und in die Vororte zu ziehen. Zwar hatte es schon in der ›Vor-Auto-Zeit‹ einen solchen Trend gegeben, der aber weitgehend auf die Wohlhabenden beschränkt blieb. Die Eisenbahn war aus technischen Gründen nicht in der Lage, überallhin Verbindungen herzustellen. (Die Entfernung zwischen zwei Bahnstationen muß mindestens 4 Kilometer betragen, damit die Züge unter wirtschaftlich vertretbaren Bedingungen Fahrt aufnehmen und abbremsen können). Die Verbreitung des Autos als Massenware hob diese Beschränkung auf; nun war eine Suburbanisierung großen Stils möglich. Hier spiegeln sich ebenso wie früher in der Stadt die sozialen Hierarchien wider; die einzelnen sozialen Gruppen leben in separaten Räumen.

Das Automobil verheißt persönliche Freiheit; die Wohnverhältnisse fördern Individualisierung. Der Status des einzelnen wird sichtbar am Auto, das er fährt. Während die Ford-Motor-Company, Pionier bei der Einführung der Fließbandarbeit, auf einen undifferenzierten Massenmarkt setzte, segmentierte die Konkurrenz, allen voran General Motors, den Markt nach Einkommen. Ein Chevrolet, beispielsweise, sollte das Auto des Arbeiters sein, ein Buick Statussymbol für einen Manager in Führungsposition und der Cadillac Fahrzeug des Unternehmenschefs. Suggeriert wurde dabei, daß sozialer Aufstieg jenseits von Herkunft und Bildung erschwinglich sei. Diese Deutung des »American Way of Life« einmal ernst genommen, weist die heutige Gestaltung des Automarktes und der Wohnformen allerdings auf eine tiefe Systemkrise hin: nicht anders ist es zu erklären, daß die Reichen nun in panzerähnlichen Geländewagen fahren und in festungsähnlichen und schwerbewachten Wohnanlagen leben. Wie auch immer – wir leben am Anfang des 21. Jahrhunderts offensichtlich in einer Autogesellschaft. Ein galaktischer Besucher, argumentiert Richard Heinberg (The Party's Over, S. 67), würde den Eindruck bekommen, daß Automobile und nicht Menschen die dominanten ›Lebewesen‹ auf der Erde seien.

Fließbandarbeit bei der Ford Motor Company

Der Fordismus entstand nicht zufällig in den Vereinigten Staaten. Dort hatte im 19. Jahrhundert der chronische Mangel an qualifizierten Arbeitskräften die Optionen der Unternehmenspolitik eingeschränkt. Erstens ließ das limitierte Angebot an qualifizierten Arbeitern industrielle Massenproduktion nicht zu; zweitens verlieh der Nachfrageüberhang auf dem Arbeitsmarkt den gelernten Arbeitern eine Verhandlungsmacht, die den Spielraum für Produktionssteigerungen durch Intensivierung der Arbeit einengte. Um nun gelernte durch ungelernte Arbeitskräfte ersetzen zu können, mußte die starke Position der Arbeiter im industriellen Produktionsprozeß gebrochen werden. Diese Position ergab sich aus den vorwiegend handwerksmäßigen Fertigungsverfahren, welche die Beherrschung komplexer Arbeitstechniken voraussetzte. Solcherart Produktion erforderte also eine spezifische Qualifikation der Arbeitskräfte, was in der

Tendenz zu einem quasi-ständischen Monopol der gelernten Arbeitskräfte führte.

Die Einwanderungsströme seit der zweiten Hälfte des 19. Jahrhunderts schufen in den USA die demographischen Voraussetzungen für die massenhafte Eingliederung unqualifizierter Arbeitskräfte in den Fertigungsprozeß; die ›principles of scientific management‹ [die Kontrolle der Arbeitsprozesse durch die Unternehmensleitung und die Dequalifizierung der Arbeitskraft] gaben den Unternehmern das Instrumentarium an die Hand, um ihre Kontrolle über die Produktionsabläufe zu verstärken und damit den endgültigen Übergang von der formellen zur reellen Subsumption der Arbeit unter das Kapital zu vollziehen. Was dies bedeutete und welche sozialen Triebkräfte hier zum Tragen kamen, veranschaulicht ein Blick auf die Auseinandersetzungen zwischen Unternehmertum und Arbeiterschaft in den Vereinigten Staaten bei der Wende vom 19. zum 20. Jahrhundert.

Die traditionelle Produktionsmethode bestand darin, einen PKW wie ein Haus zu bauen, also die Fertigung an einer Stelle vorzunehmen. Je nach Fertigungsstufe trat dort ein Spezialist in Aktion, der beispielsweise den Zusammenbau des Motors vornahm. Er war dabei auf Hilfsdienste anderer Arbeiter angewiesen, die ihm sämtliche Einzelteile reichten und bei besonders komplizierten Teilarbeiten zur Hand gingen. Der Zeitaufwand für die Fertigung eines Motors betrug annähernd 10 Stunden. War dieser Arbeitsabschnitt erledigt, rückte die Gruppe ab; der Zusammenbau des Chassis wurde jetzt von einer anderen Gruppe vorgenommen. Der hierfür erforderliche Zeitaufwand betrug etwa 12,5 Stunden: Messungen ergaben, daß 250 Arbeiter, die mit dem Zusammenbau befaßt waren, und 80 Männer, die die Einzelteile heranschleppten, bei einem Neunstunden-Arbeitstag und einem Arbeitsmonat von 26 Werktagen in diesem Zeitraum 6.182 Chassis und Motoren zusammenbauten. Die Firma General Motors kam als erste auf die Idee, die Fertigungsmethode umzustellen: Das Tochterunternehmen Cadillac hatte bewiesen, daß sämtliche Teile eines Luxuswagens ohne weiteres gegen die eines anderen ausgetauscht werden konnten. Dies führte zur Idee, statt wie bisher die Männer zur Arbeit zu schicken, die Arbeit zu den Männern kommen zu lassen.

Einführung der Fließbandfertigung. Es war Henry Ford, der die betriebswirtschaftlichen Vorteile begriff und noch vor der Konkurrenz begann, die Fertigung in seiner Fabrik umzustellen. Zunächst wurde die neue Methode im kleinen Maßstab erprobt: Die Teile für den Schwungradmagneten, ein kleines Teil, aber eine sehr arbeitsintensive Montage, wurden auf einen gleitenden Tisch gelegt, der gerade hoch genug für die Arbeiter war. Sie saßen auf Stühlen, und jeder machte einen Handgriff an einer Reihe Magneten, die langsam an ihm vorbeikrochen. Nach der alten Methode, bei der ein Mann einen Magneten baute, konnte dieser einen solchen in zwanzig Minuten anfertigen. Jetzt, da die Arbeit in 29 Teile zerlegt war und von 29 Leuten ausgeführt wurde, benötigte man nur 13 Minuten und 20 Sekunden. Dieselbe Technik wurde auf die Herstellung des Motors angewandt. Als die Arbeit auf 49 Leute verteilt war, konnte man die Zeit um mehr als 40 Prozent kürzen. Also wurde die Rationalisierung auf sämtliche Arbeitsvorgänge ausgedehnt. Wie das vonstatten ging, soll am Beispiel der Chassis-Montage verdeutlicht werden.

Unter Chassis verstand man bei Ford den Rahmen mit Rädern, noch ohne Motor und Verkleidung. Fertigungstechnisch kam zunächst eine Plattform auf Rädern zum Einsatz, an der ein Zugseil von 250 Fuß Länge hing; daran war eine Winde, die die Plattform ziehen sollte. Die Materialien, die gebraucht wurden, waren entlang der Bahn in Abständen aufgehäuft. Monteure fuhren mit der Plattform mit und sollten unterwegs ein Chassis zusammensetzen, während Leute mit Stoppuhren und Notizbüchern jede Sekunde festhielten, die sie benötigten. Schon bei diesem groben Experiment verkürzte sich die Fertigungszeit um mehr als die Hälfte. So begann man bald, in der Werkhalle lange Bahnen einzurichten und sie zu überbauen. Eine bewegliche Plattform wurde eingebaut, und die verschiedenen Teile des Chassis wurden ihr entweder an Haken zugeführt, die von Ketten herabhingen, oder durch kleine Motorzüge, die entlang der Bahn fuhren. Bald schon wurde die Bahn auf Brusthöhe eingerichtet, und es dauerte nicht lange, da gab es zwei solcher Bahnen, eine für große Arbeiter und eine für kleine. Die Zeit, die man für den Aufbau eines Chassis braucht, wurde von 12 Stunden 28 Minuten auf eine Stunde und 30 Minuten gedrückt. Den Rationalisierungseffekt kommentierte Henry Ford folgendermaßen: »Spare nur zehn Schritte am Tag bei jedem der 12.000 Beschäftigten ein, und du wirst fünfzig Meilen an vergeudeter Bewegung und verschwendeter Energie einsparen« (Garet Garrett, The Wild Wheel, S. 85).

Als ein solcher Arbeitsablauf eingerichtet war, kam das unvermeidliche Bestreben, die Geschwindigkeit des Bandes zu erhöhen. Nie zuvor hatte es ein derartiges Mittel gegeben, um die Arbeit zu beschleunigen. Hier zeigt sich die betriebswirtschaftliche Denkweise ganz unverstellt: Der Verkaufsabteilung war an sinkenden Preisen gelegen, um so den Absatz auszudehnen; das zwang die Produktion zur Kostensenkung durch Beschleunigung des Arbeitstaktes am Fließband; man brauchte nur an einem Schalter zu drehen, und schon schufteten tausend Männer schneller. Der Arbeiter aber konnte nicht mit der Stoppuhr die Anzahl der Wagen nachzählen, die pro Stunde an ihm vorüberwanderten. Für den Unternehmer war diese Politik äußerst einträglich; der anfängliche Verkaufspreis für das T-Modell lag bei 825 Dollar, sechs Jahre später hingegen bei 440 und betrug Mitte 1916 nur noch 345 Dollar. Die Verkaufszahlen schnellten in die Höhe. 1915 erreichten sie annähernd 400.000, 45 Prozent aller in den USA gefertigten Automobile.

Erste Versuche mit der Fließbandfertigung begannen 1911; drei Jahre später war die Fertigungsmethode am Produktionsstandort Highland Park fabrikweit verbreitet. Die betriebswirtschaftlichen Effekte waren beeindruckend:

Jahr	Belegschaft (1)	Jahresumsatz (Stück) (2)	Produktivität pro Mitarbeiter (2)/(1)
1911	6.867	78.440	11,4
1913	14.336	140.000	9,8
1914	12.880	270.000	20,9

Quelle: Allan Nevins und Frank Ernest Hill, Ford, S. 644, 648.

Die durchschnittliche Produktivität eines Arbeiters wurde nahezu verdoppelt; sie stieg vermutlich noch steiler an, da in der Gegenüberstellung lediglich die verkauften, nicht jedoch die produzierten Wagen erfaßt werden konnten.

In den Ford-Werken »fertigten 200.000 Sklaven Autoteile an: Zupacken, Ansetzen, Verschrauben, das nächste – wieder Zupacken, Ansetzen, Verschrauben – Zupacken, Ansetzen, Verschrauben – so und immer weiter – man konnte wahnsinnig werden, wenn man darüber nachdachte... Die geduldigen Industrieklepper trotteten in ihrer Tretmühle auf und ab und wagten nicht, auch nur einmal während der acht Stunden Arbeitszeit aufzuschauen, außer in den genau bemessenen fünfzehn Minuten, wenn der ›Speisewagen‹ herankam und Mittagessen zum Preis von fünfzehn Cent an jene verkaufte, die sich nichts mitgebracht hatten.... Man wagte nur zu flüstern, denn man mußte ja stets vor den Spionen und Spürhunden der Werkspolizei auf der Hut sein« (Upton Sinclair, Flivver, S. 139f).

Erfolgsstory T-Modell. Die Fließbandproduktion wurde ab 1913 für das Modell T in großem Stil eingesetzt. Das T-Modell begründete den Ruhm und den Reichtum Fords; bis 1927 wurden 15 Millionen Autos dieses Typs verkauft. Der Wagen war nach Expertenmeinung ein Wunder an mechanischer Einfachheit; Vorwärtsgang, Rückwärtsgang und Bremse wurden mit Pedalen bedient. Mit 20 PS aus vier Zylindern war eine Höchstgeschwindigkeit von 40 Meilen pro Stunde (ca. 70 km/h) zu erzielen. Die Jahresproduktion stieg von 32.000 Stück (1910) auf 734.000 Stück im Jahr 1916. Jeder zweite Neuwagen in den USA war ein Ford. Alle drei Minuten verließ ein Modell T das Fließband. 1925 lag die Tagesproduktion bei 9.575 Stück; der Jahresabsatz überschritt die zwei Millionen Grenze. Aber es war abzusehen, daß die Konkurrenz dabei war, Ford den Rang als größter Autofabrikant abzulaufen. Chrysler, Tochterunternehmen im General Motors Konzern, konzentrierte sich ebenfalls auf das Niedrigpreissegment, offensichtlich so erfolgreich, daß die Umsätze um mehr als das Zweifache stiegen. Der Marktteil Fords, der vorher bei über 60 Prozent gelegen hatte, sank 1926 auf 34 Prozent.

Das T-Modell war sehr robust und für die wenig komfortablen Landstraßen ausgelegt. Zwischenzeitlich war jedoch der Ausbau des Highway-Netzes vorangegangen. Die Kundschaft verlangte jetzt auch Komfort und schickes Design bei günstigen Preisen. Außerdem bot General Motors seinen Kunden zwei weitere Vorteile, die es bei Ford nicht gab: Ratenzahlung und Anrechnung des Altwagens auf den Kaufpreis. Während Ford die Produktionsmethoden beim Automobilbau revolutionierte, zeigte der Konkurrent ebensolche Qualitäten bei der Vermarktung. Beispielsweise wurden die neuen Modelle im Januar präsentiert, im tiefsten nordamerikanischen Winter. Den Kunden sollte nach Meinung der Werbefachleute ein kleiner Lichtblick auf den Frühling geboten werden. Dazu dienten entsprechend hergerichtete Verkaufsräume; leuchtende Wagenfarben und möglichst viele Chromteile. Die Modelle wurden im Jahresrhythmus modernisiert, wobei vor allem Veränderungen am Erscheinungsbild des Wagens wichtiger wurden. Und die Übernahme der Fordschen Produktionsmethode hatte die Konkurrenz in die Lage versetzt, fast ebenbürtig kostengünstig zu fertigen. Der von General Motors kreierte Straßenkreuzer, schrille Werbung und Konsumentenkredite wurden zum Markenzeichen des »American Way of Life«, so Doug Dowd (Blues for America, S. 33). Daneben trug GM wesentlich zu einer Neuerung bei, die ebenso wie die Fließbandfertigung zum gegenwärtigen Fertigungsstandard in der Automobilindustrie zählt: gemeinsame Plattformen für verschiedene Modelle.

Der Chevrolet bildete – und ist es immer noch – das Konzernauto für die unteren Einkommensschichten. Bis zum Mittelklassewagen des Typs Oldsmobile klaffte damals eine Preislücke von 300 Dollar. Diese unter Gesichtspunkten rentabler Produktion zu schließen, brachte die Konzernleitung dazu, eine neue Modellreihe, den Pontiac einzuführen. Der Wagen übernahm Standardelemente des ›Chevy‹, lediglich die Karosserie mußte neu konzipiert werden. Das führte bei Chevrolet aufgrund des ›Masseneffektes‹ einerseits zu Kostensenkungen und machte es andererseits möglich, einen Mittelklassewagen zu sehr günstigen Preisen anbieten zu können.

Was vor zehn Jahren noch eine Ikone der Moderne gewesen war, verkam immer mehr zu einem Ladenhüter. Ende Mai 1927 verließ das letzte T-Modell die Fließbänder. 60.000 Arbeiter wurden mit einem Schlag arbeitslos; landesweit wurden 23 Montagewerke geschlossen und ein Großteil der 10.000 Ford-Händler stand vor dem wirtschaftlichen Ruin.

Lohn- und Beschäftigungspolitik. Am 5. Januar 1914 verkündete Henry Ford, daß sein Unternehmen von nun an jedes Jahr einen Bonus von zehn Millionen Dollar unter seine Arbeiter verteilen würde, und zwar so, daß der niedrigstbezahlte Arbeiter des Werkes auf mindestens 5 Dollar pro Tag käme. Diese Ausschüttung betrug etwa die Hälfte des im nächsten Jahr erwarteten Gewinnes. Zugleich wurde die Arbeitszeit von bisher neun auf acht Stunden verkürzt. Diese Ankündigung begründete den Ruhm des Henry Ford. Bis dahin waren zwar seine Automobile bekannt gewesen, er selbst aber war nur einer von vielen Fabrikanten. Nun wurde er über Nacht einer der amerikanischen Nationalhelden. Übrigens waren weibliche Arbeiter vom Bonus ausgeschlossen; denn, so Henry Ford: »Ich betrachte Frauen nur als einen vorübergehenden Faktor in der Industrie« und »Wir erwarten von den jungen Damen, daß sie heiraten«. (Robert Lacey, Ford, S. 135).

Die Öffentlichkeit war, wie die Arbeiter auch, der Meinung, die Ford-Motor-Company würde jedem Arbeiter fünf Dollar pro Tag zahlen. Das war vom Konzernchef aber gar nicht so gemeint: Die früheren Löhne blieben bestehen, und alle vierzehn Tage erhielten die Arbeiter einen Bonus – vorausgesetzt, sie hatten sich »bewährt«. Das war die Falle beim ›Bonus‹, und viele Arbeiter kamen nie dahinter. Denn Bewährung bedeutete die Erfüllung der von Ford eigenmächtig ausgedachten Regeln. So mußten verheiratete Männer ›in ihren Familien leben und für sie sorgen‹. Junggesellen über zweiundzwanzig sollten ›gesund leben und den Beweis ernsthafter Gesittung erbringen‹. Junge Leute unter zweiundzwanzig und alle Frauen sollten sich ›nur um die Unterstützung ihrer Verwandten sorgen‹. Um bei den anfänglich 14.000 Arbeitern des Werkes den Vollzug solcher Tugenden zu überprüfen, waren umfangreiche Nachforschungen notwendig.

Deshalb wurde eine Sozialabteilung der Ford-Motoren-Werke gegründet. Hier arbeiteten unter Leitung eines früheren evangelischen Bischofs fünfzig moralisch gefestigte, tüchtige junge Menschen. Sie verfeinerten das Fordsche Regelwerk, das u.a. Trinkerei, unsaubere Wohnungen und vor allen Dingen vorehelichen Geschlechtsverkehr ahndete. Verstöße hiergegen waren ein Entlassungsgrund, vom Wegfall der Prämien einmal abgesehen. Die Werkssozialarbeiter inspizierten die Häuser und Wohnungen der Ford-Arbeiter ohne Vorankündigung. Ein heiratswilliger Arbeiter wurde angehalten, einen Geistlichen oder Friedensrichter zu konsultieren; auch dies kontrollierte die Sozialabteilung. Wenn die Beschäftigten die Auflagen des Firmenchefs erfüllten, konnten sie als Belohnung alle vierzehn Tage einen Scheck in Empfang nehmen, dessen Wert etwa zwanzig bis fünfundzwanzig Dollar betrug.

Jeder Mitarbeiter der Sozialabteilung war für 700 Ford-Arbeiter zuständig; er war verpflichtet, pro Tag mindestens 12 Hausbesuche vorzunehmen. Auf den Fragebögen standen Auskünfte nach Familienstand, Religionszugehörigkeit, Staatsbürgerschaft, Ersparnissen, Gesundheit, Lebensversicherungen usf. Um diese Arbeit zu erledigen, verfügte jeder Mitarbeiter über einen nagelneuen Ford-Wagen mit Chauffeur und einen Dolmetscher, denn nur 29 Prozent der Betriebsangehörigen waren laut einer Umfrage im Dezember 1914 in den Vereinigten Staaten geboren; die Zugewanderten verteilten sich auf 22 Nationalitäten. Die Sozialabteilung überstand aber die erste Rationalisierungswelle 1921 nicht. Die 50 Mitarbeiter und ihr Leiter gehörten zu den 20.000 Entlassenen, denn, so Henry Ford, »ein Großunternehmen ist wahrhaftig zu groß, um human zu sein« (Robert Lacey, Ford, S. 289).

Derjenige, der durch das Bonussystem eindeutig profitierte, war Henry Ford selbst. Zunächst einmal gewann er den Ruf, er sei der beste Arbeitgeber der Vereinigten Staaten. Jeder Käufer eines Ford-Wagens handelte in dem Bewußtsein, damit einem großen Unternehmen der Nächstenliebe zu helfen. Der zweite Erfolg war, daß Ford die besten Arbeiter des Landes bekam. Er konnte bei der Einstellung noch wählerischer sein. Ferner wurde die Fluktuation bei den Arbeitskräften gesenkt. Vor dem Bonussystem hatte man jährlich 35.000 Mann einstellen und entlassen müssen, um einen Stamm von 14.000 Arbeitern zu halten. Fluktuation war bei Ford ein drängendes betriebswirtschaftliches Problem: im Jahr 1913 betrug der sogenannte turnover 380 Prozent, d.h. um 100 Mann dauerhaft zu beschäftigen, mußten erst einmal 963 eingestellt werden (Keith Sward, The Legend of Henry Ford, S. 49). Nachdem es den Bonus gab, genügten ca. 7.000 Neueinstellungen (und die entsprechenden Entlassungen) pro Jahr.

Ford machte aus seinem eigentlichen Ziel, das er mit dem Bonussystem erreichen wollte, keinen Hehl; er bezeichnete es schlichtweg als »efficiency engineering, mit dem nun überhaupt keine Wohltat verbunden ist«. Später, als das System Ertragsfrüchte trug, sprach er von »einer der gelungensten Kostensenkungsmaßnahmen, die wir jemals gemacht haben« (Henry Ford, My Life and Work, S. 126 und 147). Selbst die vom Unternehmen mit der Abfassung einer Firmengeschichte beauftragten Allan Nevis und Frank Ernest Hill (Ford, S. 351) sprechen dem Bonussystem jegliche Seriösität ab, was die tatsächliche materielle Verbesserung betrifft.

1919 wurde das System wieder abgeschafft. Danach galt ein Mindestlohn von sechs Dollar am Tag. Berücksichtigt man allerdings die kriegsbedingt hohe Inflationsrate, dann war diese Maßnahme gleichbedeutend mit einem erheblichen Reallohnabbau.

Ein ebenso publizitätsträchtiger Coup gelang Ford mit der 1926 verkündeten Fünf-Tage-Woche. Erstmals in der US-Wirtschaft wurde die sechstätige Arbeitswoche um einen Tag reduziert. Was als sozialer Fortschritt verkauft wurde, entpuppte sich jedoch als Mogelpakkung. Denn die Belegschaft bei Ford arbeitete zwar nur noch fünf Tage, erhielt aber auch nur Lohn für die tatsächlich geleistete Arbeitszeit. Diese Maßnahme war eine verdeckte Form von Kurzarbeit. Die Umsätze des einzigen Wagens, den Ford im Angebot hatte, waren dramatisch eingebrochen. Einige Zeit später wurde Zwangsurlaub notwendig, um, so die Firmenleitung, die Umstellung der Fließbänder auf einen neuen PKW-Typ vorzubereiten. Die wiedereingestellten Arbeiter erlebten eine böse Überraschung: anstatt der früheren Löhne wurden sie zum Mindestlohnsatz eingestellt, auch dann, wenn sie zur Stammbelegschaft mit langjähriger Betriebszugehörigkeit zählten. Besonders schlimm traf es ältere Arbeitnehmer, die fast sämtlich ausgemustert wurden, da sie nicht mehr produktiv genug seien.

Mitte der zwanziger Jahre waren die Löhne bei Ford bereits unter das mittlere Industrielohnniveau gesunken. Ehemalige Beschäftigte klagten, in den Fordfabriken würden Arbeiter unnachsichtiger ausgebeutet und manipuliert als anderswo. Das Betriebsklima war in der Tat eigenartig. Sprechen war an den Fließbändern verboten, Lächeln unerwünscht. Die Arbeiter verständigten sich heimlich im »Ford whisper« miteinander und trugen starre Mienen zur Schau. Dazu der Firmeninhaber: »Es gibt nicht viel persönlichen Kontakt. Die Männer tun ihre Arbeit und gehen heim – eine Fabrik ist kein Gesellschaftszimmer«.

Fords ursprünglich als fortschrittlich gepriesene Lohn- und Sozialpolitik nahm dubiose Züge an. Bei der Einführung der Fünftagewoche 1926 wurden prompt die Bänder beschleunigt, um die Produktionsquote zu halten. Nervlich erschöpfte Arbeiter befielen Gliederzittern und Angstträume. Das Sprechverbot am Arbeitsplatz sollte unter anderem Gespräche über gewerkschaftliche Organisierung verhindern. Mindestens 800 Detektive überwachten Disziplinverstöße und gewerkschaftliche Infiltrierungsversuche. Ford verwahrte sich gegen staatliche Aufsichtsfunktionen wie gegen Forderungen der Automobilarbeitergewerkschaft. Gegen Teilnehmer an einem Sitzstreik – eine aus Europa importierte Taktik – ordnete er Gewaltmaßnahmen an (Gerd Raeithel, Geschichte der Nordamerikanischen Kultur, S. 362-3).

1929 platzte die Spekulationsblase am US-Finanzmarkt; die gesamte Weltwirtschaft wurde in den Sog hineingerissen, den die damals schon global führende Industriemacht verursachte. Die Nachfrage nach langlebigen Konsumgütern sank rapide. In dieser Lage bemühte Henry Ford noch einmal sein Image des vorbildlichen Unternehmenschefs. Er schaltete Anzeigen in allen Tageszeitungen des Landes; dort stand, die Ford-Motor-Company habe so großes Vertrauen in die Zukunft der Vereinigten Staaten, daß der Mindestlohn in ihren Werken auf sieben Dollar pro Tag heraufgesetzt würde. Wieder war er hiermit erfolgreich. Kaum jemand wies darauf hin, daß in den zurückliegenden sechzehn Jahren, seitdem Ford den Mindestlohnsatz von 5 Dollar eingeführt hatte, die Preise um nahezu das Doppelte gestiegen waren; was als Wohltat angepriesen wurde, entpuppte sich bei näherem Hinsehen als Reallohnabbau. Und niemand schien zur Kenntnis zu nehmen, daß Ford seine Belegschaft von 200.000 Mitarbeitern auf einen Schlag um 55.000 reduzierte. Daß der generöse Ford in seinen Zulieferbetrieben Hungerlöhne von zwei bis drei Dollar am Tag zahlte, wurde ebenfalls hingenommen.

Nach außen war Ford sehr um das Image des vorbildlichen Industriellen bemüht; in den Ford-Werken wurden die Stammbeschäftigten nicht so ohne weiteres entlassen. Man ging dort subtiler vor. Weitere Rationalisierungsmaßnahmen wurden eingeleitet; der Maschineneinsatz wurde erhöht. Nicht mehr benötigte Arbeitskräfte wurden gezielt schikaniert; es gab neue Richtlinien, die so umfangreich und diskriminierend waren, daß ein die Entlassung rechtfertigender Verstoß nahezu unvermeidlich war. Anderen Arbeitern wurde mitgeteilt, daß im Augenblick keine Arbeit vorhanden sei, die Firma aber ihren Arbeitspaß behalten würde, um sie bei verbesserter Auftragslage an den alten Arbeitsplatz zurückzurufen. Das bedeutete, daß die Ford-Werke in den Statistiken wesentlich weniger Menschen entließen als die anderen Unternehmen. Für die Betroffenen war die Fordsche Freisetzungspraxis besonders schlimm, denn sie bekamen nirgendwo einen anderen Arbeitsplatz, weil sie ja formell noch auf der Lohnliste des Unternehmens standen. Der Druck auf die Restbelegschaft wurde systematisch erhöht; die Zahl der Arbeitsunfälle nahm rapide zu. Offiziell waren die Ford-Werke ein Musterbetrieb, was Unfallverhütung angeht. Der Firmenchef hatte sogar als einer der ersten Industriellen eine »Abteilung für Arbeitsschutz« eingerichtet. Es gab gleichzeitig aber eine »Abteilung für Beschleunigung«, die nun dafür sorgte, daß der Maschinentakt und die Laufzeit der Fließbänder erhöht wurden. Der Arbeitsschutz sah dem tatenlos zu. Es wird vermutet, daß damals pro Tag mindestens ein Arbeiter zu Tode kam. Weil Verletzte und Tote vom werkseigenen Krankenhaus ver- oder entsorgt wurden, sind die Zahlen nicht erfaßt.

Die lange Depression ab 1929 zwang Ford zu weiteren Kostensenkungen; der Mindestlohn wurde auf vier Dollar gesenkt; die Wochenarbeitszeit auf ein bis zwei Tage gekürzt. Diese Maßnahmen sollten die Rentabilität des Unternehmens sichern und die hohen Kosten, die durch Unterauslastung der Anlagen entstanden, auffangen.

Henry Ford, einst Vorbild unter allen Arbeitgebern, war jetzt einer der schlimmsten geworden. Er zahlte die niedrigsten Löhne in der Industrie. Seine Antreiberei war die brutalste, der Name seines Werkes wurde ein Schimpfwort unter den Arbeitern. Vor langer Zeit hatte er verkündet, die Arbeiter könnten ihre Gewerkschaft haben, wenn sie es wünschten. Jetzt gab er die Anweisung, jeden, der gewerkschaftliche Organisierung auch nur erwähnte, sofort hinauszuwerfen, und um dessen sicher zu sein, besoldete er mehr Spitzel, als man sie in der Industrie selbst der Vereinigten Staaten je gekannt hatte.

Firmenpolitik. Im Ersten Weltkrieg fertigten die Fordwerke etwas später als die Konkurrenz auch Kriegsmaterial. Firmenchef Ford hatte sich anfänglich als Friedensapostel auf eine publizitätsträchtige Mission nach Europa begeben, von diesem Vorhaben jedoch Abstand genommen, als er in die Kritik geriet und zudem rüstungsbedingte Staatsaufträge in Sicht kamen. Tatsächlich stieg der Umsatz von Ford-Autos in den ersten Kriegsjahren beträchtlich, von 300.000 Stück auf mehr als eine dreiviertel Million zwei Jahre später; das lag vor allem daran, daß die Konkurrenz auf Kriegsproduktion umgestellt hatte. Die Regierung in Washington stellte Ford die Finanzierung einer neuen Fabrikationsstätte in Aussicht. Die neue Anlage am Rouge River war die damals modernste und größte Fabrikanlage (eine Drittelmeile lang und etliche Häuserblocks breit, kommentiert Upton Sinclair), maßgeschneidert für Fließbandfertigung. Anfänglich wurden am Rouge River in Massenfertigung Zerstörer des Typs Eagle hergestellt. Von den von der Regierung in Auftrag gegebenen 112 Booten im Wert von 42 Millionen Dollar wurden aber lediglich sieben fertiggestellt, und davon war nur eines halbwegs seetüchtig. Dabei hatte doch ein riesiges Banner auf dem Werksgelände verkündet »One Eagle A Day Keeps The Kaiser Away« (Robert Lacey,

Ford, S.167). In der Kernfabrik am Highland Park produzierte Ford Heeresfahrzeuge und eine halbe Million Zylinder für »Freiheitsmotoren«, wie man die Motoren der Flugzeuge nannte. Dies alles brachte dem Firmenchef einen Gewinn von mehr als 29 Millionen Dollar. Entgegen seiner Zusage an US-Präsident Wilson, er wolle als überzeugter Pazifist am Krieg nicht verdienen, sackte er diesen Gewinn ein. Andererseits erhob die Regierung keine Regreßansprüche auf die nicht fertig gestellten Zerstörer. Allerdings vergab seitdem die US-Navy keinen Auftrag mehr an das Detroiter Unternehmen.

1920 brach die US-Konjunktur ein; Ford reagierte mit einem Preisnachlaß von 525 auf 440 Dollar bei der Luxusausführung des T-Modells. Dennoch konnte die Monatsproduktion von 100.000 Wagen nicht abgesetzt werden. Der Konzern geriet in finanzielle Schwierigkeiten. Eine Gruppe New Yorker Bankiers war bereit, dem Unternehmen mit Krediten beizustehen, verlangte aber als übliche Gegenleistung Mitsprache bei der Firmenpolitik. Dies lehnte Ford, der zusammen mit Sohn und Frau den gesamten Aktienbesitz hielt, rundweg ab. Der Firmenchef zeigte sich jetzt als Vertreter übelster Geschäftspraktiken: Im Dezember 1920 schickte er an sämtliche Verkaufsvertretungen im Land ein Schreiben, sie hätten die unverkauften Wagen sofort zu übernehmen, jeder eine bestimmte Zahl, und zwar gegen Barzahlung. Widrigenfalls würden sie ihre Konzession verlieren. Auf diese Weise vermied Ford einen Bankkredit und behielt die Kontrolle über sein Unternehmen; er wälzte die Last auf die Händler ab. Ford begründete diese Maßnahme mit den Machenschaften des Bankkapitals, denen er entgegentreten wolle. Seine wüsten Ausfälle richteten sich vor allem gegen ›jüdische Bankiers‹: das brachte ihm Anerkennung auch auf der anderen Seite des Atlantiks: »Es sind Juden, die sich immer mehr zu Herrschern aufschwingen; es gibt nur einen großen Mann, Ford, der noch seine vollständige Unabhängigkeit bewahrt«, kommentierte Hitler in »Mein Kampf«.

Dermaßen auf Kosten Dritter saniert, wandte sich der damalige Vorzeigeunternehmer seinen Arbeitern zu. Er schloß kurzerhand sämtliche Fertigungsstätten und schickte seine Mitarbeiter in – natürlich – unbezahlten Urlaub. Es handle sich dabei, so die Firmenleitung, um eine Reorganisationsmaßnahme. In der Tat wurden Einsparungen großen Stils eingeleitet; Hilfsprogramme für Arbeiter bei Krankheit wurden eingestellt; ein Großteil der Sekretärinnen wurde ans Fließband versetzt. Bisher hatten die Ford-Werke pro Wagen und Tag fünfzehn Leute beschäftigt. Das wurde jetzt auf neun gekürzt. Originalton Ford: »Das bedeutet nicht, daß sechs von fünfzehn Leuten ihre Arbeit verloren haben. Sie stehen oder sitzen jetzt nur nicht mehr unproduktiv herum«. Ford beim Wort genommen, hätte die Fabrik die Produktion um 66 Prozent erhöhen müssen. Tatsächlich wurde genausoviel produziert wie vorher, also 4.000 Wagen am Tag. Die Herstellungskosten für einen Wagen sanken von 146 auf 93 Dollar. Der Konzern sparte so 60 Millionen Dollar ein. Die laut Ford an anderer Stelle, jetzt produktiv, Beschäftigten konnten die Zeitgenossen in den Menschenschlangen von Detroit beobachten, die um Brotspenden anstanden.

Auf dem Höhepunkt der US-Konjunktur Mitte der zwanziger Jahre hatte die Firma Ford einen Umsatz fast zwei Millionen PKW jährlich. Das Unternehmen besaß eigene Kohlengruben in West-Virginia, Eisenerzlager in Michigan und Wälder in Wisconsin, deren Ausbeute auf werkseigenen Schiffen nach Detroit transportiert wurde. Von dem Augenblick an gerechnet, da das Erz im Hauptwerk Rouge River ausgeladen wurde, bis zum fertigen Automobil, das mit eigener Kraft vom Fließband fuhr, vergingen nur 36 Stunden. Ford-Wagen wurden in sechzig verschiedenen Werken über die Vereinigten Staaten verteilt produziert. Die Einzelteile wurden auf Fords Schiffen zu den Montagewerken in 28 ausländischen Staaten gebracht. Ob das T-Modell in Yokohama, Köln oder Buenos Aires zusammengesetzt wurde, stets waren seine Teile gleich, und man konnte sie auswechseln.

Ein weiterer Grund für die höchst profitable Situation der Ford-Werke, deren Eigentümer in den zwanziger Jahre Vermögensmilliardäre wurden, war die Strategie, nur einen Wagentyp zu fertigen. Konkurrenten wie General Motors hingegen hatten verschiedene Wagen im Angebot, abgestimmt auf die verschiedenen Einkommensklassen. Hier ging natürlich der Masseneffekt teilweise verloren, den

Ford ausnutzte. Allerdings neigte sich der Absatzboom des T-Modells seinem Ende zu; die Verkaufszahlen waren rückläufig, der Markt schien gesättigt zu sein. In dieser Situation war ein Wechsel bei der Produktpalette dringend notwendig. Sämtliche Fertigungsprozesse waren auf die Herstellung eines Typs festgelegt; die Arbeitsorganisation war hierauf ausgerichtet. Ein neuer Wagentyp machte daher tiefgreifende Veränderungen erforderlich. Auf dem Firmengelände am Rouge River wurde in fünf Monaten eine neue Fabrikationshalle aus dem Boden gestampft, die modernste Anlage weltweit. Das neue Rouge River Werk (The Rouge im Firmenjargon) wurde später ebenso wie die Organisation der Produktionsabläufe in Wolfsburg kopiert; ebenso bei FIAT im Turiner Vorort Mirafiori. Während der Umbauphase bei Ford wurden die beschäftigungslosen Arbeiter wieder einmal entlassen und zu schlechteren Lohnbedingungen später wieder eingestellt. Die Maschinen und Fließbänder waren noch effizienter als die bisherigen, so daß die Stammbelegschaft weiter schrumpfte. Der neue Ford A war ein durchschlagender Erfolg; so gab es allein 400.000 Vorbestellungen, noch bevor die Kundschaft den neuen Wagen überhaupt gesehen hatte.

Auf dem Höhepunkt der Hochkonjunktur in den Jahren 1924 bis 1926 hatte die Belegschaft der Familie Ford als Eigentümer des Konzerns jährliche Reingewinne von über 100 Millionen Dollar erwirtschaftet; die Umstellung 1927 bewirkte einen Rückgang um 70 Millionen; 1928 wurde ein ähnliches Ergebnis erreicht. Ein Jahr später wurde wieder an die früheren Glanzzeiten angeknüpft. Im ersten Depressionsjahr 1930 gelang Ford ein Gewinn von 60 Millionen Dollar, der im wesentlichen durch Massenentlassungen und rigide Lohnkürzungen zustande kam. Aber angesichts der verheerenden Wirtschaftslage sanken die Verkäufe rapide, von durchschnittlich zwei Millionen Stück vor 1930 auf weniger als eine halbe Million im Jahr 1931. Dem Inhaber konnte die Krise nichts anhaben; sein Barvermögen belief sich damals auf über 300 Millionen Dollar.

Wirtschaftliche Genesung erfolgte für Ford wie für die anderen Autoproduzenten erst unter der Kriegswirtschaft. Die Regierung Roosevelt vergab im Zweiten Weltkrieg Großaufträge an die Privatindustrie. Zwischen 1940 und 1944 erhielt General Motors Aufträge im Gesamtwert von fast 14 Milliarden Dollar; der Flugzeughersteller Curtis-Wright sieben Milliarden und die Ford-Motor-Company 5,26 Milliarden. Detroit bezeichnete sich nun als Waffenschmiede der Demokratie, in der Fahrzeuge, Panzer und Flugzeugmotoren gefertigt wurden. Den nachhaltigsten Eindruck in der Öffentlichkeit hinterließ jedoch das neue Werk Willow Run, wo Ford den Bau von B-24 Bomberflugzeugen in Massenproduktion vornahm. War Rouge River seinerzeit als ›amerikanischer Crystal Palace‹ bezeichnet worden, so sprach man jetzt vom ›Grand Canyon der mechanisierten Welt‹. Zwar war die Fabrik mit ihrer Länge von fast einer Meile (ca. 1,6 km) bei einer Grundfläche von 15 Hektar die weltweit größte bis dahin gebaute Halle, aber alles andere als ›fertigungsfreundlich‹. Der L-förmige Grundriß behinderte einen optimalen Fertigungsfluß. Wie bereits bei der Fertigung der Eagle-Zerstörer im Ersten Weltkrieg hatte das Ford-Management mehr versprochen, als es halten konnte. Die Ankündigung, jede Stunde einen ›Liberator-Bomber‹ vom Fließband rollen zu lassen, war anmaßend. Selbst heutige Spezialfabriken mit noch effizienteren Maschinen und Verfahrenstechniken sind nicht in der Lage, 1.000 Flugzeuge im Jahr zu bauen. Tatsächlich verließen 1942 nur 56 Bomber das Werksgelände. Neben den ingenieurstechnischen Umstellungen war die hohe Fluktuation der Belegschaft ein Problem: Das Werk liegt weit außerhalb von Detroit; der Weg dorthin machte eine zweistündige Autofahrt erforderlich. Benzin war damals rationiert und teuer. Für den Arbeiter rechnete sich eine Anstellung in Willow Run nicht – die Fachpresse taufte die Fabrik um in »Will It Run?«.

Es ist anzumerken, daß die Ford-Werke in den Folgejahren B-24 Bomber nicht im vereinbarten Umfang produzierten. Hier stellen sich die gleichen Fragen wie am Ende des Ersten Weltkrieges: Warum erhob die US-Regierung keinen Regreßanspruch gegen das Unternehmen mit der stichhaltigen Begründung: Nichteinhaltung des Liefervertrages? Und weshalb erhob niemand Anklage gegen Ford wegen Kooperation mit dem Feind, denn das Tochterunternehmen in Köln war eine der Waffenschmieden der Nazis?

Ford und der deutsche Faschismus. Die Ford-Motor-Company errichtete 1925 ein Büro in Berlin; sechs Jahre später wurden die Ford-Werke in Köln eröffnet. Die Tochtergesellschaft profitierte vom wirtschaftlichen Aufschwung unter der deutschen Kriegsvorbereitung und Kriegswirtschaft; die Umsätze wurden zwischen 1938 und 1943 um mehr als die Hälfte gesteigert. Der Wert der Anlagen in Köln verdoppelte sich während des Krieges, so die Berechnungen der US-Regierung.

Mitte der dreißiger Jahre delegierte die Firmenzentrale ihre Exportgeschäfte mit Südamerika und Japan an die Kölner Tochter, was von den Nazis sehr begrüßt wurde, da hierdurch die Deviseneinnahmen stiegen. Angesichts der schlechten Auslastung der Fabrikstätten in Detroit kann diese Maßnahme nur als bewußter Schritt zur Unterstützung des Nazi-Regimes gewertet werden. Die Bereitschaft zur engen Zusammenarbeit zeigt sich auch an anderer Stelle: Mit Blick auf die Kriegsvorbereitung und die Beschaffung von strategischen Materialien aus dem Ausland praktizierte Berlin eine strenge Devisenbewirtschaftung. Für die Kölner Ford-Werke bedeutete dies, daß Roh- und Hilfsstoffe wie beispielsweise Gummi im Austausch gegen Fertigteile bezogen wurden. Die Detroiter Zentrale war damit einverstanden, daß ein Viertel dieser Importe in Deutschland an die Rüstungsindustrie weitergegeben wurde. Ein Bericht der US-Armee aus dem Jahr 1945, der vom damaligen Geschäftsführer der Ford-Werke erstellt wurde, stellt fest, daß Ford in Köln lange vor Kriegsausbruch begann, Militärfahrzeuge für das Regime zu produzieren. Es wurde mit Zustimmung Detroits ein Werk in der Nähe von Berlin gebaut, das in einer sogenannten sicheren Zone lag, wohin im Bedarfsfall die Produktion ausgelagert werden konnte. Nach dem Überfall auf Polen wurde Ford zum wichtigsten Automobillieferanten der Wehrmacht. Ungefähr ein Drittel der 350.000 LKWs, die von der Wehrmacht benutzt wurden, stammte aus Köln. Es ist daher kein Zufall, daß die Ford-Werke mehrfach von Bombern der Alliierten angegriffen wurden. »Es war, so schreibt der Geschäftsführer, ein unerfreulicher Anblick für unsere Truppen, daß die Wehrmacht mit Ford-LKWs ausgerüstet war« (Ken Silverstein, Ford and the Führer).

Die Kriegserklärung an die Vereinigten Staaten zwang Ford, seine Beziehungen mit Nazi-Deutschland einzufrieren. Offiziell wurden die deutschen Ford-Werke als Feindeigentum deklariert, was eine entschädigungslose Einziehung des Vermögens ermöglicht hätte. Es gab Bestrebungen von Daimler Benz, die Ford-Werke zu übernehmen. Indessen sahen die Nazis von dieser Maßnahme ab; die Werke wurden treuhänderisch verwaltet; die Rückführung der Jahresüberschüsse an die Zentrale in Detroit war in den Bilanzen vorgesehen. Ein weiteres Indiz für die nur formell unterbrochene Zusammenarbeit: Berlin überwies der Ford-Motor-Company über die neutrale Schweiz mehrere hunderttausend Dollar als Entschädigungszahlung für die von alliierten Bombern angerichteten Zerstörungen auf dem Werksgelände. Nach dem Krieg erstritt Ford vor einem US-Gericht weitere Ausgleichszahlungen für die Schäden an seinem deutschen Werk.

Gewerkschaftskämpfe

Die Arbeitsbedingungen in der Automobilindustrie waren geprägt von Willkür der Firmenleitungen, weitgehender Rechtlosigkeit der Arbeiter und miserablen materiellen Bedingungen; Arbeitslosengeld und betriebliche Rentenversicherung waren weitgehend unbekannt. Die Bedingungen in den Ford-Werken mögen dabei besonders negativ gewesen sein, aber sie bildeten keineswegs die Ausnahme.

Die US-Industriellen setzten alles daran, Gewerkschaften aus den Betrieben fernzuhalten, und wenn sie dabei erfolglos blieben, wurde zum letzten Mittel gegriffen, Einsatz der Nationalgarde gegen streikende Arbeiter; so 1922 beim Streik der Bergarbeiter für eine angemessene Lohnerhöhung. In Herrin, Illinois, wurden dabei 23 Streikende erschossen. Gleichzeitig traten die Eisenbahnarbeiter in den Streik; sie forderten eine Rücknahme von Lohnkürzungen, die im Zusammenhang standen mit der von Industrie und Landwirtschaft erreichten Senkung der Frachttarife. Auf Beschluß des Obersten Gerichtshofes wurden die Lohnkürzungen als rechtmäßig erklärt, und zudem wurden die Rechte der Facharbeiter erheblich beschnitten.

Die nach 1922 beginnende Hochkonjunktur war ein Grund für das Abflauen von überregionalen Protesten der Arbeiterschaft. Dies änderte sich unter dem Eindruck der Weltwirtschaftskrise. Neue Protestaktionen wie der Hungermarsch der Ford-Werker 1932 und die Arbeitsniederlegung im Briggs-Werk des Fordkonzerns, wo Chassis gefertigt wurden, im Januar 1933 fanden spontan und ohne Gewerkschaftsbeteiligung statt.

Angesichts der katastrophalen sozialen Lage war die Regierung Roosevelt bemüht, den Gewerkschaftsverband AFL zu kontaktieren. Befürchtet wurde, daß ansonsten eine nicht mehr kontrollierbare Situation entstehen könnte. AFL-Organisatoren gelang es, mäßigend auf die zunehmend militanteren Streikenden einzuwirken und Konflikte friedlich zu beenden, so bei den Auseinandersetzungen in der Detroiter Autofirma Hudson und in Flint, einem wichtigen Produktionsstandort von General Motors. Als Gegenleistung erreichte die Gewerkschaft von der Regierung die Einrichtung eines »Automobile Labor Board«. Dieses Gremium sollte die Entwicklungen in der Automobilindustrie unter sozialen Gesichtspunkten überwachen und den Arbeitern gewisse Rechte verschaffen. Erhofft wurde, daß die AFL die Anerkennung der Auto-Branche als gewerkschaftlicher Tarifpartner finden würde.

Die AFL war der Dachverband der Facharbeitergewerkschaften, die nicht für die Masse der ungelernten Arbeiter am Fließband sprechen konnten. Aus Unternehmersicht war die Zulassung solcher Gewerkschaften relativ gefahrlos, zumal sich die Chance bot, sie gegen die große Mehrheit der Unorganisierten auszuspielen. Dies entging der Masse der Arbeiter nicht, die das Agreement der AFL mit der Regierung als einen Ausverkauf betrachtete. Auf dem Gewerkschaftskongreß 1935 in Atlantic City kam es zum Bruch; die Fließbandarbeiter verließen die AFL und gründeten kurze Zeit später den Congress of Industrial Organizations, CIO. Auf einem Treffen im April 1936 in South Bend, Indiana, stimmten Vertreter der organisierten Automobilarbeiter dem Beitritt zur CIO zu. Sie gründeten die United Auto Workers Union (UAW).

Der Kampf um die Anerkennung als Gewerkschaft schloß zunächst die Ford-Werke aus; deren Dienstabteilung war für ihr gewaltbereites Vorgehen bekannt:

Werkspolizei bei Ford. Die ›Dienstabteilung‹ umfaßte 3.600 Mann. Ihr Leiter Bennett wurde zu einem der engsten Vertrauten des Firmengründers, der ihm mehr Kompetenzen einräumte als seinem eigenen Sohn.

Die Werkspolizei hatte die Aufgabe, die Werkstore zu kontrollieren, die Arbeit im Werk zu überwachen, Übertretungen der etlichen hundert Richtlinien zu melden, sich zum Spitzeln unter die Arbeiter zu mischen, »Aufwiegler« zu entdecken und Gewerkschaftsorganisatoren und Agitatoren der »Roten« aufzuspüren. All dies war aber nicht nur im Werk, sondern überall notwendig. Kam ein Gewerkschaftsfunktionär nach Detroit, so wollte Fords Dienstabteilung wissen, wohin er ging und mit wem er Gespräche führte. Henry Fords Armee stellte eine Spionageabteilung auf mit Spionen und Gegenspionen, wie sie sonst nur beim Staat oder Militär üblich ist.

Die Truppe war übrigens mit Maschinengewehren ausgerüstet, von denen sie in Arbeitskämpfen auch Gebrauch machte. Bei einem Hungermarsch 1932 erschoß die Werkspolizei vier protestierende Arbeiter und verwundete über fünfzig. Die Polizei sah dem Verbrechen tatenlos zu. Erwähnenswert ist, daß die Ford-Werke zur Gemeinde Dearborn gehörten, deren Polizei und Verwaltung vom größten Arbeitgeber und Steuerzahler handverlesen und folglich nur allzu willfährig war.

Die protestierenden Arbeiter von 1932, ca. 3.000, waren arbeitslose Ford-Werker, die mit ihrem Marsch vor das Werksgelände auf ihre miserable materielle Lage aufmerksam machen wollten. Bei den von der Dienstabteilung ausgeübten Provokationen wurde auch ein Reporter der New York Times beinahe getötet. Die ausführliche Berichterstattung ramponierte endgültig das Ansehen eines Henry Ford, der in weiten Kreisen der US-amerikanischen Bevölkerung nicht mehr als sozial eingestellter Firmenchef, sondern als brutaler Ausbeuter betrachtet wurde. Am Trauermarsch für die Ermordeten durch die Innenstadt Detroits beteiligten sich mehr als 15.000 Menschen, begleitet von einer Musikkapelle, die den Totenmarsch intonierte, zu dessen Klängen die Gefallenen der russischen Revolution von 1905 bestattet worden waren. Nebenbei gingen die Täter straffrei aus; es wurde nicht einmal Anklage erhoben.

Der Leiter der Dienstabteilung baute ein dichtes Netzwerk mit der örtlichen Unterwelt und später mit den großen Verbrechersyndikaten der Ostküste auf. Diese Verbindung erwies sich als sehr nützlich bei der Niederschlagung der Streiks in den 30er Jahren und beim Kampf gegen die Gewerkschaften. Daß Ford selbst von den Deals seines Vertrauten wußte, ist nicht nachgewiesen. Bennett machte ein Vermögen, indem er dem Chef der größten Gang Detroits eine Autoagentur übertrug; es war stadtbekannt, daß der Firmensitz der Crescent Motor Sales Company zugleich Hauptquartier der Gangster war. Ferner verschaffte er demselben Gangster eine Lizenz für den Verkauf von Obst in den Werkskantinen von Ford. Diese Dreistigkeiten sicherte er jedoch geschickt ab; die Familie eines einflußreichen Richters erhielt den Auftrag, die Rouge-River-Fabrik mit Eßpaketen (box lunches) zu beliefern, eine Lizenz zum Gelddrucken. Es ist kaum anzunehmen, daß das alles ohne Wissen des sonst so auf Kontrolle bedachten Henry Ford möglich war. Eine weitere Investition in das organisierte Verbrechen zahlte sich bald aus. Bennett sorgte dafür, daß zwei führende New Yorker Gangsterfamilien den Transportauftrag von Ford-Wagen zu den Händlern der Ostküste erhielten. Es waren Angehörige dieser Gangs, die 1937 den Terror gegen die protestierenden Arbeiter organisierten: Erwiesen ist, daß der Anschlag auf den Gewerkschaftsführer Walter Reuther von der UAW (United Automobile Workers) von ihnen ausgeübt wurde, als er zu den Ford-Werkern sprechen wollte. Sie waren an weiteren Aktionen gegen Gewerkschaften beteiligt, so im texanischen Dallas und in Kansas City, wo Ford die Schließung eines Montagewerkes androhte, falls dort Gewerkschaften zugelassen würden.

Ein Untersuchungsausschluß des US-Senats, das La Follette Komittee, stellte bei seinen Recherchen bei General Motors ähnlich brutale Verhältnisse fest, wie sie über die Ford-Werke berichtet wurden: Die Spitzeleien gegen Arbeiter, dort von auswärtigen Dienstleistern vorgenommen, wurden im Abschlußbericht als eine weitverzweigte industrielle Tscheka bezeichnet, in Anspielung auf die sowjetische Geheimpolizei. Für diese Dienste gab das Unternehmen ungefähr eine Million Dollar im Jahr aus. Dennoch schien GM geeignet für einen aussichtsreichen Kampf um Zulassung der Gewerkschaften. Hinzu kam, daß das vom Kongreß 1935 verabschiedete Gesetz über die nationalen Arbeitsbeziehungen (NLRA, auch bekannt als Wagner Act) den Arbeitern das Recht ›garantierte, Gewerkschaften nach eigener Wahl zu haben‹. Ein neues Gremium, der »National Labor Relations Board«, wurde zur Überwachung und Einhaltung der gesetzlichen Bestimmungen eingesetzt. Aber die GM-Arbeiter mußten zum Mittel des Sitzstreiks greifen, um sich erstmals erfolgreich gegen die Firmenleitung zu behaupten und diese zu zwingen, Entlassungen zurückzunehmen. Das ereignete sich im November 1936. Die im Namen des CIO agierenden Arbeiter erhielten in den nächsten Wochen massenhaft Zulauf: Die Mitgliederzahl der noch nicht anerkannten Gewerkschaft verzehnfachte sich in weniger als vierzehn Tagen. Die entscheidende Auseinandersetzung kam, als GM den Fließbandtakt in seinen Flint-Werken erhöhte und bekannt wurde, daß Arbeitsprozesse von dort in einen ruhigen Betrieb fernab vom Hauptfirmensitz verlagert werden sollten. Aufgebrachte Arbeiter besetzten daraufhin das Werk. Die Konzernleitung hätte das von mehreren tausend Arbeitern besetzte Werk nur durch geschultes Militär ›befreien‹ können – ein dann unvermeidliches Massaker schreckte selbst die ansonsten hartgesottenen Manager ab. Man versuchte deshalb eine subtilere Strategie. Gegen einen kleinen Betrieb ebenfalls auf dem Flint-Werksgelände, bestreikt von rund 100 Arbeitern, ließ die Firmenleitung die örtliche Polizei vorgehen. Bei den von der Ordnungsmacht provozierten Ausschreitungen wurden 14 Arbeiter zum Teil schwer verletzt. Erwartet wurde offenbar, daß hiermit eine gewaltsame Reaktion der Streikenden im Hauptwerk ausgelöst würde, was den Einsatz der Nationalgarde gerechtfertigt hätte, wodurch die Konzernspitze in der Öffentlichkeit unbelastet dastehen würde. Die Erwartungen wurden jedoch nicht erfüllt; der Gouverneur des Staates zögerte, gegen die Streikenden vorzugehen; es kam zu Sympathiestreiks in der

Region. Schließlich lenkte der Vorstandsvorsitzende mit den Worten ein: »Laßt uns Frieden schließen und Autos bauen«. Der UAW wurde das Recht eingeräumt, die Arbeiter zu vertreten. Sie ist seitdem die einzige zugelassene Gewerkschaft bei GM.

Die anderen Auto-Konzerne schlossen sich etwas später der Vereinbarung an.

Erwähnenswert ist, daß es erst nach einem Massaker gelang, den Achtstundentag branchenübergreifend zu verankern. Die US-Stahlindustrie stand den Autokonzernen in ihrer repressiven Arbeitspolitik in nichts nach. Bei einem Proteststreik im Chicagoer Werk der Firma Republic Steel gegen den Zwölfstundentag wurden im Mai 1937 mehr als 10 Arbeiter erschossen, mehrere hundert verletzt (Mai 1937). Erst danach kam es auch hier zur branchenweiten Anerkennung der dem CIO angeschlossenen United Steelworkers of America.

Die Militärjunta und Mercedes Benz

Repression und Moral stellen keine ausschließliche Eigenheit der US-Autobranche dar. So ist es bekannt und aufgearbeitet, welche menschenverachtenden Methoden die führenden europäischen Autokonzerne, allen voran Volkswagen, Daimler Benz und BMW, in ihren südafrikanischen Zweigwerken in den Jahren der Apartheid praktizierten. Berichtenswert ist auch die Zusammenarbeit zwischen Daimler Benz und der argentinischen Militärjunta, die gegenwärtig deutsche Gerichte beschäftigt.

Argentinien wurde nach 1975 von einer Militärjunta regiert; ihr Ziel war es auch, konsequente Gewerkschafter zu eliminieren, um dem Kapital bessere Profitchancen zu ermöglichen. Zu den Nutznießern zählte auch die argentinische Tochtergesellschaft von Daimler Benz.

Von April 1976 bis August 77 wurden 17 Betriebsräte von ›Mercedes Benz Argentina‹ verschleppt. Fünfzehn wurden nachts aus ihren Wohnungen entführt, von ihnen fehlt bis heute jede Spur. Es überlebten nur zwei, die aus dem Werk, vor vielen Zeugen, abgeführt wurden. Die Staatsanwaltschaft Nürnberg ermittelt seit drei Jahren gegen Daimler Chrysler Argentinien wegen Beihilfe zum Mord, denn es gibt mehrere Hinweis darauf, daß die Betriebsleitung mit den Helfern der Junta kollaborierte. Erhellend ist dabei ein Schreiben des damaligen Spitzenmanagers Hanns-Martin Schleyer an den argentinischen Arbeitsminister Ruckauf. Bezugnehmend auf das Dekret 2772 vom Oktober 1975 schreibt Schleyer, daß das Unternehmen die argentinische Regierung »bei der Eliminierung der Subversion in den Fabriken unterstützt«. Das Dekret hat die »Vernichtung der Subversion« zum Inhalt.

Gaby Weber, ›Ziel: »Ausmerzung von Störfaktoren«‹, LabourNet Germany, *16. Dezember 2002.*

Zusammenfassung

Fordismus wird als die wegweisende Strategie des Kapitalismus im 20. Jahrhundert ›verortet‹. Dazu zählt vorrangig die Verknüpfung durchrationalisierter Massenproduktion mit Massenkonsum.

(1) Abkehr von der bis dahin praktizierten Methode, Leistungssteigerungen ausschließlich über Verbesserungen bei Maschinen vorzunehmen. An deren Stelle tritt nun die Effizienzsteigerung der menschlichen Arbeitskraft.

(2) Hieraus ergaben sich immense Produktivitätsschübe, die Massenfertigung ermöglichten.

(3) Die Produktivitätszuwächse machten es möglich, Lohnerhöhungen vorzunehmen, die, solange sie unterhalb der Produktivitätsentwicklung blieben, ›profitneutral‹ waren. So entstand ein Masseneinkommen als Verwertungspendant zur Massenproduktion.

Die räumliche Ausdehnung des umgebauten Industriekapitalismus über sein Ursprungsland USA hinaus in weitere Zonen der Weltwirtschaft blieb zunächst versperrt wegen der ökonomischen und gesellschaftlichen Probleme der Weltwirtschaftskrise. Zu den Opfern zählt die Weimarer Republik, wo bereits Strukturmerkmale einer Massenkonsumgesellschaft nach US-amerikanischem Vorbild entstanden waren. Was nach 1949 als »Wirtschaftswunder« bezeichnet wurde, war damals technisch-ökonomisch angelegt worden. Das NS-Regime hat diese Entwicklung weitgehend geblockt zugunsten der nationalen Schwerindustrie und der für die Hochrüstung wichtigen Branchen wie Chemie, Elektroindustrie und Automobilbau als stoffliche Voraussetzungen der Kriegsplanung. Andererseits schien sich das Regime aus propagandistischen Motiven heraus den Verlockungen des Massenkonsums nicht gänzlich zu verschließen. Der Bevölkerung wurde weisgemacht, daß mit dem Aufbau des Volkswagenwerks in absehbarer Zeit jeder Volksgenosse in den Genuß eines eigenen Autos kommen werde. Im niedersächsischen Brachland entstand eine Kopie des Fordschen Rouge-River-Werks, das der NS-Megalomanie folgend, die Kapazitäten des Vorbildes bei weitem übertreffen sollte. Die »weltgrößte« PKW-Fabrik kam aber über bescheidene Anfänge nicht hinaus. Tatsächlich war von Beginn die Produktion auf kriegstaugliche Fahrzeuge ausgelegt. Trotz Fertigungsumstellungen wegen der auf Hochtouren laufenden Kriegsvorbereitungen, Mißmanagement und Korruption konnte bis Ende 1941 die maschinelle Ausstattung abgeschlossen werden; die volle Kapazitätsauslastung von 1,5 Millionen Fahrzeugen war für 1945 vorgesehen.

Der Fordismus konnte bzw. kann den in der kapitalistischen Warenproduktion eingeschlossenen Widerspruch zwischen Produktion und Konsum nicht aufheben. Ferner handelt es sich bei Massenproduktionen um langlebige Konsumgüter, die unter Nutzengesichtspunkten nicht beständig ersetzt werden müssen. Die Erschließung neuer Märkte kann unter dem fordistischen Regime das eben erwähnte Grundproblem zeitweilig verdrängen, aber keineswegs lösen. Die Geschichte der US-Automobilindustrie, einstmals weltführend und seit längerem krisengeschüttelt, gibt einen eindrucksvollen Beleg hierfür ab.

Es ist das historische Verdienst Alfred Sloans, langjähriger Vorstandsvorsitzender bei General Motors, dem fordistischen Automobilismus eine Perspektive geboten zu haben: Fließbandfertigung gekoppelt an geschicktes Marketing, Werbung und Einbeziehung der Medien, die die Konsumenten so ansprechen, daß Käufe jenseits von Budget und Nutzen aus emotionalen Gründen getätigt werden. Die Konsumtion wird nicht mehr ausschließlich vom Einkommen bestimmt; entsprechende Kredite und Rücknahme von Altwagen machen den Neuwagenkauf erschwinglich und lassen ihn rational erscheinen. Das macht auf Produzentenseite ständige kosmetische Veränderungen an der Ware PKW erforderlich. Dies bedeutet im Gegensatz zum ›klassischen Fordismus‹ niedrigere Kapitalrenditen, weil Produktionsprozesse im Jahresrhythmus umgestellt werden müssen. Andererseits wirkt die Strategie der geplanten Obsolenz absatzfördernd und markterhaltend. Voraussetzung ist jedoch eine Akzeptanz des künstlichen Veraltens beim Kunden. Hier nun bewirken die Suggestionsinstrumente von Werbung und Medien wahre Wunder – wie anders könnte erklärt werden, daß der Käufer eines Neuwagens zufrieden ist mit seiner Anschaffung, obwohl er weiß, daß die Hersteller schon bald mit einem neuen Modell auf den Markt treten?

Öl – Treibstoff des Imperialismus

Vor etwas mehr als einhundert Jahren war Erdölförderung ein unbedeutender Wirtschaftszweig. Dies änderte sich bald. Insbesondere die Verwendung von Erdöl für militärische Zwecke, als Treibstoff für Kriegsschiffe, Panzer und Kraftwagen, brachte direkte staatliche Einmischung in dieses Geschäft mit sich, die bis in die Gegenwart hinein andauert. Wie kein anderer Rohstoff war und ist Öl das Schmiermittel des Imperialismus. In der Phase des langen Nachkriegsbooms (1945 bis Mitte der 70er Jahre) stiegen Produktion und Umsätze wie sonst in keiner Branche: Die weltweite Förderung wuchs von 3.000 Millionen Tonnen auf 22.000 Millionen und der Umsatz von 6 Milliarden Dollar auf knapp 500 Milliarden. Im Unterschied zum klassischen Energieträger der Industrialisierung, der Kohle, weist Erdöl einen gewaltigen Vorteil auf: für die Förderung wird nur wenig menschliche Arbeitskraft benötigt. Der Ertrag eines durchschnittlichen Bergarbeiters im Kohleabbau belief sich Anfang der 1970er Jahre auf etwa 100.000 Dollar im Jahr; demgegenüber betrug der entsprechende Wert eines Arbeiter auf den saudi-arabischen Ölfeldern 2,6 Millionen Dollar.

Der Großteil der Lagerstätten befindet sich heute in der Dritten Welt; die Hauptabsatzmärkte hingegen bilden die Industriezentren Nordamerikas, Westeuropas, Japans, Südostasiens und Chinas. Die Realisierung der extrem hohen Profitchancen erfordert allerdings einen ungehinderten Zugang zu den Fördergebieten; dies hat entsprechende politische Interventionen zur Folge.

Bis zum Zweiten Weltkrieg waren die Vereinigten Staaten das größte Förderland; die damalige Weltmacht Großbritannien bezog ihr Öl aus Kolonien oder Halbkolonien. US-amerikanische und britische Konzerne beherrschten den Ölweltmarkt und konnten jederzeit mit tatkräftiger Unterstützung ihrer Regierungen rechnen. Die Nachkriegsordnung wurde maßgeblich von den Vereinigten Staaten geformt, mit Großbritannien als Juniorpartner. Die Vormacht der angelsächsischen Ölkonzerne blieb erhalten. Allerdings waren sie nicht allmächtig, außerdem waren der US-Weltmacht durch die Existenz der

UdSSR politische Fesseln angelegt. Entkolonialisierung und Systemkonkurrenz bewirkten, daß die Ölförderländer ihren Anteil am Ölgeschäft erhöhen konnten; der traditionelle ›Ölimperialismus‹ war im neuen Förderzentrum Naher Osten, auch Tankstelle der Weltwirtschaft genannt, nicht mehr länger praktikabel. Aber Erdölausbeutung erfordert keinen sozialen Wandel; sie kann in bestehende vorindustrielle Verhältnisse eingebunden werden. Die nahöstlichen Regimes, allesamt autokratisch geprägt, konnten als Rentiers agieren, d.h. Teile des neuen Reichtums zur sozialen Befriedung einsetzen, die anderen als Finanzkapital anlegen oder verprassen. Bei ihren Auseinandersetzungen mit den Ölkonzernen handelte es sich lediglich um Verteilungskämpfe. Diese Sichtweise macht es möglich, die politischen Vorgänge gelassen zu betrachten und sich von Deutungen fernzuhalten, die hier tektonische Beben der Weltwirtschaft unterstellen. Aber Kapitalismus lebt von Profitmaximierung; daher werden Geschäftsstörungen aufs schärfste geahndet; sobald mit dem Untergang der Sowjetunion die Systemkonkurrenz verschwunden war, begannen die angelsächsischen Ölkonzerne eine Politik des Roll-back. Die US-Regierung formulierte ihre Politikziele im Mai 2001; Grundlage hierfür war der Bericht der National Energy Policy Development Group unter Vorsitz des Vizepräsidenten. Demnach werde der Ölbedarf der Vereinigten Staaten in den nächsten 25 Jahren erheblich ansteigen. Es sei deshalb erforderlich, die US-Reserven aufzustocken. Die Empfehlung des Berichts, die Ölvorkommen in Alaska zu erschließen, obwohl sie in einem großflächigen Naturschutzgebiet liegen, führte zu erheblichen Protesten, lenkte jedoch von dem außenpolitisch höchst brisanten Schlußteil des Berichtes ab mit der Überschrift »Strengthening International Alliances«.

Dort wird folgendes ausgeführt: Der Importbedarf der Vereinigten Staaten werde bis zum Jahr 2020 von 52 auf 66 Prozent steigen, d.h. von einem gegenwärtigen Tagesbedarf von 10,4 Millionen auf 16,7 Millionen Faß. Das bedeute, die ausländischen Produzenten müßten ihre Förderung ausdehnen und sich bereit erklären, mehr an die USA zu liefern. Die meisten ölexportierenden Staaten seien aus finanziellen Gründen hierzu nicht in der Lage oder wollten nicht, daß die USA

Einfluß auf die Fördermenge nehmen. Der Bericht empfiehlt der Regierung deshalb, Ölimporte »zum Hauptziel unserer Wirtschafts- und Außenpolitik zu machen«. Hierzu wurden zwei Vorschläge unterbreitet.

- Erstens müßten die Importe vom Persischen Golf gesteigert werden. Hierzu bestehe keine Alternative, weil dort knapp zwei Drittel der globalen Ölreserven liegen. Das Weiße Haus müsse alle diplomatischen Anstrengungen unternehmen, die Staaten in der Region davon zu überzeugen, daß beim Öl Förderung, Ausbau der Infrastruktur und Verschiffung von US-amerikanischen Firmen durchgeführt würden.
- Zweitens müsse die Abhängigkeit von einer einzelnen Förderregion beendet werden, denn: »Die Beschränkung auf eine Region kann zu unstabilen Verhältnissen im Markt führen. Deshalb ist eine Diversifikation der Ölversorgung von allergrößter Wichtigkeit«. Die Experten verwiesen hier auch auf die instabilen politischen Verhältnisse im Vorderen Orient. Empfohlen wurde deshalb, daß Regierung und US-Ölindustrie sehr eng zusammenarbeiten, um Vorkommen am Kaspischen Meer (besonders Aserbaidschan und Kasachstan), im westlichen Afrika (Angola und Nigeria) und Südamerika (Kolumbien, Mexiko und Venezuela) zu erschließen.

Genau an diesem Punkt fließen militärische und ölpolitische Ziele zusammen. Eine Ölpolitik, die den Zugang der USA zu Lagerstätten in politisch instabilen Regionen als Perspektive hat, wird sehr bald auf militärische Gewalt zurückgreifen müssen. Andererseits hängt die Schlagkraft des Militärs vom Erdöl als Treibmittel der High-tech-Armee ab. Jegliche Gefährdung der Ölzufuhr liefert unter dem Aspekt der nationalen Sicherheit einen Grund zur Intervention.

Die Geschichte der Ölindustrie verdeutlicht besonders eindringlich die gewalttätige Seite des Kapitalismus, also die Bereitschaft, die eigene Machtsphäre mit militärischen Mitteln auszudehnen, in nationalstaatliche Politik zu intervenieren und das ohne Rücksicht auf das Existenzrecht von Menschen.

Vorspiel in Persien und Mesopotamien

Gegen Ende des 19. Jahrhunderts fand Erdöl zunehmend Verwendung als Schmiermittel, aber auch als Treibstoff für die gerade entwickelten Verbrennungsmotoren. Anfänglich überwog die zivile Nutzung. Dies war aber nicht von Dauer, und die deutsche Politik trug zum Wandel bei. Die erfolgreiche Industrialisierung des Deutschen Reiches und der sie begleitende soziale Umbruch waren aus Sicht der herrschenden Kreise geschmeidig und konfliktfrei zuwege gebracht worden, gekoppelt an einen überbordenden Nationalismus. Die preußische Militärkaste an der Macht schien den Beweis erbracht zu haben, daß Industrialisierung und autokratische Herrschaft vereinbar seien. Das neue Reich stand in vollem Saft. Vor diesem Hintergrund erscheint der Griff nach der Weltmacht logisch und konsequent. Jedoch fehlte hierfür eine entsprechende militärische Ausrüstung, die durch eine Hochseeflotte bereitgestellt werden sollte.

Großbritannien hingegen sah seine wirtschaftliche Vormachtstellung angesichts der neuen Wirtschaftsmächte Deutschland und USA schwinden. Die deutsche Aufrüstung bedrohte die Grundlagen des britischen Imperialismus. Die Royal Navy war das Instrument, mit dem das weltumspannende Empire gesichert wurde, wobei anzumerken ist, daß es vor allen Dingen um Indien ging. Die Verbindungswege mit diesem Akkumulationskraftwerk des britischen Kapitalismus waren lebenswichtig: sämtliche Eroberungen und Militärbasen im Mittelmeer, an der Südspitze Afrikas, im Indischen Ozean und am Golf von Bengalen dienten diesem Zweck. Es grenzte daher an Größenwahnsinn, Großbritannien mit einem deutschen Flottenprogramm an seiner strategischen Stelle herauszufordern.

Für die britische Admiralität war es notwendig, dieser Herausforderung durch die Modernisierung der Navy zu begegnen. Die Umstellung der mit Kohle angetriebenen Schiffe auf Erdöl brachte Vorteile mit sich, was Reichweite, Geschwindigkeit und Nutzlast betraf. Solche Schiffe können länger auf See bleiben, haben einen größeren Aktionsradius, und weil Verbrennungsmotoren weniger Bedienungspersonal und weniger Kapazitäten für Brennstoffe benötigen, ermöglichen sie größere militärische Fähigkeiten. Problematisch war allerdings ein gesicherter Zugang zu den Erdölvorkommen; die damals größten Ölfelder lagen in den Vereinigten Staaten, in Mexiko, Rußland und in der holländischen Kolonie Sumatra. Unter Sicherheitsaspekten kamen diese nicht in Betracht. Die Modernisierung der Flotte bedeutete deshalb einen neuen außenpolitischen Schub, und beides trieb den britischen Imperialismus an. So einleuchtend die Vorzüge der Flottenmodernisierung mit Hilfe von Ölenergie waren, stieß diese Umstellung doch auf Widerstände, nicht so sehr wegen der politischen Risiken, vielmehr fürchtete die einheimische Kohleindustrie, einen ihrer wichtigsten Kunden zu verlieren. Dazu der Architekt des Modernisierungsprogrammes Winston Churchill (The World Crisis, S. 130): »Eine große zusätzliche Zahl von ölgetriebenen Schiffen zu bauen bedeutete, unsere Vorherrschaft zur See auf Öl zu gründen. Doch Öl war auf unseren Inseln nicht in nennenswerten Mengen vorhanden. Bei Bedarf mußten wir es in Friedens- oder Kriegszeiten auf dem Seeweg aus fernen Ländern heranschaffen. Andererseits verfügten wir über erstklassige Vorräte der besten Heizkohle der Welt, sicher in unseren Bergwerken im eigenen Land. Die Navy unwiderruflich auf Öl festzulegen, hieß tatsächlich sich rüsten gegen ein Meer von Mühen«.

Bekannt war, daß die Region des Persischen Golfes über reiche Ölvorkommen verfügte. Explorationen konzentrierten sich anfänglich auf Persien, so die damalig geläufige Bezeichnung für den Iran. Die Erkundungstätigkeiten wurden von einer privaten Gesellschaft betrieben, an der die britische Admiralität als Finanzier beteiligt war. Persien bot sich vor allem deshalb an, weil dieser formal selbständige Staat zum Spielball großmachtpolitischer Interessen geworden war. Das zaristische Rußland war bemüht, seinen Einfluß über die neuen Kolonien im Kaukasus hinaus nach Süden auszudehnen, um dort auch wirtschaftliche Vorteile zu gewinnen, also der eigenen Industrie neue Absatzmärkte zuzuführen. Diese klassisch-imperialistische Politik alarmierte Großbritannien, das um die Sicherheit Indiens besorgt war. Die Expansion Rußlands in Zentralasien und die militärischen Katastrophen bei den zwei Besetzungen Afghanistans gaben diesen Befürchtungen neue Nahrung. Es gelang der britischen Diplomatie, das russische Vordringen zu stoppen:

Am Vorabend des Ersten Weltkrieges war der Iran faktisch ein ›Dualprotektorat‹, aufgeteilt unter die beiden Großmächte Rußland, mit Einfluß auf die nördlichen Landesteile, und Großbritannien, das den Süden mit seinen strategisch bedeutsamen Land- und Seeverbindungen nach Indien kontrollierte. Die iranische Monarchie war ein bloßer Statthalter; sie überlebte, weil unter den damaligen weltpolitischen Verhältnissen die Teilung von beiden Mächten als akzeptabler Kompromiß gesehen wurde. Der Kompromiß zwischen den beiden Großmächten wurde durch den Vorstoß des deutschen Imperialismus in nicht unerheblicher Weise forciert, so George Hallgarten (Imperialismus vor 1914, S. 50): »Deutschland vermochte sich hier wie in der Türkei die Tatsache zunutze zu machen, daß es als Letzter auf dem Plan erschien und als Befreier der Mohammedaner und Schiiten vor dem europäischen Imperialismus gelten konnte... Als nun 1905 zum ersten Male die Schiffe der Hamburg-Amerika-Linie regelmäßig den Persischen Golf anliefen, suchte sich Persien die Konstellation zunutze zu machen und mit Deutschland auf dem Lande in Fühlung zu kommen. Persien bedurfte deutscher Hilfe gegenüber England wie Rußland und zum Schutz gegen türkische Grenzübergriffe und bot im Zusammenhang hiermit Ende 1905 den Deutschen ein ganzes Bündel von Konzessionen an – besonders auch die Konzession einer Bank. Angesichts der sich verschlechternden Weltlage griff die deutsche Diplomatie, wenn auch halben Herzens, zu. Sie wollte sich keine Gelegenheit entgehen lassen, den deutschen Einfluß in der Welt zu verstärken.«

Allerdings gingen die deutsche Diplomatie und die Banken, unter Federführung der Dresdner Bank, äußerst ungeschickt vor; die Pläne wurden weit vor Vertragsabschluß von der chauvinistischen Presse veröffentlicht, was Großbritannien die Chance bot, sie zu unterlaufen. Zwar ratifizierte das persische Parlament 1907 die Bank-Konzession, aber die eigentlich einflußreichen Kreise Persiens machten aus ihrer ablehnenden Haltung keinen Hehl, hierin bestärkt von Großbritannien und Rußland, die ein gemeinsames Interesse hatten, den deutschen Rivalen auszuschalten: »Ohne feste Anlehnung an Rußland oder England – die beiden Großmächte, die in Persien am meisten zu sagen hatten – mußte das Reich gewärtigen, daß sein Versuch, dort vorzudringen, diese Rivalen nur enger zusammentrieb« (George Hallgarten, Imperialismus vor 1914, S. 51).

Die britisch-russische Einigung, über die schwache iranische Monarchie hinweg, konnte wirtschaftlich betrachtet gelingen, weil die russische Ölindustrie kein Interesse an Erdölexplorationen hatte. Dies trug zu der offensichtlich passiven Haltung Rußlands bei, als der Schah im Mai 1901 die Konzessionsvergabe an ein britisches Konsortium unterzeichnete. Die Suche nach Ölvorkommen gestaltete sich in der Folgezeit zunächst aber schwierig und kostenträchtig. Das Vorhaben geriet in finanzielle Bedrängnis; zwar waren Außenministerium und Admiralität bereit, dem Konsortium einen großzügigen Kredit zu gewähren, was jedoch am Widerstand des Schatzamtes scheiterte. Die britische Regierung ließ allerdings keinen Zweifel aufkommen, daß, wie die Parlamentsdebatten 1903 dokumentieren, der Persische Golf nun als exklusiv britische Einflußzone angesehen wurde. Ein Versuch anderer Mächte, in der Region Fuß zu fassen, würde demnach geahndet werden. Damit war potentiellen Investoren Sicherheit gegeben; daß für das persische Ölgeschäft nur britisches Kapital in Betracht kam, war selbstverständlich. Die von der Admiralität handverlesene Favoritin war die Firma Burmah Oil, ein Glasgower Unternehmen, das im hinterindischen Burma Ölquellen und eine Raffinerie betrieb. Hauptabnehmer war die Royal Navy. Das sogenannte Konzessionssyndikat fand 1908 große Ölvorkommen; daraufhin wurde es in die Aktiengesellschaft Anglo-Persian Oil Company umgewandelt, deren erste Aktienemission einen kurzzeitigen Spekulationsboom auslöste. Aber die Ausbeutung der Ölfelder machte weit mehr Investitionen erforderlich, als der Börsengang eingebracht hatte. Hinzu kamen weitere Investitionen in den Bau einer Raffinerie in Abadan. Anglo-Persian stand 1912 vor dem finanziellen Ruin. Es zeichnete sich ab, daß die niederländisch-britische Royal Dutch/Shell das Unternehmen schlucken würde, um die verheißungsvollen Ölfelder selbst zu betreiben. Das allerdings stand in krassem

Widerspruch zu den Absichten der britischen Regierung. Die drei Flottenbauprogramme von 1912, 1913 und 1914 sahen die Umstellung der Navy auf Ölbetrieb vor sowie den Bau moderner Kampfschiffe, die ebenfalls mit Öl betrieben wurden. Strategische Überlegungen, vom ersten Lord der Admiralität Winston Churchill dem Parlament vorgestellt, zielten darauf ab, die Ölversorgung einem rein britischen Unternehmen zu übertragen. Shell galt wegen des holländischen Kapitalanteils als nicht geeignet, und Churchills Appell an den Patriotismus der Abgeordneten verfehlte seine Wirkung nicht. Erstmalig in der neueren Geschichte beteiligte sich der britische Staat an einem Privatunternehmen. Die Übernahme von 51 Prozent des Aktienkapitals sowie ein zunächst auf zwanzig Jahre befristeter Liefervertrag an die Royal Navy gaben Anglo-Persian die benötigten finanziellen Mittel, um die Ausbeutung des persischen Öls voranzutreiben. Die persische Regierung wurde nicht konsultiert.

Zu Beginn des 20. Jahrhunderts war auch Mesopotamien Gegenstand komplizierter diplomatischer und wirtschaftlicher Rivalitäten geworden. Es ging um Ölkonzessionen, nachdem erste geologische Untersuchungen fündig geworden waren. Gegenspieler waren hier das Deutsche Reich über die Deutsche Bank und Großbritannien.

Die Deutsche Bank war bereits seit einigen Jahren im internationalen Ölgeschäft aktiv. Sie hatte 1903 die rumänische Steaua Romana Ölgesellschaft übernommen. Am Nationalismus des erst 1878 unabhängig gewordenen Landes zerbrach dessen Zusammenarbeit mit Rockefellers Standard Oil Trust, da Rumänien befürchtete, bei dieser Kooperation in tiefe wirtschaftliche Abhängigkeit getrieben zu werden. Der Einstieg in das rumänische Ölgeschäft entsprach auch den Bestrebungen des Deutschen Reiches nach einer sicheren Bezugsquelle dieses zunehmend wichtigen Rohstoffs. (Lothar Gall, Die Deutsche Bank, S. 71)

Der Einstieg in die Ölexploration in Mesopotamien leitete sich ebenfalls aus den Bemühungen der deutschen Außenpolitik ab, das Reich in den Rang einer Weltmacht zu hieven. Ein Vehikel war hierbei der Bau der sogenannten Bagdad-Bahn, die für das Osmanische Reich eine erhebliche wirtschaftliche, aber auch militärische Bedeutung besaß, angesichts dessen miserabler Finanzlage jedoch von ausländischen Kapitalgebern vorgenommen werden mußte. Die Weltmachtpläne des Kaisers und seiner Militärkaste nahmen keine Rücksicht auf die geopolitischen Interessen Großbritanniens, von der großräumigen Sicherung der Verbindungswege mit Indien bis hin zu Wirtschaftsinteressen in Mesopotamien, dessen Außenhandel von britischen Unternehmen kontrolliert wurde. Aber es war nicht das ›schurkenstaatliche‹ Agieren der deutschen Politik allein, das zusätzliche Spannungen und weitere internationale Konflikte in Kauf nahm, auch Großindustrie und Hochfinanz trugen dazu maßgeblich bei: »Nicht nur verbanden tausendfältige Beziehungen die Großbanken mit der Schwerindustrie und damit zugleich auch mit der Rüstungsindustrie, wodurch ein wenigstens mittelbares Interesse an der Eroberung von Rohstoffen und ein starkes direktes Interesse an der Produktion von Waffen und Schiffen entstand. Auch die Bagdadbahn... konnte nunmehr nur gegen den Widerstand des Empire zum Ziele geführt werden... Aus den seit etwa 1909 über die Bagdadbahn... geführten internationalen Besprechungen darf man nicht ohne weiteres ableiten, die Hochfinanz sei grundsätzlich pazifistisch gewesen... all diese Verhandlungen [hatten] die Aufrechterhaltung der Militär- und Flottenmacht und die Stellung der beteiligten Länder sowie die finanzielle Kontrolle der beidseitigen Einflußsphären zur absoluten Voraussetzung: an beiden aber war, besonders in Ländern wie Deutschland, mit seinen beschränkten Märkten und Rohstoffvorkommen, gerade die Bankenwelt ganz besonders interessiert« (George Hallgarten, Imperialismus vor 1914, S. 174f).

Lakonisch dazu die mit Unterstützung des Vorstandes der Deutschen Bank erarbeitete Firmengeschichte: »Beim Bau der Bagdadbahn waren wirtschaftliche bzw. finanzielle Interessen der Investoren eng verflochten mit den Interessen der deutschen Außenpolitik. Die Deutsche Bank hat bei ihrem Engagement beidem Rechnung zu tragen versucht« (Lothar Gall, Die Deutsche Bank, S. 82).

Formell gehörte die Provinz Mesopotamien – von den Einheimischen Irak genannt – zum Osmanischen Reich. Die einstige Großmacht war aber im Zerfall begriffen; die Machtzentrale in Istanbul suchte dringend nach zusätzlichen Einnahmequellen, und eine Ölkonzession bot hierfür die Gelegenheit. Es ist bemerkenswert, daß die Erschließung einer bedeutenden Akkumulationsquelle an der türkischen Wirtschaft vorbeilief; dies deutet auf die Schwäche des nationalen Kapitalismus hin und kann außerdem als Gradmesser der Abhängigkeit des Regimes gedeutet werden.

Konzessionär wurde die 1912 gegründete Turkish Petroleum Company (TPC); die Kapitalbeteiligungen an dieser Gesellschaft waren paritätisch unter der Deutschen Bank, der Royal Dutch/Shell und der Turkish National Bank, einer von englischem Kapital beherrschten Privatbank, aufgeteilt. London war mit Blick auf die strategische Bedeutung des Erdöls als Treibstoff für die Kriegsmarine bestrebt, auch hier Zugriff auf Ölvorkommen zu erhalten. Aus diesem Grund hatte die englische Regierung auf Betreiben der Admiralität schon eine finanzielle Beteilung an den Explorationen im Iran übernommen; der Staat war zudem Gesellschafter an der Anglo-Persian Company, Vorläuferin der späteren BP. Deshalb erschien selbst der britisch-holländische Shellkonzern als unzuverlässig. Nach intensivem Druck auf die türkische Regierung gelang es London, die Anglo-Persian an der neuen Konzessionsgesellschaft zu beteiligen. Anglo erhielt 50 Prozent, Deutsche Bank und Shell bekamen jeweils 25 Prozent. Damit verfügte Großbritannien über die bestimmende Mehrheit. Ende Juni 1914 teilte die türkische Regierung mit, daß sie die Konzession an die TPC erteilen werde.

Die Ölreserven Mesopotamiens gerieten während des Ersten Weltkrieges keineswegs in Vergessenheit. Anfang 1916 arbeiteten britische und französische Beamte eine Vereinbarung über die Nachkriegsordnung aus, das Sykes-Picot-Abkommen. Es regelte die Form der Kontrolle über Mosul, eines der verheißungsvollsten Fördergebiete im Nordosten des nachmaligen Irak.

Die kriegsbedingte Ölknappheit in den Jahren 1917 und 1918 machte Großbritannien die Bedeutung dieses Rohstoffes noch mehr bewußt. Mesopotamien rückte ins Zentrum britischer Politik. Die Aussage des Außenministers Balfour läßt daran keinen Zweifel: »Es ist mir egal, unter welchem System wir das Öl bekommen; aber eines möchte ich klarstellen: entscheidend ist, daß wir es bekommen« (Daniel Yergin, Der Preis, S. 245).

In klassisch imperialistischer Manier begannen die Regierungen Frankreichs und Großbritanniens die Erbmasse des untergegangenen Osmanischen Reiches unter sich aufzuteilen. Bei dem Schacher wurde vereinbart, daß Großbritannien die Mandatshoheit über das neue, nunmehr Irak genannte staatliche Gebilde erhalten solle; die Franzosen als Gegenleistung eine Beteilung an der TPC – die Deutsche Bank schied als Partner aus – und das Mandat über Syrien. Es ist erstaunlich, daß beide Mächte glaubten, die Aufteilung des Vorderen Orients ohne die heimliche Weltmacht USA vornehmen zu können; ebenso erstaunlich ist es, wie gering der Wille der im Nahen Osten lebenden Menschen bei alledem gewichtet wurde. Nach eingehenden Interventionen der Regierung der Vereinigten Staaten wurden dann US-amerikanische Ölkonzerne, gemeinsam vertreten im Konsortium Near East Development Company, an der TPC beteiligt, die wenig später zur Irak Petroleum Company umfirmierte.

Irak als Exempel

Anfang November 1914 waren Einheiten der in Indien stationierten britischen Armee in Mesopotamien eingerückt. Der Grund war die einige Wochen zuvor ergangene Kriegserklärung des Osmanischen Reiches an die Entente-Mächte. Unerwarteterweise leistete die türkische Armee Widerstand, so daß die Provinzhauptstadt Bagdad erst 1917 besetzt werden konnte. Das eigentliche Ziel, die Ölfelder von Mosul, wurde Anfang 1918 erobert. Die okkupierten Gebiete wurden, dem indischen Modell folgend, in Zusammenarbeit mit örtlichen Notablen, also Angehörigen der alten Elite, von britischen Beamten verwaltet. Die neue Kolonialherrschaft führte zur ›Revolution von 1920‹, die blutig niedergeschlagen wurde, aber auch bei der Okkupationsmacht erhebliche Verluste verursachte. In der kriegsmüden britischen Öffentlichkeit stieß diese Politik auf wachsende Ablehnung. Aus diesem Grund wurde die ›sanftere‹ Methode der ›indirect rule‹ gewählt; formal wurde die Macht auf lokale Instanzen übertragen, die jedoch ohne britische Einwilligung nichts entscheiden konnten. Im Bedarfsfall gab es Geschwader der Royal Air Force, die hier – erstmalig in der modernen Kriegsführung – wiederholt Luftangriffe gegen die Zivilbevölkerung führten, den Einsatz von Giftgas inbegriffen.

Dem künstlichen Gebilde Irak mußte politisches Leben eingehaucht werden. Eine monarchische Lösung schien dabei angebracht. Die Haschemiten-Sippe hielt genügend Personal vor; ein Mitglied bestieg den Thron des ebenfalls am Reißbrett entworfenen Staates Transjordanien, ein anderes ging nach Bagdad. Die drei Provinzen, aus denen der neue Staat Irak gebildet wurde, unterschieden sich ethnisch und religiös voneinander. Sie bildeten weder in wirtschaftlicher noch in kultureller Hinsicht eine Einheit. Unter solchen Umständen bietet es sich an, die Machtausübung an eine Minderheit zu delegieren, die auf Dauer von den eigentlichen externen Machthabern abhängig bleibt. In diesem Fall kam dafür die arabischstämmige Minderheit der Provinz Bagdad in Frage. Die importierte Herrschaftsclique mußte Teile der traditionellen Elite kooptieren, nämlich die ländlichen Notablen (Scheichs und andere Clanführer), und im Blick auf innenpolitische Stabilität außerdem ihre Massenbasis verbreitern. Das geschah durch Konzentration der Bürokratie in Bagdad und die Bildung einer nationalen Armee, die vornehmlich mit Angehörigen der Minderheit bestückt wurde. Wirtschaftlich entscheidend war die Einbindung der mehrheitlich von Kurden bewohnten Provinz Mosul in den Kunststaat Irak. Die dortigen Ölfelder waren, von strategischen Überlegungen abgesehen, der eigentliche Grund für den britischen Zugriff. Kurdische Forderungen nach einem eigenen Staat blieben ungehört. Ohne Mosul und die Einnahmen aus der Ölindustrie wäre der irakische Staat finanziell kaum lebensfähig gewesen.

Im Gegensatz zur Hochphase des Kolonialismus im 19. Jahrhundert waren die europäischen Mächte jetzt aber gezwungen, Rücksicht auf die internationale Öffentlichkeit zu nehmen. Die Vereinigten Staaten behielten sich – zunächst über das Instrument des Völkerbundes – eine politische Steuerung vor. Vermutlich noch wichtiger wurde die Systemkonkurrenz: Mit der Sowjetunion existierte nun eine ernsthafte Alternative, die vor allem in der kolonialen Welt als attraktiv empfunden wurde. Anzunehmen ist, daß ohne US-amerikanische Diplomatie morsche Großmächte wie Großbritannien und Frankreich auf der weltpolitischen Bühne noch rücksichtsloser agiert hätten, was aber die Möglichkeit eines Systemsturzes erhöht hätte.

Der Völkerbund regelte die Verweildauer des britischen Kolonialismus im Irak; Großbritannien erhielt ein zeitlich begrenztes Mandat zur Verwaltung des Landes. Ziel sollte sein, es möglichst bald in die Selbständigkeit zu führen. Die Mandatsmacht hielt sich formell an die Vorgaben; 1932 trat ein souveräner Irak dem Völkerbund bei. An den tatsächlichen Verhältnissen hatte sich nichts geändert; aus der Mandatskolonie war ein abhängiges Staatsgebilde, eine Halbkolonie, geworden. Ein völkerrechtlich verbindlicher Konzessionsvertrag zwischen der irakischen Regierung und der TPC gab der Ölgesellschaft uneingeschränkte Vollmachten, die Ölfelder Mosuls auszubeuten. Großbritannien hatte sich die zeitlich entfristete Stationierung von Geschwadern der Royal Air Force ausbedungen. Wirtschaftliche und strategische Ziele waren damit erreicht; eine unmittelbare und teure Präsenz war nicht mehr erforderlich. Was das bedeutete, wurde im Unabhängigkeitsjahr 1932 deutlich. Auf dem Höhepunkt der Weltwirtschaftskrise waren irakische Getreideexporte, damals das wichtigste Exportsegment, eingebrochen. Der Staat benötigte dringend neue Finanzquellen, wofür er bereit war, der nun als Iraq Petroleum Company (IPC) firmierenden Ölgesellschaft weitreichende Konzessionen zuzuschanzen. Das Areal, auf dem die Gesellschaft nach Öl suchen durfte, wurde von 500 auf fast 90.000 Quadratkilometer ausgedehnt – ein Viertel der Staatsfläche. Als Gegenleistung tätigte die IPC Vorauszahlungen auf zukünftige Steuern.

Ein Regime, das dermaßen unverblümt nationale Interessen preisgibt, gleichzeitig die eigene Bevölkerung schröpft und eine Art von Leibeigenschaft einführt, hat keine festen gesellschaftlichen Grundlagen. Die Widerständigkeit der kurdischen Bevölkerung war besonders ausgeprägt, weil hier die Landverteilung zugunsten der Großgrundbesitzer zusammenfiel mit der Unterdrückung des Strebens nach Unabhängigkeit. Die damals einzig nennenswerte Oppositionsströmung war die Irakische Kommunistische Partei, die sich vorrangig auf die Angestelltenschaft im Staatssektor und die zahlenmäßig kleine Industriearbeiterschaft stützte. Ihr Eintreten für Autonomie machte sie sehr populär bei der kurdischen Bevölkerung. Ein Aufstand gegen Ende des Zweiten Weltkrieges wurde 1945 von dem Bagdader Regime blutig niedergeschlagen.

Nach dem Zweiten Weltkrieg veränderten sich die weltpolitischen Verhältnisse. Dies betraf auch die irakische Ölindustrie. Auf Druck der USA wurden die anteiligen Zahlungen an den irakischen Staat von 1,75 Dollar pro Tonne auf 5,50 erhöht. Fast zwei Drittel der Staatseinnahmen kamen aus der Ölindustrie, deren Beitrag zum Bruttosozialprodukt bei über 35 Prozent lag.

Die Clique um den Monarchen und die Schicht der Großgrundbesitzer profitierten von der neuen Einnahmequelle; die Staatsausgaben für Bewässerungsprojekte und Dammbauten kamen dieser kleinen Gruppe zugute, deren Latifundien fast drei Viertel der landwirtschaftlichen Produktion hervorbrachten. Landarbeiter und verarmte Kleinbauern griffen immer häufiger zu gewaltsamen Mitteln gegen die Grundherren bzw. deren Verwalter, denn die Herren zogen es vor, in Bagdad zu leben. Die extrem ungleiche Einkommensverteilung wiederholte sich beim Steueraufkommen: Indirekte Steuern waren die mit weitem Abstand wichtigste Einnahme, während die besitzenden Klassen nahezu keine Steuern bezahlten. In den Augen vieler Irakis war das Regime eine Marionette des Westens; diese Deutung bestätigte sich, als der Irak 1955 dem sogenannten Bagdad-Pakt beitrat, den die USA und Großbritannien ins Leben riefen, um gemeinsam mit ihnen folgsamen Staaten dem arabischen Nationalismus Einhalt zu gebieten. Als das Regime dann auch noch den britisch-französisch-israelischen Überfall auf Ägypten 1956 verteidigte, schlug seine Stunde. Jetzt ging es nicht mehr nur um materielle Belange, sondern auch um Systemfragen wie die nach Demokratie und Beendigung der wirtschaftlichen und politischen Abhängigkeit.

Das Ende des Regimes stellte 1958 einen Neuanfang in Aussicht.

Zukünftig sollte nicht nur der irakische Anteil an den Öleinnahmen erhöht werden, sondern Absicht war es, die zusätzlichen Mittel für den Aufbau einer weiterverarbeitenden Industrie zu verausgaben. Dies würde die Abhängigkeit vom Rohölexport reduzieren, neue industrielle Arbeitsplätze schaffen und Entwicklungsimpulse geben. Die IPC zeigte sich unbeeindruckt. Die Forderungen nach einer Erhöhung des Staatsanteils an den Einnahmen wurden ebenso verworfen wie die nach einer Beteiligung des Staates am Management der Ölgesellschaft oder die, das Konzessionsgebiet um zwei Drittel zu verkleinern. Letzteres hätte es der irakischen Regierung ermöglicht, andere Ölfirmen an der Ausbeutung der Bodenschätze zu beteiligen. Die Verhandlungen wurden ergebnislos abgebrochen. Durch das »Gesetz 80« vom Dezember 1961 beschnitt die Regierung dann die Konzession auf 0,5 Prozent der ursprünglichen Fläche. Die so durchgesetzte nationale Kontrolle der Ölvorkommen war aber eine Maßnahme, die 1963 wesentlich zum Sturz der Regierung unter General Kassim beitrug. Erwiesenermaßen gab der US-Geheimdienst CIA den Putschisten wertvolle Hinweise; er lieferte Listen von Mitgliedern der kommunistischen Partei an die neuen Machthaber, die ihre politischen Gegner exekutierten. Gleiches unternahm die CIA übrigens zwei Jahre später in Indonesien. Obwohl aus Sicht der Ölkonzerne und der westlichen Regierungen mit diesem erneuten Regimewechsel eine für sie bedrohliche Entwicklung blockiert werden konnte, war eine Rückkehr zu den früheren Verhältnissen nicht möglich. Das »Gesetz 80« war sehr populär; eine Rücknahme hätte die um Ansehen bei der Bevölkerung bemühten neuen Machthaber in Mißkredit gebracht. Aber das Gesetz wies ein Schlupfloch auf, das nun ausgenutzt wurde: Es war nämlich zulässig, den territorialen Anteil der IPC von 0,5 Prozent zu verdoppeln. Hierbei ging es um das Ölfeld von Nordrumaila, eines der größten weltweit. Die stärker national orientierte Fraktion in der Regierung konnte sich aber zunächst durchsetzen; es kam zur Gründung der Iraq National Oil Company, konzipiert als potentielle Nachfolgerin der IPC. Andere industrielle Branchen wurden nationalisiert, u. a. der Bankensektor. Die gemäßigten Technokraten plädierten dagegen für eine Lösung, die der IPC die vollen Rechte auf das umstrittene Ölfeld gab; gemeinsam mit der nationalen Ölgesellschaft sollte sie die daran angrenzenden, vermutlich ebenso reichen Lagerstätten erschließen. Eine Einigung kam unter dem Eindruck des von Israel provozierten Sechstagekrieges 1967 gegen Syrien und Ägypten nicht zustande. Ein halbes Jahr später verkündete die irakische Regierung, daß Nordrumaila direkt und allein von der nationalen Ölgesellschaft ausgebeutet würde. Internationale Ausschreibungen für technische Leistungen wurden angefertigt. Eine vollständige Nationalisierung der irakischen Ölindustrie stand unmittelbar bevor. Im Juli 1968 putschten nun erneut Teile der Armee, gemeinsam mit der zwischenzeitlich verbotenen Baath-Partei. Es war, wie sich zeigen sollte, ein Coup äußerst rechter politischer Elemente. Nachdem Mitverschwörer innerhalb kurzer Zeit ins Exil geschickt und Oppositionelle öffentlich hingerichtet worden waren, gingen die nun alleinbestimmenden Machthaber um Saddam Hussein zur Tagesordnung über. Hinter der schrillen anti-imperialistischen Propaganda nebst Proklamation eines ›sozialistischen Irak‹ verbarg sich eine Bereichungspolitik großen Stils.

Im Umgang mit der Ölgesellschaft und den hinter ihr stehenden westlichen Interessen präsentierte sich die neue irakische Führung sehr geschickt. Ihr gelang es, die IPC zu isolieren, indem zunächst rivalisierende Ölkonzerne aus Frankreich und Italien an der Vermarktung des irakischen Rohöls beteiligt wurden – eine Art politischer Rückversicherung. Gleichzeitig wurde der Systemgegner Sowjetunion kooptiert. Damit erhielt die Auseinandersetzung des irakischen Staates mit der IPC eine internationale machtpolitische Dimension. Die Verhandlungsposition der Ölgesellschaft verschlechterte sich schlagartig, denn der früher praktizierte Druck war nicht mehr anwendbar. Bei ihren Aktionen mußte die IPC jetzt auch regionalpolitische Rücksichtnahme walten lassen, zumal die UdSSR seit dem Sechs-Tage-Krieg ihre machtpolitische Präsenz im Vorderen Orient deutlich machte. Aber der innenpolitische Vorteil, der sich aus der Zusammenarbeit mit der Sowjetunion ergab, wog möglicherweise noch schwerer: Das neue Regime gab sich populistisch; für die Verankerung in der Bevölkerung war es notwendig, auf Organisationen zurückzugreifen, die wie die kommunistische Partei und gewerkschaftliche Gruppierungen über einen entsprechenden Rückhalt verfügten. Aber die Gefahr bestand, daß diese, sobald die Regimefestigung erreicht war, ihre eigenen Forderungen zur Geltung bringen würden. Die sowjetische Führung hatte bereits seit langem ideologische Grundsätze nationalen Interessen untergeordnet und Bruderparteien, so die offizielle Bezeichnung, machtpolitischen Zielen geopfert. Tatsächlich unternahm sie nichts, als dann Mitte der 70er Jahre die IKP vom irakischen Regime liquidiert wurde.

Vor diesem Hintergrund gelang es den Machthabern, den Zugriff auf den Ölreichtum zu sichern; es war aber keine Machtübernahme, sondern lediglich eine Umverteilung. Die IPC-Gruppe, mit Ausnahme von Exxon, akzeptierte die neue Entwicklung.

Der wegen seiner Ölvorkommen vom britischen Imperialismus gebildete Kunststaat Irak nahm monströse Züge an. Er war zu Kraft gekommen, die bald schrankenlos eingesetzt wurde – so im Krieg gegen den Iran oder bei der Invasion Kuwaits. Es sollte aber erwähnt werden, daß Saddam Hussein gleichzeitig auch Sozial- und Bildungsprogramme auflegte, was – neben dem Terror gegen oppositionelle Kräfte – zur innenpolitischen Stabilität seines Regimes beitrug. Das unterschied ihn beispielsweise von den engsten Verbündeten der USA in der Region, den Saudis!

Tatort Angola

Das westafrikanische Angola ist mittlerweile nach Nigeria der zweitgrößte Ölproduzent Afrikas. Die gegenwärtige Fördermenge beträgt knapp 1 Million Faß pro Tag; sie wird bis 2008 verdoppelt werden. Nach neuesten geologischen Untersuchungen verfügt das Land über Lagerstätten in einer Größenordnung von 6 Milliarden Faß.

Mehr als die Hälfte der Vorkommen liegt im Schelfmeer vor der Küste der Provinz Cabinda; weitere sogenannte offshore Quellen gibt es nördlich der Hauptstadt Luanda. Größter Abnehmer sind die Vereinigten Staaten, die knapp sieben Prozent ihres Importbedarfs aus

Angola beziehen, das damit wichtiger ist als beispielsweise Kuwait. Von weiterer strategischer Bedeutung wird die gegenwärtig im Atlantikhafen Lobito im Bau befindliche Raffinerie sein, die Hauptlieferant der im Indischen Ozean und im Persischen Golf operierenden US-Kriegsflotte werden soll.

Bis in die jüngste Vergangenheit hinein lagen in Angola Exploration, Ölförderung und -vermarktung in Händen der staatlichen Gesellschaft Sonagol; mittlerweile beherrschen Großkonzerne wie ChevronTexaco und ExxonMobil aus den USA, die britische BP, die niederländisch-britische Shell sowie die französische Total das angolanische Ölgeschäft. Vordem waren einige von ihnen, vornehmlich Chevron, Konzessionäre gewesen, die von der Staatsfirma kontrolliert wurden. Neuerdings gilt das sogenannte PSA-Modell (Production-sharing agreement); dies beinhaltet, daß das jeweilige Unternehmen seine Investitionskosten (Prospektierung, Bohrung, Inbetriebnahme der Förderung etc.) gegen das geförderte Öl aufrechnet; erst wenn das vorgeschossene Kapital amortisiert ist, erhält der angolanische Staat seinen Anteil am Verkauf des Erdöls. Die Staatsgesellschaft Sonagol agiert hierbei als eine reine Handelsgesellschaft ohne eigene Förderung. Dieses Arrangement ist für die Öl-Multis einträglicher als die üblichen Abkommen, wie sie beispielsweise mit Saudi Arabien gelten, wo nationale Fördergesellschaften maßgeblich Produktions- und Vermarktungsbedingungen bestimmen.

Wie kam es, daß die frühere Volksrepublik Angola zum Klientenstaat der USA wurde; wie kam es, daß der Präsident der sozialistischen Staatspartei zu den engen Freunden des jetzigen US-Präsidenten Bush zählt, mit dem außerdem sehr enge Geschäftsbeziehungen privater Natur bestehen? Die Antwort: Zwanzig Jahre Bürgerkrieg und Terror, von den Vereinigten Staaten gelenkt, gebilligt und finanziert, haben Angola in die Knie bei sehr hohem Blutzoll gezwungen. Nahezu eine Million Menschen bei einer Gesamtbevölkerung von annähernd 14 Millionen wurde in diesem Krieg ermordet; mehr als zwei Millionen wurden vertrieben und entwurzelt; ganze Landstriche sind entvölkert; fruchtbares Ackerland ist mit Landminen übersät; genaue Angaben über die Opfer dieser nach der Genfer Konvention geächteten Waffe gibt es nicht, sie dürften aber die Millionenmarke überschreiten; gegenwärtig stirbt jedes dritte angolanische Kleinkind an Mangelkrankheiten, weil es weder sauberes Trinkwasser noch ausreichend Nahrung gibt.

Angola bildete mit Mocambique und Guinea-Bissau den Kern des portugiesischen Kolonialreiches in Afrika. Die Kolonie war auf landwirtschaftliche Exporte ausgerichtet; die Großfarmen und Plantagen waren im Besitz weißer Siedler. Die Kolonialherrschaft beruhte auf dem gleichen System, das auch in Südafrika praktiziert wurde – Rassensegregation, Apartheid. Die einheimische Bevölkerung wurde in ›Eingeborene‹ und ›Assimilierte‹ untergliedert. Die erste Gruppe, mehr als 98 Prozent der Bevölkerung, wurde völlig rechtlos gehalten, denn, so der spätere portugiesische Diktator Marcello Caetano bei einer Vorlesung an der Universität Lissabon 1952: »Die Eingeborenen Afrikas müssen von Europäern dirigiert und organisiert werden... Die Schwarzen sind als Produktionselemente zu sehen, die in einer von weißen dirigierten Wirtschaft organisiert sind oder dahingehend organisiert werden müssen« (M. Caetano, Os Nativos na Economia Africana, S. 16). Im Klartext bedeutete dies Zwangsarbeit vor allem beim Anbau von Agrarprodukten. Was Wunder, daß sich hiergegen Widerstand rührte, zunächst auf örtlicher Ebene, im weiteren Verlauf dann Großteile der Kolonie erfassend. Initiatoren waren Angehörige der sogenannten Assimilados-Schicht. Diese wurden als Funktionsträger in der Kolonialwirtschaft benötigt für einfache Dienstleistungen in Behörden und Betrieben. Sie bündelten den örtlichen Unmut, gaben ihm eine Perspektive und begannen den bewaffneten Widerstand. Ein anderes Wesensmerkmal der portugiesischen Kolonialherrschaft war das Prinzip der regionalen/ethnischen Segregation. Bezogen auf den aufkeimenden Widerstand bedeutete dies das Aufkommen ethnisch ausgerichteter Gruppierungen. Neben der MPLA, die Anfang der 1960er Jahre mit der Befreiung politischer Gefangener aus dem Gefängnis in Luanda die erste spektakuläre Aktion startete, entstanden kleinere Gruppen wie die FNLA, die in Nordangola agierte, und die UNITA, die sich als Vertreterin der größte Ethnie, den Owimbundu, verstand. Die MPLA war die einzige politische Widerstandskraft, die nationale Ziele proklamierte und den bewaffneten Kampf als Mittel zur Überwindung des Kolonialkapitalismus begriff. Die Kolonialherren reagierten mit Massenerschießungen und -verhaftungen; das Militär wurde eingesetzt, Dörfer wurden zwangsevakuiert, die Bauern in streng bewachte Anlagen umgesiedelt, um so die Guerilla zu isolieren. Anderswo – beispielsweise in Mocambique – hatte eine dermaßen brutale Vorgehensweise den Widerstand der bäuerlichen Bevölkerung nur noch gestärkt. In Angola hingegen machten auch die ethnischen Gruppierungen Jagd auf die MPLA-Kader und gingen wie etwa die UNITA sogar soweit, mit der Kolonialmacht gemeinsame Sache zu machen.

Versuche, die MPLA als politische Kraft auszuschalten, scheiterten aber; sie wurde von der Organisation der Afrikanischen Einheit (OAU) 1964 als einzige legitime Befreiungsorganisation Angolas anerkannt. Andererseits war es zu offensichtlich, daß Staaten wie Zaire versuchten, über die FNLA Einfluß in Angola zu gewinnen, mit Blick auf die Bodenschätze und vor allem den Ölreichtum Cabindas.

Ein besonderes Objekt der Begierde für die Kolonialmacht, aber auch für den Widerstand bildete die Enklave Cabinda. Dort waren Ende der 50er Jahre ergiebige Ölfelder in Betrieb genommen worden. Betreiber war der US-amerikanische Konzern Gulf Oil. Cabinda war auf der Berliner Afrikakonferenz (1884-85) Portugal zugeschlagen worden; das knapp 7.000 Quadratkilometer große Gebiet mit einer Bevölkerungszahl von ungefähr 100.000 Menschen bot vor der Erschließung der Ölvorkommen kaum wirtschaftliche Perspektiven; ein Teil der Einheimischen emigrierte deshalb in das nicht weit entfernte Kinshasa (damals Léopoldville, Verwaltungszentrale von Belgisch-Kongo). Offenbar beflügelt von den ersten Erfolgen der MPLA gegen die portugiesische Kolonialmacht, formierte sich 1963 unter den Exilanten eine Gruppierung, die die Unabhängigkeit Cabindas zum Gegenstand hatte. Für die nächsten zehn Jahre agierte die FLEC (Front zur Befreiung der Enklave Cabinda) vor allem gegen die MPLA, die sich Mitte der 60er Jahre als feste Widerstandskraft in der Enklave etabliert hatte. Die Stunde der Separatisten sollte erst beim Rückzug Portugals kommen.

Trotz umfangreicher militärischer und wirtschaftlicher Unterstützung des Westens für das NATO-Land Portugal zeichnete sich Anfang der 70er Jahre dessen Niederlage in den afrikanischen Kolonien ab. Eine besonders schändliche Rolle spielte hierbei die Bundesrepublik. Im Rahmen eines bilateralen Militärabkommens wurde der Bundesluftwaffe die Einrichtung einer Luftwaffenbasis im portugiesischen Beja gestattet. Die dort stationierten Kampf- und Transportflugzeuge wurden mit Billigung Bonns im Anti-Guerillakampf in Afrika verwendet. Die 1968 aufgedeckte ›Beira-Connection‹ alarmierte die westdeutsche Öffentlichkeit, was die Bundesregierung jedoch nicht davon abhielt, an der Zusammenarbeit mit Lissabon festzuhalten. Man ging nun nur vorsichtiger zu Werke; so schloß die Regierung Brandt-Scheel mit Portugal einen Vertrag über die Lieferung von 200 Kampfflugzeugen ab.

Deutsche Firmen errichteten Niederlassungen in Portugal, wo beispielsweise das G3-Gewehr gefertigt wurde. Solche Waffen fanden anschließend Verwendung in Afrika. Die Bundesmarine stellte ihrem portugiesischen NATO-Partner Schnellboote zur Verfügung; Einsatzort war auch hier Afrika. Der Umfang westdeutscher Militärhilfe betrug nach vorsichtigen Schätzungen mindestens 300 Millionen Dollar. Portugal war aber nicht in der Lage, den Krieg in Afrika aus eigenen Mitteln zu bestreiten. Hilfreich waren deshalb umfangreiche Kredite und Darlehen; in den 60er Jahren war die Bundesrepublik der größte Kreditgeber. Und schließlich bildeten westdeutsche Experten den portugiesischen Geheimdienst PIDE in Verhörtechniken etc. aus.

Anfang 1974 rebellierten die Nachwuchsoffiziere in der portugiesischen Armee; ihrer Ansicht nach war der Kolonialkrieg nicht zu gewinnen. Die faschistische Regierung wurde gestürzt. Die sogenannte Nelkenrevolution vom 25. April 1974 bedeutete das Ende der Diktatur in Portugal und das Ende seines Kolonialreiches. Für Angola wurde vereinbart, daß das Land im November 1975 die Unabhängigkeit erlangen sollte. Die drei Befreiungsbewegungen wurden aufgefordert, eine Übergangsregierung zu bilden und freie Wahlen vorzubereiten. Der Startschuß für einen fast zwanzigjährigen Bürgerkrieg war damit gefallen.

Nach Programmatik und Praxis war die MPLA die einzige politische Kraft, die als Befreiungsbewegung bezeichnet werden konnte. Sie genoß bei der angolanischen Bevölkerung hohes Ansehen, während die beiden anderen Gruppen lediglich auf begrenzten regionalen/ethnischen Rückhalt zählen konnten, den sie zudem mit Terror und schierer Gewalt herstellten. Die FNLA operierte im Norden, die UNITA im Süden. Jedoch hatten sie etwas in die Waagschale zu werfen, was der MPLA fehlte – Unterstützung aus dem Westen. Die FNLA war der verlängerte Arm des zairischen Diktators Mobutu, der wiederum eine wenn auch recht eigenwillige Marionette Washingtons war; die UNITA genoß höchstes Ansehen bei westlichen Regierungen. Sie hatte sich als antikommunistische Waffe profiliert; gemeinsam mit der portugiesischen Armee und geleitet von CIA-Experten hatte sie Jagd auf die MPLA gemacht, die als ›kommunistisch‹ und von ›Moskau gesteuert‹ bezeichnet wurde. Auch die Volksrepublik China zögerte nicht, diese Gruppen nach Kräften zu fördern. So wurde die FNLA von chinesischen Militärinstrukteuren geleitet und mit chinesischen Waffen ausgerüstet.

Weil abzusehen war, daß der Weg in die Unabhängigkeit, so wie im Abkommen mit Portugal im Juni 1974 vorgesehen, zu einer von der MPLA gestellten Regierung führen würde, galt es für externe Interessenten, dieser Entwicklung vorzubeugen. Im Februar 1975 startete die FNLA Terroraktionen gegen Mitglieder der MPLA in der Hauptstadt Luanda und in Nordangola. Involviert war neben den Chinesen jetzt auch die CIA auf Anweisung des US-Präsidenten Ford. Die Operation Feature lief an. Der US-Geheimdienst hatte bisher schwerpunktmäßig die UNITA gefördert; offenbar gab es eine politische Verständigung zwischen Washington und Peking, das nun auch als Sponsor dieser Organisation auf den Plan trat. Am Rande: Warlord Savimbi hatte sich früher zum ›Maoismus‹ bekannt und genoß daher das Wohlwollen Mao Tsedongs persönlich.

Ziel der Operation Feature war es, die MPLA als politische Kraft auszuschalten und eine Klientenregierung an die Macht zu bringen. Anfänglich setzte Washington auf die FNLA, die kurzfristig mit modernen Waffen ausgerüstet wurde. Große Geldmittel wurden bereitgestellt, um den zairischen Präsidenten Mobutu zu bewegen, seine Eliteeinheiten in Angola einzusetzen. Offenbar war die CIA skeptisch, denn gleichzeitig warb sie westliche Söldner an, die an der Seite der FNLA kämpfen sollten. Im Juni 1975 fielen deren Kommandos in Cabinda ein, wurden aber von MPLA-Einheiten vernichtend geschlagen. Fast zeitgleich begann der Marsch der FNLA auf die Hauptstadt Luanda. Er endete in einer militärischen Katastrophe.

Im Süden Angolas trat nun eine weitere Macht offen auf den Plan, die ein großes Interesse an einem pro-westlichen Angola hatte – Südafrika. Bislang hatte der Geheimdienst BOSS die UNITA beraten und sie außerdem mit Waffen und Geld unterstützt. Südafrikanische Streitkräfte eroberten weite Teile der Provinz Benguela und bedrohten den Lobito, Kopfstation der Benguela-Eisenbahn, die auch für den Export der zambischen und zairischen Rohstoffe lebenswichtig war. Das Vorgehen der Südafrikaner war mit der Regierung der Vereinigten Staaten abgestimmt. Das Eingreifen Südafrikas an der Seite der UNITA beseitigte letzte Zweifel am wahren Charakter dieser Gruppe. In den Augen der meisten afrikanischen Staaten war eine solche Kooperation mit dem Apartheidsregime nicht akzeptabel.

In dieser bedrängten Lage wandte sich die MPLA an die Sowjetunion mit der Bitte, ihre 1973 eingestellten Waffenlieferungen wiederaufzunehmen; dem wurde stattgegeben. Unabhängig davon erhielt die Befreiungsbewegung Unterstützung von Kuba, das im August 1975, also nach dem Einmarsch der Südafrikaner, Experten in das westafrikanische Land entsandte. Es ist den sowjetischen Waffen (hier vor allem den äußerst effektiven 122-Millimeter Raketenwerfern) und den kubanischen Militärberatern zu verdanken, daß der südafrikanische Vormarsch gestoppt und die Einheiten der Operation Zulu in die Flucht geschlagen wurden. In den Augen vieler Afrikaner ein bedenkenswertes Vorkommnis, denn die weiße Herrenrasse hatte ihren militärischen Meister gefunden.

Am 11. November 1975 wurde Angola unabhängig. Die MPLA ging als Sieger aus den Wahlen hervor. Die Volksrepublik Angola wurde von den Vereinten Nationen als Mitglied aufgenommen ebenso von der Organisation für Afrikanische Einheit. Die Sicherheitslage blieb allerdings nach wie vor sehr angespannt, denn die unterlegenen Gruppierungen und namentlich die UNITA setzten ihren Kampf gegen die völkerrechtlich legitimierte Regierung mit voller Unterstützung des Westens bzw. Chinas fort.

Die angolanische Regierung schloß ein unter souveränen Staaten übliches Beistandsabkommen mit Kuba ab. Dieses beinhaltete die Entsendung von regulären kubanischen Armeeeinheiten und von zivilen Experten wie Ärzten und Ingenieuren. Die Sowjetunion stockte ihre Militärhilfe auf. Die MPLA war somit in der Lage, ihre Macht zu festigen und die UNITA allmählich weit ins Hinterland abzudrängen. Die FNLA schied als politisch-militärische Kraft aus. Indikator für eine Rückkehr zur Normalität, soweit man das für ein vom Bürgerkrieg geschundenes Land überhaupt sagen kann, war die Wiederaufnahme der Konzessionszahlungen der Öl-Konzerne an die Regierung.

Südafrika aber fand sich mit dieser Entwicklung nicht ab. Ein aus Sicht Pretorias linkes Regime in Angola, das außerdem den Befreiungskampf in der südafrikanischen Kolonie Namibia unterstützte, wurde als Sicherheitsrisiko gewertet. Folglich begann eine Politik der Destabilisierung, anfänglich verdeckt und in kleinerem Umfang. Während der Amtszeit der US-Präsidenten Reagan und Bush-Vater wurde Südafrika zu immer neuen Terrorakten ermutigt, nun öffentlichkeitswirksam Politik des ›Konstruktiven Engagements‹ genannt. Dahinter verbarg sich nichts anderes, als unliebsame Regierungen mit allen Mitteln zu eliminieren. Im südlichen Afrika traf dies neben Angola auf Mocambique und Zimbabwe zu. Überall dort traten südafrikanische Terrorkommandos auf den Plan, stellvertretend für örtliche Gruppen wie die UNITA oder wie Renamo in Mocambique. Gleichzeitig ließ Washington seinen Einfluß auf den Internationalen Währungsfonds und die Weltbank spielen, um nach Statuten berechtigte Kredite an diese Länder zu blockieren. Auch anderswo rüstete Washington zum Kampf gegen linke Kräfte, in Afghanistan ebenso wie in Zentralamerika. Präsident Reagan gab dem Terrorchef Savimbi einen offiziellen Empfang im Weißen Haus, pries ihn als Freiheitskämpfer und nannte ihn den ›George Washington Afrikas‹. Bei ihrem

Kreuzzug konnten die USA auf die volle Unterstützung anderer konservativer Regierungen und Parteien zählen, allen voran Bundeskanzler Kohl und Premierministerin Thatcher.

Die US-Regierung gab umfangreiche Geld- und Militärmittel an die UNITA. Dies war ein Grund für das Wiedererstarken der Gruppierung; ein anderer war in Fehlern der MPLA-Regierung zu sehen. Nach ihrer Umbenennung 1977 in MPLA-PT (Partei der Arbeit) leugnete die Partei zunehmend ihre ländlichen Wurzeln, was die Bevölkerung auf dem Lande empfänglich machte für die Botschaft eines Savimbi, der die Rückbesinnung auf die afrikanische Identität mit ihrer bäuerlichen Prägung predigte.

Ende der 80er Jahre schien der Zeitpunkt für einen Kompromiß zu kommen. Die angolanische Regierung erklärte sich bereit, die Kubaner aus dem Land abziehen zu lassen. Als Gegenleistung versprach die UNITA, auf weitere Terrorakte zu verzichten. Eine Übergangsregierung aus beiden politischen Lagern sollte gebildet werden. Freie und international überwachte Wahlen fanden 1992 statt. Aber der unterlegene Savimbi boykottierte den Wahlausgang und nahm den Kampf wieder auf. Sicherlich hätte es hier befriedend gewirkt, wenn beispielsweise US-Präsident Clinton das Wahlergebnis anerkannt hätte. Aber war das eigentlich angestrebt? Sicherlich nicht, wenn man die Interessen der US-Ölkonzerne bedenkt.

Die angolanische Regierung war auf die Einnahmen aus dem Ölgeschäft angewiesen, allein schon um ihre Kriegsmaschinerie gegen die UNITA zu finanzieren. Daher war sie bereit, neue Konzessionen an Unternehmen zu vergeben, aus Investorensicht allerdings zu äußerst günstigen Bedingungen wegen der angespannten Sicherheitslage. Angesichts des starken Einflusses, den die Vereinigten Staaten auf ihren Klienten Savimbi ausübten, war das Risiko jedoch als niedrig einzuschätzen. Es ist zu vermuten, daß hier Bürgerkrieg und Terror als Mittel eingesetzt wurden, um hübsche Profite herauszuschlagen. Andererseits wäre es falsch, die angolanische Seite nur als Opfer der US-amerikanischen Machenschaften zu sehen. Der lange Bürgerkrieg bedeutete eine Ausnahmesituation auch für die Regierung. Deshalb ist es nicht verwunderlich, daß die Öleinnahmen nicht wie üblich an die Staatsgesellschaft flossen, sondern direkt an die Regierenden. Eine ordentliche Verbuchung bzw. Kontrolle durch eine unabhängige Behörde fand nicht statt. Bei täglichen Einnahmen von 10 Millionen Dollar war die Versuchung zur Veruntreuung sehr groß und konnte jederzeit mit Hinweis auf die außerordentlichen Umstände rechtfertigt werden.

Diese Vermutungen wurden im Jahr 2000 durch den in Frankreich als Angolagate bekannten Skandal erhärtet. Enthüllt wurde, daß ein Sohn des verstorbenen Präsidenten Mitterand zusammen mit zwei Partnern gemeinsame Sache mit der angolanischen Regierungsspitze machte. Die Gruppe handelte im Namen der angolanischen Regierung milliardenschwere Konzessionsverträge mit Ölfirmen aus. Warum wurden Mittelsmänner eingeschaltet? Die Antwort liegt nahe. Erstens konnten auf diese Weise Regierungsmitglieder am Öldeal profitieren; die Vermittler erhielten offenbar überhöhte Provisionen, von denen ein Teil auf ausländische Privatkonten der angolanischen Beteiligten transferiert wurde. Zweitens wurden die gleichen Vermittler zu gleichen Bedingungen bei der Beschaffung von Rüstungsgütern aktiv. Da war die Umstrukturierung der angolanischen Armee, die jetzt auch die Dienste von privaten Söldnerfirmen in Anspruch nahm, nur nützlich.

Tatsächlich gelang es nach 1998, die UNITA entscheidend zu schlagen und Savimbi zu eliminieren. In den letzten Jahren ihrer Existenz war diese Gruppierung eine rein kriminelle Vereinigung, die ihren politischen Ansprüchen abgeschworen hatte. Sie verlegte sich auf Diamantenschmuggel großen Stils, den sie im Auftrag des südafrikanischen Konzerns De Beers abwickelte. Man spricht hier für die Jahre zwischen 1994 und 2001 von Einnahmen in einer Größenordnung von 3 Milliarden Dollar.

Unter den Einwirkungen des langen Bürgerkrieges hat sich auch die ehemalige Befreiungsbewegung konzeptionell verändert. An die Stelle sozialistischer Ideale sind marktwirtschaftliche Parolen getreten; die Regierungs- und Parteispitze huldigt einem autokratischen Stil, was ihr neben lukrativen Einnahmen aus dem Ölgeschäft (so soll allein Präsident dos Santos bei Konzessionsvergaben 700 Millionen

Dollar privat liquidiert haben) auch den Zugang zu US-amerikanischen Spitzenpolitikern brachte. So ist Vizepräsident Cheney, einst militanter Befürworter von Savimbi, mittlerweile ein guter Freund des angolanischen Präsidenten. Aufträge für seine früheren Firmen beim Sicherheitsservice für die angolanische Armee sowie beim Bau von Fördereinrichtungen auf den Ölfeldern sind da sicherlich hilfreich. US-Präsident Bush zählt die Spitzen der texanischen Ölindustrie zu seinem engsten Freundeskreis, was auch den Privatgeschäften seines angolanischen Amtskollegen dienlich sein dürfte. Beleg dafür ist, daß Präsident dos Santos bei seinen häufigen Besuchen in Washington Gast im Weißen Haus ist. Am Rande: der US-Präsident ist mit einem der Hauptbeteiligten am Angolagate-Skandal befreundet.

Übrigens unterhält der angolanische Präsident auch sehr gute Kontakte zu seinem französischen Amtskollegen Chirac; die Konzessionen an das Staatsunternehmen ELF war sicherlich für beide eine nette Zusatzeinnahme.

Das angolanische Volk geht dabei leer aus. Aber Profit für die Machtcliquen und Wohlfahrt für die Massen vertragen sich bekanntlich schlecht miteinander.

Bombige Geschäfte, gewaltige Erträge

»Der Militarismus beherrscht und verschlingt Europa. Aber dieser Militarismus trägt auch den Kern seines eigenen Untergangs in sich«, kommentierte Friedrich Engels (Anti-Dühring, S. 158). Hochrüstung und Militarismus sind Folgen der industriellen Revolution; technische Neuerungen ermöglichten auch Produktivitäts- und Effizienzsteigerungen beim Kriegshandwerk; der Gegner konnte dank industriell gefertigter Tötungsmaschinen leichter und in größerem Umfang als bisher ausgeschaltet werden. Die Rüstung »wirkte sich deshalb so verderblich aus, weil sie den Warenproduzenten in unwiderstehliche Versuchung brachte, sich korrumpieren zu lassen. Im scharfen Wettbewerb des viktorianischen Zeitalters boten die Rüstungsaufträge der Großmächte eine einzigartige Gelegenheit, ohne Rücksicht auf andere das Rennen zu machen. Großaufträge einiger weniger Kunden, die für das Rüstungsgeschäft kennzeichnend sind, führten zur Entstehung riesiger Rüstungskonzerne, wie Krupp in Deutschland, Vickers in England und Schneider-Creusot in Frankreich. So wurden die Rüstungsunternehmen zu Vorläufern der allgemeinen Monopolisierung. Allerdings unterschieden sich die Rüstungsmonopole von den anderen Großkonzernen dadurch, daß sie vom Staate gefördert wurden. Aus diesem Grunde spielten sie während der großen Wirtschaftskrise nach 1929, als alle anderen Unternehmen zusammenbrachen, eine beherrschende Rolle« (Hallgarten, Wettrüsten, S.13).

Die Militarisierung der kapitalistischen Wirtschaftsordnung leitet erhebliche Werte, die von der lohnabhängigen Bevölkerung produziert werden, um auf Rüstungsproduktionen. Diese Art von Hardware gibt jeder Machtpolitik neue Möglichkeiten zu ihrer Verwirklichung. Verstöße gegen geltende Gesetze, gegen Verträge, gegen staatenübergreifende, dem Schutz von Menschen zugedachte Vereinbarungen werden hierdurch nahegelegt und erscheinen allzu verlokkend. Rüstung ist ein lukratives Geschäft und sie braucht Absatz. Die Rüstungsproduktion muß daher auch als eine globale Branche betrachtet werden.

Die Waffenindustrie

An der Waffenindustrie lassen sich politische und wirtschaftliche Trends der Neuzeit besonders deutlich ablesen. Bis zur bürgerlichen Revolution und dem aus ihr hervorgegangenen Nationalstaat im 19. Jahrhundert waren Kriege ›Privatangelegenheiten‹ der feudalen und später absolutistischen Herrscher. Die Armeen waren zahlenmäßig klein; unter dem Aspekt begrenzter Ressourcen war die Ausrüstung auf solche Waffen beschränkt, die vergleichsweise billig waren. Die ersten nationalen Armeen, zuerst der französischen Revolutionsregierung und danach von Napoleon, hatten sich in Massenheere verwandelt. Ihre Funktionsfähigkeit hing aufs engste mit der industriellen Revolution zusammen: Die Maschine verlieh dem Krieg neue Möglichkeiten, der Krieg wiederum schuf günstige materielle Voraussetzungen für industrielle Produktion. Es entstand eine Industrie, die in Kriegszeiten sehr rasch große Heere für große Schlachten mit großen Mengen an Material versorgen konnte.

Die europäische und US-amerikanische Rüstungsindustrie profitierte dann von den Innovationen in der Zivilwirtschaft; Einführung der Dampfkraft, Bau von Eisenbahnen, arbeitsteilige Fabrikationen, Beginn standardisierter Fertigung etc. Aber diese Neuerungen fanden zunächst noch keinen Eingang in Waffensysteme und Militärmanagement, wo am Althergebrachten festgehalten wurde. Das ist nicht weiter verwunderlich, denn die anciens régimes auf dem Kontinent hatten sich ja im Kampf gegen die französische Revolution zusammengeschlossen; sie wollten unter allen Umständen die überkommenen gesellschaftlichen Verhältnisse bewahren und wenn nötig jeglichen Revolutionsvirus ausmerzen.

Änderungen brachte erst der Krimkrieg (1854-56), der die Defizite der traditionellen Militärlogistik offenbarte, was der britischen und französischen Rüstungsindustrie die Möglichkeit gab, Methoden des ›civil engineering‹ im Rüstungswesen anzuwenden. Vornehmlich die US-amerikanischen Waffenfirmen profitierten von den neuen Erkenntnissen. Der erste Krieg, der sozusagen auf Basis der industriellen Revolution geführt wurde, war der amerikanische Bürgerkrieg.

Die Neuerungen, worunter auch das Maschinen- und Repetiergewehr fallen, übertrugen sich allmählich auf die Waffensysteme und das Militärmanagement im allgemeinen, so daß um 1880 der Rüstungssektor im technischen Sinne der Zivilwirtschaft voranschritt; Innovationen fanden zuerst hier statt und wurden später einer zivilen Nutzung überstellt. Beispielgebend hierfür ist die Einführung der Fließbandarbeit, die zuerst bei der Herstellung von Handfeuerwaffen eingeführt wurde: Korrekterweise müßte der Begriff Fordismus, der gemeinhin für Fließbandarbeit steht, durch ›Coltismus‹ ersetzt werden, denn der US-amerikanische Fabrikant Colt war derjenige, der diese Produktionsmethode als erster einsetzte.

Die Industrialisierung organisierter Gewalt setzte sich durch. Dies strahlte auf die Gesellschaft zurück. Die Ära des Freihandels hatte die Ausdehnung des Weltmarktes forciert und resistente Staaten wie China und Japan zur unfreiwilligen Öffnung gezwungen und das bei sehr geringem militärischen Aufwand. Diese Ära fand in der tiefen Krise nach 1873 ihren Abschluß. Methoden zur nationalen Wirtschaftssteuerung fanden zunehmend Anklang; das Management eines solchen Protektionismus griff dabei auf die im Militärbereich angewendeten Planungskonzepte zurück.

Der militärisch-industrielle Komplex wurde nun als ein wichtiges wirtschaftliches Steuerungsinstrument begriffen. Das Arsenalsystem (Staatsmanufakturen, die sämtliche Waffenprodukte fertigten) wurde aufgegeben, denn die Privatindustrie konnte kostengünstiger produzieren und auf Methoden von Massenfertigung zurückgreifen, die bei Arsenalen nicht ohne weiteres möglich war. Großbritannien war hierbei der Vorreiter: der Armstrong-Vickers Konzern, der aus dem Woolwich Arsenal hervorging, wurde der erste Rüstungsgigant. Im Deutschen Reich war dies die Firma Krupp; in Frankreich die Gruppe Schneider-Creusot. Das Militär und damit der Staat gerieten nun in Abhängigkeit von der Rüstungsindustrie, die als einzige die ›Hardware‹ für den Sicherheitsapparat liefern konnte. Der nationale Militärsektor war aber nur begrenzt aufnahmefähig, so daß der Rüstungskapitalismus aus Profitgründen neue Märkte erschließen mußte. Dies wiederum kam den nationalen Regierungen entgegen, die kostengünstig einkaufen konnten und die Rüstungsindustrie als Instrument ihrer Machtpolitik einsetzten.

Das britische Kriegsflottenprogramm der Dreadnoughts ist ein Beispiel für erfolgreiches Marketing der Rüstungsindustrie. Zu Beginn des 20. Jahrhunderts waren mehr als drei Prozent der britischen Arbeitskräfte auf Kriegswerften beschäftigt. Staatsaufträge für diese Branche hatten neben den erwarteten militärischen Effekten auch sozialpolitische Auswirkungen besonders im Blick auf die konfliktträchtigen Beziehungen zwischen Kapital und organisierter Arbeit.

Es etablierte sich ein Muster, bei dem rüstungswirtschaftliche Interessen entscheidenden Einfluß auf politische Prozesse nahmen – Industrialisierung von organisierter Gewalt und Politisierung von Ökonomie wurden Prägungen des Imperialismus, die bis in die Gegenwart hinein ihre Gültigkeit behalten haben.

Problematisch war, daß die Waffenindustrie in Friedenszeiten auf eine geringe Nachfrage stieß, also Überkapazitäten hatte, was zu unternehmerischen Verlusten führte. Erst nach dem Ersten Weltkrieg wurde das Zusammenwirken von Staat und privater Industrie neu geordnet. Bis dahin zählten die Waffenproduzenten zu den Sendboten eines äußerst aggressiven Militarismus, immer auf der Suche nach neuen Absatzmärkten. Dabei kam ihnen der europäische Imperialismus entgegen. Die industrielle Fertigung bot neue Möglichkeiten; so konnten technische Verbesserungen eingeführt werden, die vorhandene Waffensysteme in Effizienz und ›Produktivität‹ ausstachen und Regierungen veranlaßten, die Neuerungen anzuschaffen. Insofern handeln die Unternehmer systemkonform, nämlich durch bewußt eingeplanten Verschleiß den Gebrauchswert der Waren zeitlich zu verkürzen, um so Nachfolgeaufträge zu erhalten. Der einzige, wenn auch gravierende Unterschied zum ›zivilen‹ Kapitalismus besteht darin, daß infolge des unternehmerischen Gewinnstrebens die Waffen immer tödlicher wurden, wie ein Blick auf die damals wichtigsten Innovationen verdeutlicht: rückstoßfreies Gewehr, Maschinengewehr, Panzerbüchse, Flammenwerfer, Panzer, Flugzeug, U-Boot etc.

Industrielle Fertigung schließt Standardisierung ein; dies bedeutet, daß Einzelteile mehrfach verwendet werden können. Wegbereitend waren hier die US-amerikanischen Industriellen Eli Whitney und der bereits erwähnte Samuel Colt, deren Unternehmen noch heute zu den führenden Waffenschmieden weltweit zählen. Ausgemusterte Waffen konnten so nachgebessert und teilweise noch genutzt werden – entweder für die Armeen kleinerer Staaten, beispielsweise auf dem Balkan, oder für private Verwendung, beispielsweise bei der ›ursprünglichen Akkumulation‹ im Westen der Vereinigten Staaten.

Der Schwerpunkt der Waffenproduktion lag zunächst in Europa, damals weltwirtschaftliches Zentrum und konfliktgeladene Region, wo sich mehrere Großmächte gegenüberstanden. Bezeichnend ist, daß Großunternehmen wie Krupp, Schneider-Creusot und Skoda, jeweils Hauptlieferanten »ihrer« Staaten, zugleich Geschäfte mit den potentiellen Gegnern betrieben; die Vermutung liegt nahe, daß sie ihrem Profittrieb folgend politische Risiken bewußt in Kauf nahmen. Der Erste Weltkrieg bietet eine Fülle von Beispielen dafür; so wurden deutsche Truppen in Rußland mit Krupp-Kanonen beschossen; die russische Infanterie schoß mit Skoda-Gewehren auf die Armeen Österreich-Ungarns; die belgischen Truppen verteidigten sich mit Gewehren deutscher Herkunft gegen die deutschen Invasoren.

Unter dem Eindruck des Ersten Weltkrieges wurden nach dessen Ende vom Völkerbund Bestimmungen erlassen, die dem ungezügelten Agieren von Waffenindustriellen Einhalt gebieten sollten, denen eine Mitschuld am Weltkrieg unterstellt wurde. Der US-amerikanische Senat setzte das sogenannte Nye-Komitee ein (1934-36), das ebenso wie die britische ›Königliche Kommission für die Untersuchungen der privaten Herstellung und des Vertriebs von Waffen« (1936) eine Vielzahl an illegalen Aktivitäten aufdeckte: Erpressungen, unerlaubte Preisabsprachen, Umgehung von Waffenembargos, illegale finanzielle Transaktionen, Wucher usw.

Die beiden Untersuchungen regten andere Länder ebenfalls zu Nachforschungen an, darunter Chile, Brasilien, Argentinien und Peru. Holland und Schweden ergriffen Maßnahmen zur Kontrolle des Waffenhandels. Die Vereinigten Staaten verhängten ein Waffenembargo gegen die am sogenannten Chaco-Krieg beteiligten Staaten Bolivien und Paraguay. Im Zusammenhang mit isolationistischen Tendenzen erließ der US-Kongreß den Neutralitätsakt, der auswärtige Geschäfte US-amerikanischer Rüstungs- und Waffenfirmen unter Strafe stellte. (Das Gesetz wurde 1939 nach dem deutschen Überfall auf Polen aufgehoben).

Trotz der erwähnten politischen Maßnahmen kam das internationale Waffengeschäft nicht zum Erliegen; britische, tschechische und US-amerikanische Firmen belieferten die kriegsführenden Parteien im chinesischen Bürgerkrieg; Italien exportierte kräftig in die Balkanstaaten und die Türkei, US-Firmen unterliefen das Embargo gegen Bolivien. Am erstaunlichsten ist jedoch, daß Deutschland, durch die Versailler Verträge von der Waffenherstellung eigentlich ausgeschlossen, Ende der 20er Jahre Hauptlieferant für dreizehn Länder gewesen sein soll, 1930 sogar für 22 Staaten, wie H.C. Engelbrecht und F.C. Hanighen (Merchants of Death, S. 229-34; 240-46) ermittelten. Die tschechische Rüstungsindustrie erlebte nach 1933 eine Hochkonjunktur; Hauptauftraggeber war Nazi-Deutschland, dessen gigantisches Aufrüstungsprogramm offensichtlich von den einheimischen Betrieben allein nicht verwirklicht werden konnte.

Der militärisch-industrielle Komplex der Vereinigten Staaten

Die schwere Wirtschaftsdepression in den Vereinigten Staaten ab 1929 wurde erst durch das Rüstungsprogramm nach 1940/4 überwunden. Die staatlichen Finanzmittel für militärische Produktionen sicherten den Unternehmen üppige Aufträge und Erträge; sozialpolitisch ging dies einher mit einem rapiden Abbau der Arbeitslosigkeit, zu dem die Einberufung zum Militärdienst ebenfalls beitrug. Erwähnenswert sind hier auch der Verkauf von Ausrüstungen bzw. die Bereitstellung von militärischen Leistungen an die alliierten Partner. Nur so ist es zu verstehen, daß die Vereinigten Staaten bei Kriegsende über den immensen Goldhort verfügten, der ihnen auf Jahre hinaus einen Vorsprung in der Weltwirtschaft sicherte; anders kann nicht erklärt werden, wie ein finanziell angeschlagenes Land wie die USA in wenigen Jahren zu einem solchen Überschuß kam; dazu trugen auch die von US-Truppen im befreiten Europa und in Asien durchgeführten Plünderungen bei. Interessanterweise werden diese Zusammenhänge auch in der Fachliteratur weitgehend verschwiegen.

Dazu ein Beispiel: In den langen Jahren der Besetzung Chinas und weiter Teile Asiens hatten japanische Militärs, Verwaltungsbeamte und Unternehmer die dortigen Goldbestände geplündert, so wie es die Nazis in dem von ihnen beherrschten Europa taten. Bei Kriegsende wurde diese auf mehrere Milliarden Dollar geschätzten Vermögen auf den Philippinen in Bergwerkstollen vergraben; angesichts der überlegenen US-amerikanischen Seestreitkräfte war ein Rücktransport nach Japan offensichtlich zu riskant. Die verborgenen Schätze fielen in die Hände der USA. Präsident Truman gab die Order aus, dies geheim zu halten. Absicht war, an Regierung und Parlament vorbei, diese enormen, nirgendwo offiziell verbuchten Mittel für verdeckte Operationen zu verwenden, politisches und militärisches Führungspersonal in für die USA wichtigen Ländern zu bestechen und Wahlen zu manipulieren. Der Goldschatz diente also dazu, den Kalten Krieg zu finanzieren und die US-amerikanische Vorherrschaft zu festigen; so das Ergebnis der Recherchen von Sterling und Peggy Seagrave (Gold Warriors).

Eine Reduktion des umfangreichen Gewaltapparates bei Kriegsende 1945 wäre an und für sich geboten gewesen. Sie hätte allerdings den rüstungsgestützten Wirtschaftsboom abrupt beendet und zur Rückkehr der Problemlage von vor 1941 geführt. Außerdem wären die Konzernerträge geschmälert worden. Andererseits gab es gegenüber der Rüstung starke Vorbehalte in der Bevölkerung, die sich nach Friedensverhältnissen sehnte, den ungeschmälerten Zugang zum Konsum eingeschlossen. Es galt also, einen wirtschaftspolitischen Kompromißkurs zu finden. Kurzfristig war mit einem privaten Nachfrageboom zu rechnen; unter der Kriegswirtschaft waren Wirtschaftsgüter wie PKWs nicht frei verfügbar gewesen. Eine stabile geschäftliche Alternative war dies jedoch nicht. Die propagandistisch geschickt in Szene gesetzten neuen weltpolitischen Bedrohungen lieferten die Rechtfertigung für ein Hochrüstungsprogramm in Friedenszeiten. Es ist bemerkenswert, daß britische Politiker wie Winston Churchill hier Bahnbrechendes leisteten, so wie es Amtsnachfolger Blair fast sechzig Jahre später für eine bedrängte Regierung in Washington tat. Das Konstrukt des Kalten Krieges bestimmte die staatliche Wirtschaftsförderung in einer dem ungezügelten Kapitalismus zugeneigten Gesellschaft. Der militärische Keynesianismus bedeutete Staatsausgaben für den Rüstungsbereich von durchschnittlich 7 Prozent des Bruttoinlandsproduktes über Jahrzehnte hinweg. Bemerkenswert ist, daß mit dem neuen Wirtschaftsmilitarismus bereits 1948 begonnen wurde, also weit vor dem Koreakrieg, der gemeinhin als Grund für eine neuerliche Aufrüstung gesehen wird. Washington und andere westliche Regierungen, allen voran die westdeutsche unter Adenauer, unterstellten einen ›sowjetischen Griff nach der Weltherrschaft‹, womit sie die eigene Hochrüstung samt aggressiver Außenpolitik zu rechtfertigen suchten. Wieso sollte ein von der Nazi-Wehrmacht dermaßen geschundenes Land wie die Sowjetunion mit mehr als 20 Millionen Toten willens sein, sofort nach 1945 einen neuen Krieg anzuzetteln? Auf diese Frage bleiben die Kalten Krieger bis heute eine plausible Antwort schuldig.

Im eigenen Sicherheitsinteresse mußte die UdSSR jedoch bemüht sein, der westlichen Aggression mit eigener Hochrüstung entgegenzutreten.

Militärisch geprägter Wirtschaftsinterventionismus des Staates wurde zum Merkmal beider Blöcke im Kalten Krieg. Wenn rückschauend der Niedergang der Sowjetunion als Systemfolge gedeutet wird, ist dem zuzustimmen, soweit damit die Strukturdefizite eines verschlissenen Modells angesprochen werden. Diesen Vorgang jedoch als Überlegenheit des Westens im allgemeinen und der Vereinigten Staaten im besonderen in Sachen Ökonomie zu preisen, geht an der Wirklichkeit vorbei. Bei näherer Betrachtung zeigt sich nämlich, daß der militärische Keynesianismus die wirtschaftlichen Strukturprobleme keineswegs lösen konnte. Weil das westliche Lager, global betrachtet, über den Zugriff auf erheblich mehr Ressourcen verfügte, konnte es bislang das Schicksal der UdSSR vermeiden. Zwar war es dieser Art Wirtschaftspolitik zu verdanken, daß die in den USA während des Zweiten Weltkriegs zu Saft gekommenen Konzerne der Automobil- und Luftfahrtbranchen in ihren Strukturen und Produktionsverhältnissen erhalten blieben, was ihnen gesicherte Erträge einbrachte, sie zugleich aber daran hinderte, technische Innovationen und rationellere Fabrikationen einzuführen. Die Konzerne beider Branchen verharrten auf einem überholten Fertigungsniveau; sie fielen hinter die globale Konkurrenz weit zurück und überleben als Kostgänger des Staates. Dies gilt für die US-Wirtschaft insgesamt, deren industrieller Bestand weitgehend entkernt wurde. Dazu weitere Einzelheiten:

Die US-Militärmacht, das hatte der Zweite Weltkrieg verdeutlicht, beruhte auf der Leistungsstärke der einheimischen Wirtschaft, deren Stützpfeiler die Automobilindustrie war. Hinzu kamen die Techniken der Massenfertigung, wodurch US-Unternehmen weltwirtschaftliche Vorsprünge gegenüber der Konkurrenz bei erheblichen Ertragssteigerungen erzielten. Die Weltwirtschaftskrise ab 1929 war, bezogen auf die Vereinigten Staaten, vornehmlich eine Krise der Automobilindustrie gewesen, die Anfang der 30er Jahre ihren Sättigungspunkt im Markt erreicht hatte. Frühere Krisen, beispielsweise diejenige im letzten Quartal des 19. Jahrhunderts, hatten neue Technologien provoziert und den industriellen Wandel begünstigt. Dazu kam es dieses Mal jedoch nicht: Der Ausbruch des Zweiten Weltkrieges hob die Bedeutung der Automobilindustrie hervor und unterbrach die zivile, also marktwirtschaftliche Ausrichtung der Luftfahrtindustrie, die in den dreißiger Jahren dabei gewesen war, sich als neuer Wachstumsträger der US-Wirtschaft zu plazieren. Dem Staat als Auftraggeber kam es vor allem darauf an, möglichst viele Waffensysteme (Panzer, Fahrzeuge und Flugzeuge) zu bekommen; wie die Rüstungsgüter produziert wurden, interessierte dabei nicht. Verfahrenstechniken, die auch eine spätere zivile Anwendung betriebswirtschaftlich sinnvoll gemacht hätten, wurden unternehmensseitig nicht berücksichtigt. Dieses Verhaltensmuster wurde nach dem Kriege beibehalten, da der Staat mit seinem selbstgestellten weltpolitischen Auftrag einen stetigen Bedarf an Rüstungsgütern hatte. Dadurch blieben Ressourcen gebunden, die der Entwicklung in anderen wirtschaftlichen Bereichen vorenthalten wurden.

Das ungebrochen massive ›military spending‹ festigte die Position der Großkonzerne, die die kleineren Unternehmen, die sogenannte mittelständische Wirtschaft, in die Rolle von Subkontraktoren drängten.

Die Rüstungskonzerne hielten Kapazitäten vor; für sie war es, der Kapitallogik folgend, notwendig, eine rentierliche Auslastung in ihren Produktionsanlagen zu erreichen. Da es keinen eigentlichen Rüstungsmarkt gab, sondern einen zentralen Hauptkunden, mußte dieser davon überzeugt werden, ständig neue Gewaltwaren zu ordern, wie es das System des follow-on vorsieht. Demnach beginnt die Rüstungsindustrie mit der Entwicklung von neuen Waffensystemen schon bei der aktuellen Produktion. Die Waffen sind schon veraltet, bevor sie die Armee erreichen. Weil der Staat auf die Rüstungsindustrie angewiesen war, war es nur logisch, daß er sich von ihr neue Waffen aufschwatzen ließ – nicht mehr die professionellen Anwender, also die Militärs, bestimmten die Ausrüstung, sondern die Lieferanten. Die Rüstungskonzerne beschäftigten große Abteilungen, die mit nichts anderem beschäftigt waren, als neue Produkte auf Grundlage der bestehenden zu konzipieren, wobei es hier nicht um neuen »Nutzen« ging. Vielmehr sollten zusätzliche Elemente entwickelt werden, die eine Neuanschaffung rechtfertigen würden.

Das Konzept des geplanten Veraltens fand Eingang auch in die zivile Produktion, wo beispielsweise im Jahresturnus neue Automobile vorgestellt wurden, die sich vom Vorgängermodell nur unwesentlich unterschieden, aber mit einigen Verbesserungen aufwarten konnten. Bei dieser Art der Unternehmenskultur ist es nicht verwunderlich, daß einfache und robuste Fertigungen ebenso wie kostengünstige Herstellung außer Blick gerieten. Gleichzeitig wurde hierbei die Steuerung von Unternehmensabläufen immer wichtiger: nicht mehr die Fertigung als eigentlich wertschaffender Vorgang, sondern die Administration rückte in den Mittelpunkt. Die US-Gesellschaft, die sich wie keine andere rühmte, den »Markt« verinnerlicht zu haben, begab sich auf den Weg, ihr eigenes Grundprinzip zu negieren. Das wird besonders deutlich bei der Luftfahrt. Dort hatten die US-Konzerne einen großen Vorsprung vor der Konkurrenz. Man hätte nun erwarten können, daß sie bei stark ansteigendem internationalem Luftverkehr im zivilen Bereich ihre Marktführerschaft behaupten würden. Das Gegenteil war der Fall: Mit Ausnahme von Boeing sind alle übrigen US-Anbieter aus dem Zivilmarkt ausgestiegen, weil sie nicht in der Lage waren, kundengerechte und preiswerte Flugware anzubieten. Dies liegt nicht am technischen Unvermögen, sondern an der Unternehmensführung, die, an militärischen Bestellungen ausgerichtet, das unternehmerische Prinzip von Aufwand und Ertrag nicht zu beachten brauchte. Selbst Boeing wäre ohne Staatsaufträge ein Konkursfall.

Der militärisch-industrielle Komplex (MIK) erfüllt zwei Funktionen; einmal als Instrument bei der Wahrnehmung weltpolitischer Interessen und zum zweiten als konjunkturpolitisches Steuerungsinstrument mittels steigender Militärausgaben. Trotz seiner herausragenden Stellung ist der MIK aber nicht unumstritten; so stellen Landwirtschaft, Rohstoffindustrie und das Finanzkapital Sektoren dar, die ihrerseits Interessen an Staatsmitteln anmelden und Einfluß auf die politische Gestaltung nehmen. In der langen Phase des Kalten Krieges war der MIK auch für diese Gruppen weitgehend funktional, da er die Hardware für die militärische Absicherung des Einflusses der USA weltweit lieferte, wovon die übrigen Wirtschaftssektoren profitierten. Der Zusammenbruch der Sowjetunion begünstigte hier ein vorübergehendes Umdenken; ein reduziertes Militärengagement schien vertretbar, zumal die Finanzspekulation und das sie begleitende neue Wunderkind, die Informationstechnologie, den Aufbruch in eine neue Ära des Kapitalismus verhießen, so jedenfalls die Propaganda. Tatsächlich war nun die Rüstungsindustrie zu Reformen gezwungen, den ersten nach 1941. Es ist kein Zufall, daß mit dem Platzen der Finanzblase und der Einsicht, daß es sich bei der IT lediglich um eine Hilfsbranche, keinesfalls aber um die Basis einer Neuen Ökonomie handelte, der militärisch-industrielle Komplex wieder auf sein angestammtes Podest des Konjunkturmotors gehievt wurde. Dieses Mal hat allerdings die US-Regierung die Lektion gelernt; die neue Außenpolitik der Regierung Bush jr. bezieht die Interessen der anderen Wirtschaftsgruppen in ihre politischen Operationen ein, was dem aktuellen Auftritt Washingtons Geschlossenheit verleiht.

Die lange Periode des Kalten Krieges war die goldene Ära der US-amerikanischen Rüstungsindustrie. Dann deutete sich an, daß nach dem Zusammenbruch der Sowjetunion die Nachfrage im Militärmarkt nachlassen könnte. Der militärisch-industrielle Komplex bewies jetzt, über welche strategischen Fähigkeiten er verfügt. Vorübergehend war nicht mehr mit den immensen Aufträgen zu rechnen wie zu Zeiten der Reaganschen Hochrüstungspolitik. Anfang der 1990er Jahre arbeiteten die Unternehmen die Altaufträge ab; mittelfristig stand die Branche vor einer Krise. Wie in anderen Branchen auch, kam es zunächst zu Betriebsbereinigungen: von den seinerzeit 120.000 Unternehmen gaben ungefähr 40 Prozent auf. Von den mehr als 3,6 Millionen Arbeitnehmern in der Branche verloren über 1,2 Millionen ihre Arbeitsplätze. Diese Konsolidierung war notwendig, aber noch keineswegs ausreichend. Ein Ausweg aus der Krise bot sich 1993, als die Clinton-Regierung den Rüstungsunternehmen folgenden Vorschlag unterbreitete: Die Rüstungsindustrie treibt Rationalisierung und Kostenmanagement weiter voran, die Regierung erklärt sich im Gegenzug bereit, die Unternehmen finanziell zu unterstützen, indem sie bei bestehenden Aufträgen einen Bonuszuschlag gewährt. Der Staat leistete also bei Massenentlasungen und Betriebsstillegungen finanziellen Ausgleich – »payoffs for layoffs« im Jargon.

Vor diesem Hintergrund setzte eine Fusionswelle großen Stils ein, an deren Ende einige Rüstungskonglomerate übrig blieben: die Gruppen Boeing-McDonnell Douglas, Lockheed-Martin Marietta, Raytheon-Hughes-General Dynamcis-Texas Instruments und Northrop Grumman vereinigen nahezu drei Viertel der Rüstungsumsätze auf sich. Außerdem gab der Staat zusätzliche Hilfestellung. Die Exportbedingungen für hochwertige Hi-Tech-Waffensysteme wurden gelokkert, so daß nun auch Staaten außerhalb der US-Bündnissysteme unter Duldung Washingtons in den Genuß modernster Kampfflugzeuge und anderer Hardware kamen. Die Auftragsbücher der Rüstungsindustrie füllten sich wieder; ein unter sicherheitspolitischen Aspekten aberwitziger Vorgang, denn die Vereinigten Staaten verringerten ihren militärtechnischen Vorsprung, indem sie andere Staaten hochrüsteten und das finanziert aus US-Steuergeldern, denn die Exporte wurden großteils subventioniert; im Haushaltsjahr 1999 beliefen sich derartige Subventionen auf knapp 7 Milliarden Dollar. Mit einem Marktanteil von über 60 Prozent sind heute die Vereinigten Staaten der weltweit führende Waffenexporteur, Tendenz steigend. Nach Recherchen der Federation of American Scientists kontrollierten US-Rüstungskonzerne im Jahr 2001 fast 50 Prozent des Weltmarktes für Waffen und Rüstung. Die Ausfuhren setzten sich wie folgt zusammen:

(1) Exporte im Auftrag der US-Regierung im Umfang von 12,2 Milliarden Dollar;

(2) Exportaufträge in Höhe von 13,1 Milliarden im Rahmen des Foreign Military Sales Program; davon entfielen 95 % auf die Staaten Israel, Ägypten und Jordanien;

(3) Private Exporte der Rüstungsindustrie an ausländische Abnehmer im Wert von 36 Milliarden Dollar.

Dennoch blieb die betriebswirtschaftliche Lage der Rüstungsindustrie prekär. Bei einem Auslastungsgrad von knapp unter 40 Prozent ist marktwirtschaftlich ein unternehmerisch profitables Handeln kaum möglich – erhebliche Teile der Branche waren eher konkursreif. Weitere Betriebsschließungen waren aber staatsseitig nicht erwünscht, denn hier herrschte die Intention vor, Kapazitäten vorzuhalten für den Spannungsfall. Auch hierfür wurde eine Lösung gefunden: Bei Ausschreibungen wurden die Kosten der Kapazitätsvorhaltung in den Angebotspreisen berücksichtigt; der Staat übernahm die Kostendeckung für diesen Teil. Die Stückpreise für Rüstungsgüter stiegen vereinbarungsgemäß entsprechend an: Die Luftwaffe bezahlte für jedes Flugzeug ihrer Flotte im Jahr 1989 durchschnittlich 39 Millionen Dollar; 1997 lagen die Kosten bereits bei 64,5 Millionen; bei der Kriegsmarine stiegen die durchschnittlichen Schiffspreise im gleichen Zeitraum von 325 Millionen Dollar auf 450 Millionen; Luftraketen, die Ende der 80er einen Stückpreis von 190.000 Dollar hatten, kosteten mittlerweile 314.000 Dollar und mehr.

Andererseits waren die finanziellen Mittel des Staates begrenzt, weil angesichts der weltpolitischen Lage in den Neunzigern eine Wiederholung der Reaganschen Hochrüstung schwer durchsetzbar gewesen wäre. Es konnte nicht grenzenlos angeschafft werden. Die Rüstungskonzerne wiederum waren daran interessiert, die neuen Systeme so technologieintensiv wie möglich zu konzipieren, weil so die Erträge erhöht werden konnten. Dies wiederum kam der militärischen Führung entgegen, die an einer fortschreitenden Technologisierung interessiert war; der Trend ging in Richtung auf eine personalschonende Armee mit hoher Durchschlagskraft. Das als Revolution in Military Affairs bekannte Konzept sah, zuende gedacht, einen fast ausschließlich von Maschinen geführten Krieg vor, die über Satelliten fern ab vom Kriegsschauplatz befehligt würden. Ein für die hochtechnologisch gerüsteten Betreiber ›sauberer Krieg‹ ohne Verluste beim eigenen Personal würde den Militärs völlig neue Möglichkeiten eröffnen und erschien insofern verheißungsvoll. Um Entwicklungen in diese Richtung voranzutreiben, werden mittlerweile pro Jahr gut 35 Milliarden Dollar für Forschungszwecke an die Rüstungsindustrie vergeben. Es gibt bereits ein Fortsetzungskonzept – das als Army After Next bezeichnet wird und Militärszenarien für das Jahr 2025 zu entwickeln verspricht.

Kritik an der Rüstungspolitik gibt es in den USA kaum; denn die Rüstungsindustrie ist regional ein wichtiger Standortfaktor. Bei Ausbruch des Zweiten Weltkrieges hatte die Regierung Roosevelt Fabriken in den strukturschwachen Südstaaten aufgebaut, wo sie noch heute ein wichtiger Teil des Wirtschaftslebens sind. Politiker der Bundesstaaten sind daher bestrebt, von Washington Finanzmittel für diese Betriebe anzuwerben, wobei der eigentliche militärische Nutzen nicht interessiert.

Die Praxis der Rüstungskonzerne, Aufträge zu zerstückeln und die vorgeblichen Konkurrenten am Geschäft zu beteiligen, kommt diesen Politikern entgegen.

Ihre Stimmen im Kongreß werden bei anderen Vorhaben benötigt, woraus sich das sogenannte »Pork Barrel System« entwickelte, eine Hand wäscht die andere, frei übersetzt. Am Vorabend der Kongreßwahlen 2002 flossen mehr als 5 Milliarden Dollar an diese Politikergruppe für Projekte, die in keinem Haushaltsentwurf vorgesehen waren – gewissermaßen Freihandvergabe auf US-amerikanische Art. Bundesstaaten wie Kalifornien, Texas und Virginia schöpfen jeweils mehr als 25 Milliarden Dollar im Jahr aus dem Rüstungshaushalt ab.

Legitimiert durch den »Weltkrieg gegen den Terrorismus« dreht nun die Bush-Regierung weiter an der Rüstungsspirale. Aufwendige Beschaffungsvorschläge wie die F22 der Luftwaffe, der sogenannte Joint Strike Fighter F-35 und die F-18E der Kriegsmarine sind bewilligt worden, obwohl beispielsweise die F-18E keinen der Tests bestand und von Fachleuten weitgehend als Fehlkonstruktion gewertet wird.

Rüstungspolitik in den USA heute ist in erster Linie an den Interessen der einschlägigen Branche und am Kalkül der politischen Klasse ausgerichtet und erst in zweiter Linie am »fachlich« definierten militärischen Bedarf. Bei der Suche nach Gründen für den ökonomischen Niedergang der Sowjetunion seinerzeit wird oft auf den Rüstungskomplex als vergeudende ›Wirtschaft in der Wirtschaft‹ hingewiesen; die Vereinigten Staaten haben den gleichen Weg eingeschlagen.

Die Bundesrepublik: Rüstung als Geschäft einer Mittelmacht

Der schon bald nach dem Ende des Zweiten Weltkrieges gefaßt Entschluß, Westdeutschland aufzurüsten, bedeutete für die westlichen Alliierten, daß sie in fast allem, wozu sie sich bekannt und was sie zu tun geschworen hatten, eine Kehrtwendung machen mußten. Es war nicht mehr die Rede von einer »Umerziehung« der Massen, die die Deutschen zu friedlichen Menschen machen sollte; man sprach nicht mehr von der Demontage der Rüstungsfabriken oder von der Säuberung des öffentlichen Lebens von ehemaligen Nazis, von der Verhinderung einer deutschen Wiederbewaffnung und von der Unterdrükkung des deutschen Militarismus. Die Geschwindigkeit, mit der die Westalliierten diese Wendung vollzogen, ließ Zweifel aufkommen, ob sie es mit ihren Bekenntnissen überhaupt je ernst gemeint hatten; so der Kommentar von George Hallgarten (Wettrüsten, S. 335) und weiter: »Es war widerlich zu beobachten, welche Personen von nun an als ›nützlich für die neue Ordnung‹ oder ›unschuldig an Kriegsverbrechen‹ ausgewiesen wurden«.

Die neue Bundeswehr wuchs schnell; die 1955 gegründete Streitmacht hatte bis 1964 etwa vier Fünftel der geplanten Mannschaftsstärke von 500.000 Mann erreicht. Niemand konnte jedoch behaupten, daß sie auch ein neues Deutschland repräsentieren würde. Sie blieb in bestimmter Weise auf dem Weg, den die Wehrmacht unter Hitler gegangen war, als sie gegen die Sowjetunion ins Feld gezogen war. Fast zwei Drittel der Mitglieder der Führungsspitze der Bundeswehr hatten im Generalstab der Nazi-Wehrmacht gedient.

Die Bewaffnung der »Bundes-Wehrmacht« macht deren aggressiven Charakter deutlich; so wurden als erste Aufrüstungsmaßnahme 10.000 Schützenpanzer geordert und kurze Zeit später mehrere tausend Düsenflugzeuge vom Typ Starfighter. Schützenpanzer werden vorzugsweise als Angriffswaffe verwendet. Mit den ursprünglich vorgesehenen 10.680 HS-30 Schützenpanzern, von denen ein jeder Platz für 14 Soldaten bot, hätte man das halbe Heer in eine weiträmige Operation im Stil des Zweiten Weltkriegs fahren können, so Helmut Wolfgang Kahn (Die Russen kommen nicht, S. 135). Zwar behauptete die Regierung Adenauer, die Bundeswehr sei ausschließlich da, um einer sowjetischen Aggression Einhalt zu gebieten. Aber das ist nicht glaubwürdig. Denn beim Umbau der Bundeswehr im Jahr 2004 wird herausgestrichen, daß die deutschen Panzer nicht länger benötigt werden, weil das Einsatzfeld Sowjetunion nicht mehr vorhanden sei. Die neue Bundeswehrführung hatte aus dem Verwendungszweck der Panzerwaffe kaum einen Hehl gemacht. So schrieb der damalige Inspekteur des Heeres, General Hans Röttiger, 1958 ins Gästebuch der Bundeswehr-Panzertruppenschule Munsterlager: »Allen Widerständen zum Trotz werden wir die Panzertruppen im alten Geist wieder gestalten« (Zitat bei Engelmann, Wir sind wieder wer, S. 239). Der Generalleutant war gerade wegen seiner Kriegserfahrung in der Sowjetunion und seiner Entschlossenheit, die Wehrmachtstradition zu wahren, berufen worden.

Der Erwerb des Kampfflugzeugs vom Typ F 104 G, Starfighter,

diente mehreren Zielen. Umgerüstet zum Atombomber sollte es Westdeutschland Zugriff auf Atomwaffen geben und so das politische Gewicht der Bundesrepublik stärken. Der erste Luftwaffeninspekteur, General Josef Kammhuber, begründete die Anschaffung des Starfighters wie folgt: »Die Bundeswehr muß eine Waffe haben, um bis zum Ural wirken zu können. Andernfalls sind wir nur Satelliten« (zitiert nach Kahn, Die Russen kommen nicht, S. 134). Der Wunsch nach atomarer Kampfkraft war der Grund für das Starfighter-Programm; das machte eine technische Modifikation deutlich, die auf Veranlassung des zuständigen Verteidigungsministers F.J. Strauß nachträglich angebracht wurde: Er ließ den Bombenrechner austauschen. Insgesamt 560 bundesdeutsche Starfighter bekamen ein neues Bombenrechner-Modell, den ›Dual Timer‹, der für den Abwurf von Atombomben geeignet, für konventionelle Bomben dagegen zu ungenau war.

Auch sollte die neue Waffe der westdeutschen Industrie den Einstieg in die Luftfahrtbranche ermöglichen; vorher war sie für diesen Produktionszweig noch nicht ausgerüstet gewesen. Der Starfighter wurde in Zusammenarbeit mit dem US-amerikanischen Hersteller Lockheed in Deutschland gefertigt, was den Zugriff auf neue Technologien ermöglichte.

Der militärisch-industrielle Komplex. Die Wiederaufrüstung Westdeutschlands war ein politisch höchst riskantes und ungemein kostspieliges Abenteuer. Zunächst wurden hiermit sämtliche damaligen Chancen auf eine Vereinigung der beiden deutschen Staaten vertan, wobei sich die Frage stellt, ob die Regierung mit ihrem Handeln nicht gegen den diesbezüglichen Verfassungsauftrag verstoßen hat. Außerdem zeigte sich hier die militärische Großmannssucht einer Führung, die aus der Katastrophe von 1945 nichts gelernt hatte.

Zu Beginn des sogenannten Wirtschaftswunders Anfang der 50er Jahre sah die deutsche Industrie keinen Anlaß, von sich aus auf die westdeutsche Wiederbewaffnung zu drängen. Das ergab Sinn, denn bei einer Hochkonjunktur sind Rüstungsaufträge nicht erforderlich. Aber es mehrten sich bald Stimmen aus dem Lager des Industrieverbandes BDI, die anzweifelten, ob der lange Boom Bestand haben würde, und die deshalb in der Rüstung gewissermaßen eine konjunkturelle Rückversicherung sahen. Eingedenk der aus Industriellensicht positiven Erfahrung mit dem Hochrüstungsprogramm der Nazis, mit dem die Wirtschaftskrise der 30er Jahre überwunden wurde, stießen solche Äußerungen auf positive Resonanz. Ein Blick auf den Weltmarkt machte deutlich, daß die deutsche Exportwirtschaft vom Boom des Koreakrieges immens profitierte: Die Nachfrage nach Militärgütern stieg, die US-amerikanische und britische Industrie waren mit Rüstungsaufträgen eingedeckt, die zivile Nachfrage konnte nicht mehr in ausreichendem Maße bedient werden, und in diese Lücke stießen westdeutsche Anbieter vor, die ihre Exporte nach 1950 verdoppelten. Das Wirtschaftswunder war also eng an die westliche Rüstungskonjunktur gekoppelt.

Die deutsche Aufrüstung gewann eine handelspolitisch wichtige Funktion, denn die anfänglich in die BRD gelieferten Rüstungsgüter verhalfen den von deutschen Exporten betroffenen Ländern zum Ausgleich ihrer Zahlungsbilanz. In dem Maße jedoch, wie die Bundesregierung im Rahmen ihrer »Politik der Stärke« die Hochrüstung der neuen Wehrmacht vorantrieb und sie auf atomare Ambitionen ausrichtete, wuchs die Begehrlichkeit der deutschen Wirtschaft nach Teilhabe an den milliardenschweren Aufträgen.

Es war kennzeichnend für die Beschaffungspolitik des damaligen Verteidigungsministers Strauß, überdimensionierte Bestellungen zu plazieren, um über Lizenzfertigungen die deutsche Industrie beispielsweise bei der Ausrüstung der Luftwaffe zu beteiligen und ihr einen, so Strauß, Konjunkturpuffer zu verschaffen. Das führte bald dahin, daß die Industrie Einfluß auf die Beschaffungspolitik der Bundeswehr nahm mit dem Nebeneffekt, daß die Bundesrepublik seit den frühen 60er Jahren auch als Waffenexporteur auf den Weltmarkt treten konnte.

Mitte der 60er Jahre verbreitete sich bei Regierung und Wirtschaft die Sorge, die Bundesrepublik könne auf technologischem Gebiet hoffnungslos zurückbleiben. Daher wurde mit staatlicher Hilfe in die sogenannten Zukunftsindustrien investiert, Luft- und Raumfahrtindustrie. In der Folgezeit waren es diese zwei Industriezweige, die die

Hauptpfeiler der industriellen Gruppierung um die Rüstung bildeten, während die Schwerindustrie erheblich an Bedeutung einbüßte.

Während der Amtszeit von Strauß als Verteidigungsminister nahm ein westdeutscher militärisch-industrieller Komplex Gestalt an, der zwar gesamtwirtschaftlich gesehen bei weitem nicht so bedeutend war wie der US-amerikanische, aber für den wirtschaftlich rückständigen Freistaat Bayern zum Ankerpunkt für einen modernen Industriekapitalismus wurde. Fast ein Viertel aller Rüstungsaufträge ging an Unternehmen, die in München beheimat waren. Bayern wies dann das höchste Wirtschaftswachstum in der Bundesrepublik auf. Rüstungsaufträge können nicht von kleinen Unternehmen bewältigt werden. So war es kein Zufall und von Strauß bewußt gesteuert, daß die traditionell in diesem Gewerbe ausgewiesenen Konzerne wie Flick, Quandt, Haniel, Diehl, MAN, AEG-Telefunken und Vereinigte Aluminium Werke den Hauptanteil der Aufträge bekamen. An die Ruhrindustrie hingegen, einst das Zentrum der deutschen Waffenproduktion, flossen nur noch knapp fünf Prozent. Aber Krupp, die Waffenschmiede des Kaiserreiches und Hitler-Deutschlands, verfügte weiterhin über exzellente Beziehungen. So gründete der Essener Konzern gemeinsam mit dem US-amerikanischen Unternehmen United Aircraft Company und den Hanseatischen Industriebeteiligungen die Vereinigten Flugtechnischen Werke (VFW); diese übernahmen 1964 die Henkel Flugzeugbau, jenes berühmte Unternehmen, das vormals für Hitlers Kriegspläne Flugzeuge gebaut hatte. Auf diese Weise manövrierte sich Krupp in die erste Reihe der neuen westdeutschen Flugzeugindustrie.

Der von der bayerischen Landesregierung maßgeblich finanzierte Konzernzusammenschluß Messerschmitt-Bölkow-Blohm wurde 1968 zum führenden Luftfahrtunternehmen in der Bundesrepublik, was eine weitere Stärkung des MIK-Netzwerkes in Bayern bedeutete. Bemerkenswert ist auch, daß Strauß eine kapitalintensive Rüstung der Bundeswehr mit Signalwirkung für die weitere wirtschaftliche Entwicklung anstrebte. Rüstung und Staatsintervention (wozu auch das Atomministerium zählte) sollten zu den gesamtwirtschaftlichen Zugpferden werden.

Der Rüstungswirtschaftliche Arbeitskreis

In den sechziger Jahren wurde der »Rüstungswirtschaftliche Arbeitskreis« eingerichtet, der als informelles Beratergremium des BDI beim Verteidigungsministerium agiert.

»Im RAK hat sich die Elite der westdeutschen Rüstungsindustrie zusammengefunden, um zusammen mit den Spitzenmilitärs und Ministerialbürokraten die gegenseitigen Interessen abzustimmen und die spezifische Expansionsstrategie des westdeutschen Militär-Industrie-Komplexes zu beraten und festzulegen. [....]

Mit dem RAK wurde der Militär-Industrie-Komplex auf höchster Ebene konzentriert, die Umsetzung der Verwertungsinteresses des Rüstungskapitals in der staatlichen Entscheidungssphäre institutionell verankert. Vorbilder hierfür finden sich nur in der Rüstungsorganisation des Dritten Reiches. Über die dominierende Position des BDI im RAK, der sowohl den organisatorischen Apparat stellt als auch personell die Verklammerung zwischen dem RAK und seinen Arbeitsgruppen herstellt, haben die Monopole die Möglichkeit gewonnen, zusammen mit einigen Spitzenmilitärs und Ministerialbeamten die strategische Ausrichtung der Rüstungspolitik zu bestimmen und sie noch besser als bisher mit ihren Profitinteressen in Einklang zu bringen.

Die Bildung des RAK markiert außerdem eine weitere Stufe der Monopolisierung der Rüstungsindustrie..., weil er die mittleren und kleinen Rüstungsbetriebe von den wichtigsten Entscheidungen ausschließt und damit ihre Abhängigkeit von den Großkonzernen weiter vergrößert«.

Quelle: Martin Kempe, SPD und Bundeswehr. Studien zum militärisch-industriellen Komplex. Köln, 1973, S. 258 u. 261.

Die CDU/CSU-geführten Bundesregierungen waren in den 60er Jahren politisch geschwächt, in der letzten Amtsperiode unter Adenauer und während der Kanzlerschaft Erhard. Dann kam im Dezember 1966 die Große Koalition. In diese Jahre fällt die Verdoppelung des Wehretats von 10 auf 20 Milliarden DM. Weiterhin gingen die Rüstungsaufträge größtenteils nach Bayern. Jetzt kam der schon früher praktizierte Straußsche Sammlungsgedanke erneut zum Tragen. Rechtsgerichtete Unternehmerkreise bildeten einen verschworenen Zirkel, der auf politische Vorgänge Einfluß nahm. Mit Strauß hatten sie einen einflußreichen Protagonisten, der in Bayern über eine stabile konservative Massenbasis verfügte. Dank dieser Mittlerrolle konnte sich Strauß in ungewöhnlichem Maß über Normen hinwegsetzen, ohne seine Position auch nur ansatzweise zu gefährden. Dabei waren die Tätigkeiten des F.J. Strauß unter rechtsstaatlichen Gesichtspunkten betrachtet strafbewehrt: Unterschlagung, Veruntreuung, Nötigung etc. Erwähnenswert ist hier, daß Teile des Führungspersonals der Wehrmacht nach 1945 in der Industrie unterkamen und daß die Führungsriege der Bundeswehr zu mehr als zwei Dritteln von Hitler-Generalen gebildet wurde. Es ist anzunehmen, daß diese Gruppe in Strauß ihren Fürsprecher sah, dem sie nötigenfalls beistand. Und Fürsprecher bedeutete auch, daß der bayerische Politiker reaktionäre Positionen im öffentlichen Diskurs propagierte, die als ehrgeiziger Illusionismus charakterisiert werden können, als eine Art »deutschen Gaullismus«. Gemeinsam mit Frankreich, so Strauß, solle die Bundesrepublik ein Gegengewicht zu der in wirtschaftlicher und politischer Hinsicht als erdrückend empfundenen Dominanz der USA bilden. Außerdem gelte es den eigenen Einfluß weltweit zu stärken und zunächst Afrika an sich zu binden. In der geopolitischen Vorstellungswelt des F.J. Strauß war Afrika wegen seines Rohstoffreichtums wirtschaftlich höchst interessant. Ein wohldosierter Anti-Amerikanismus appellierte an die Grundeinstellung rechtslastiger Kreise; die Straußsche Afrikapolitik sah die Stärkung »der letzten Bastion des weißen Mannes«, Südafrika, vor und mit dem dortigen Apartheidsregime gab es genügend Gemeinsamkeiten noch aus der Nazi-Zeit.

Strauß überstand alle Skandale und Affären unbeschadet, was als Indiz für den weitreichenden Einfluß des rechtslastigen Netzwerks in Politik, Justiz und Wirtschaft zu werten ist. Das bedeutet aber auch, daß ein Werk, das Strauß begonnen hatte, von anderen Politikern bis in die Gegenwart fortgesetzt wurde. Die Rüstungsskandale unter der Regierung Kohl wären ohne die ›Vorleistungen‹ eines F.J. Strauß so nicht möglich gewesen.

Skandalbeispiel HS 30. Die Regierung Adenauer hatte 1954 der NATO die Zusage gemacht, innerhalb von drei Jahren eine schlagkräftige 500.000-Mann-Armee aufzubauen. Die hierfür erforderlichen Panzerfahrzeuge wurden bei der Firma Hispano Suiza in Auftrag gegeben, mit Hauptsitz in der Schweiz; Wert der Bestellung: ca. 2,5 Milliarden DM. Hispano Suiza hatte keinerlei Erfahrung auf diesem Gebiet; mit einer zweijährigen Verzögerung wurden die ersten Schützenpanzer des Typs HS 30 der Truppe übergeben. Die Prüfungsfahrten im Gelände fielen negativ aus. Die Ketten des Fahrzeugs waren zu schwach, Belüftung und Kühlung von Motor und Bremsen waren unzulänglich, der Innenraum für acht Soldaten zu eng; aus dem fahrenden Panzer in einem Notfall auszusteigen, war ohne Lebensgefahr nicht möglich. Das zuletzt genannte Problem trat jedoch kaum auf, da der Schützenpanzer, wenn er ausnahmsweise Wartungs- und Reparaturhallen verließ, nach kurzer Zeit liegen blieb. Der damalige Verteidigungsminister Strauß reduzierte daraufhin den an Hispano Suiza erteilten Auftrag von 2.800 auf 1.000 Stück. Eigentlich hätte der Verteidigungsminister mit Unterstützung der Schweizer Regierung ein Gerichtsverfahren gegen die Firma anstrengen müssen; weshalb er es unterließ, verweist auf den zweiten Skandal bei der HS 30-Beschaffung. 1958 bekam Strauß Kenntnis von einer internen Liste von Hispano Suiza, auf der Namen von Politikern verzeichnet waren: hinter den Namen zum Teil sechs- bis siebenstellige Geldbeträge. Hauptakteur im Hintergrund war der Anwalt Dr. Otto Lenz, Mitglied des Vorstandes der CDU/CSU-Bundestagsfraktion und einer der Gründer der westdeutschen Geheimdienste. Der nahm das Geld nicht nur für sich persönlich in Empfang, als Wahlkampfleiter der CDU versorgte er auch die Partei mit Spenden. Insgesamt soll die CDU 50 Millionen DM an dem HS 30-Geschäft verdient haben.

Der HS-30 bildete den Anfang des Wiederaufbaus der deutschen Panzerwaffe. 1963 wurde der Kampfpanzer Leopard in den Markt geworfen, ein milliardenschweres Geschäft, das erstmalig nur an die deutsche Industrie vergeben wurde. Der neue Panzer war mit seinen 65 Stundenkilometern und einer Reichweite von 600 Kilometern dem Schützenpanzer so überlegen, daß der ausgemustert und durch einen neuen Typ, den Marder, ersetzt wurde. Umfang der Ersatzbeschaffung: knapp zwei Milliarden DM; der Auftrag ging wieder exklusiv an deutsche Unternehmen.

F-104G Starfighter und anderes Fluggerät. Bei der Entscheidung von 1958, für die Bundesluftwaffe beim US-Rüstungskonzern das Überschallflugzeug vom Typ Starfighter zu beschaffen, standen industriepolitische Gründe im Vordergrund. Die westdeutsche Wirtschaft hatte ein großes Interesse an raum- und luftfahrtechnischem Know-how aus Rüstungsaufträgen. Wie bei solchen Aufträgen üblich, werden vom Hersteller Lizenzen an Unternehmen vergeben, die die Flugzeuge vor Ort zusammenbauen. Lukrative Umsätze und Zugang zu Spitzentechnologie beflügelten die westdeutsche Rüstungsindustrie; gleiches gilt für andere europäische NATO-Länder wie Belgien und die Niederlande, deren Luftwaffen das US-Flugzeug erwerben wollten. Im Ergebnis waren 17 europäische Unternehmen Hauptauftragnehmer; 500 Unterauftragnehmer und 15.000 Zulieferfirmen waren an dem Starfighter-Projekt beteiligt. Der Regierung Adenauer ging es auch darum, sich an der atomaren Militärtechnik der USA zu beteiligen. Aus diesem Grund wurde ein französisches Alternativangebot, die Mirage III A, abgelehnt.

Im September 1961 hob der erste von der deutschen Industrie montierte Starfighter ab. Alle F 104-G flogen nur mit einer vorläufigen Musterzulassung; die endgültige Zulassung ist nie erteilt worden.

Das Fluggerät erwies sich als untauglich; ab 1962 wurden 749

Maschinen in Dienst gestellt: 220 Maschinen waren bis 1981 abgestürzt oder am Boden zu Bruch gegangen. 161 wurden ausgesondert, 39 wurden nach einer Grundüberholung an Griechenland und die Türkei verkauft. Das heißt im Klartext, daß die Bundesregierung billigend die Gefährdung der militärischen Sicherheit in Kauf nahm, wenn man so will: Hochverrat.

Der Lockheed-Konzern, Hersteller des in der deutschen Öffentlichkeit als Witwenmacher bezeichneten Flugzeugs, war kurz vor der Bestellung der F 104-G fast pleite. Er zahlte nach Ermittlungen des US-Senats 24,4 Millionen Dollar Bestechungsgelder. In Japan, Italien und den Niederlanden stolperten Politiker über den Korruptionsskandal, nur beim größten Auftraggeber Bundesrepublik gab es mangels Beweisen keine personellen Konsequenzen. Die parlamentarischen Untersuchungen verliefen ergebnislos.

Die deutsche Luftfahrtindustrie verdiente dann an den Nachfolgeaufträgen prächtig, so beim Kampfjet MRCA Tornado. Das Flugzeug sollte als Instrument der neuen NATO-Strategie der ›Flexible Response‹ eingesetzt werden. Geplant war die Abnahme von 324 Exemplaren durch die Bundesrepublik, die Briten wünschten 365 und die Italiener 100 Stück. Die Unternehmen der drei Länder, zusammen in der Panavia Aircraft GmbH in München organisiert, nannten Anfang der siebziger Jahre einen Systempreis von 24 Millionen DM pro Flugzeug. Die tatsächlichen Stückkosten stiegen schließlich auf 67,5 Millionen DM im Jahr 1979. Der geschätzte Gesamtumfang des Projektes lag bei 100 Milliarden DM. Die notwendigen Veränderungen auf den Fliegerhorsten bezifferte die Bundesregierung auf 200 Millionen DM. Allerdings kostete die Herrichtung eines der sieben Flugplätze schon 130 Millionen DM.

Es galt, die Auftragsbücher der Rüstungskonzerne gefüllt zu halten. Aus diesem Grund wurde rechtzeitig das Nachfolgeprojekt des Tornado aufgelegt. Der

»Jäger 90/Eurofighter« war konzipiert als Jagdflugzeug und Begleitschutz für die Bomber vom Typ Tornado. Politisch auf den Weg gebracht wurde der Jäger 90 vom damaligen Verteidigungsminister Wörner Anfang der 80er Jahre zu einem offiziellen Stückpreis von

67 Millionen DM. Über die Bedenken des Bundesrechnungshofes hinweg, der die Kalkulationsgrundlagen als unseriös klassifizierte, da sie auf nicht überprüften Angaben des mit der Herstellung beauftragten Konsortiums beruhten, beschloß der Verteidigungsausschuß des Bundestages im Mai 1988, das Projekt Jäger 90 voranzutreiben. Nachrechnungen ergaben einen realistischen Preis von knapp 100 Millionen DM pro Flugzeug. Im August 1992 erklärte Verteidigungsminister Rühe den Jäger 90 für ›tot‹, denn die Finanzierung war völlig außer Kontrolle geraten und angesichts des Untergangs des Warschauer Pakts gab es auch keinen militärischen Verwendungszweck mehr. Aber auf Druck des Konsortialführers Dasa, Tochterfirma des Daimler-Benz-Konzerns, stimmte die Bundesregierung einer modifizierten Version zu; der sogenannte Eurofighter soll die kostengünstige Variante des Jägers 90 darstellen. Es soll die Fähigkeit zum Blitzstart wegfallen ebenso wie die der Bekämpfung von zehn Zielen gleichzeitig; jetzt sind es nur noch vier. Das Programm soll außerdem verlangsamt werden; die ersten Maschinen wurden im Jahr 2003 der Öffentlichkeit vorgestellt.

Bundesrechnungshof

Bemerkungen des Bundesrechnungshofes 1994 (Bundestagsdrucksache 12/8490)

S. 104: Das Verteidigungsministerium hat für ein elektronisches System 1,3 Milliarden D-Mark ausgegeben. Es war ein Mißerfolg. »Obwohl der Betrieb der inzwischen veralteten Prüfautomaten nie wirtschaftlich war, soll er weiter aufrechterhalten werden«. Allein die Ausgangsschätzungen für den Anschaffungspreis wurden um rund 200 Millionen D-Mark übertroffen.

S. 107: Das Heer hat seit 1987 amtseigene Aufgaben durch eine eigens zu diesem Zweck vom Verteidigungsministerium gegründete Firma wahrnehmen lassen. Mitgesellschafter sind drei namhafte deutsche Rüstungskonzerne. »In diesem Zeitraum [1987-1994] beauftragte das Bundesamt für Wehrtechnik und Beschaffung die Firma ohne Wettbewerb mit etwa 140 Einzelvorhaben im Gesamtwert von rund 47 Millionen Mark... Die eindeutige Bevorzugung der Firma gegenüber allen anderen Wettbewerbern war nicht zuletzt auch auf die von Anfang an aufgebauten engen Kontakte zum Amtsbereich, die Kenntnis amtsinterner Zusammenhänge und den bei der Ausführung amtsoriginärer Aufgaben gewonnenen Wissensvorsprung zurückzuführen«.

Der Rechnungsprüfungsausschuß des Bundestages fordert im Mai 1995 »unnachsichtige Aufklärung« der Verflechtungen zwischen der Bundeswehr und der Firma Logistik-Systembetreuungs-Gesellschaft (Mehrheitsgesellschafter sind die Rüstungskonzerne Diehl und Rheinmetall). Die Firma soll Softwareprodukte weit oberhalb der marktüblichen Preise geliefert haben. Ausgeschiedene Ministeralreferenten fanden hier einen hübschen Nebenerwerb neben den üblichen Pensionszahlungen; kein Wunder, daß der Firma Aufträge außerhalb der üblichen Ausschreibungsprozedur zugeschanzt wurden.

Rüstungsexport. Die deutsche Rüstungsindustrie drängte von Anfang an mit der Begründung in den Export, daß die von der Bundeswehr georderten Stückzahlen zu niedrig seien für eine rentable Produktion. Das Argument stach auch deshalb, weil die Bundesregierung in bilateralen Abkommen mit der Patronatsmacht USA die Abnahme US-amerikanischer Rüstungsgüter zugesichert hatte, und zwar in der Größenordnung von mehr als einer halben Milliarde Dollar jährlich. Die Bundeswehr benötigte diese Mengen nicht und daher war die Bundesregierung daran interessiert, Überschußwaffen an Drittstaaten zu veräußern. Vor diesem Hintergrund konnte sie der eigenen Rüstungsindustrie Exportgeschäfte kaum verwehren, besonders weil seit dem Ende der Hochkonjunktur Mitte der 1960er Jahre die vertraglich zugesicherte Abnahme von US-Rüstungsgütern zunehmend problematischer wurde. Exporte als Beitrag zur nationalen Zahlungsbilanz wurden wie in anderen Staaten zur Rechtfertigung von Waffenausfuhren herangezogen. Daß hierbei gegen das Grundgesetz verstoßen wurde (Artikel 26, der ein generelles Verbot »friedensstörender Handlungen« festlegt), hat niemanden gekümmert.

Der Hauptgrund für den frühen Erfolg der deutschen Rüstungsindustrie ist im Export von Produktionstechnologie zu suchen. Das Angebot, Fertigungsstätten vor Ort aufzubauen, ist für eine interessierte Regierung besonders verlockend, wurde aber bis dahin von keinem anderen Exportland angeboten. Der deutsche Anbieter veräußert in diesem Fall sein technisches Wissen, verdient am Aufbau der neuen Fabrikationen und an den Lizenzen. Der belieferte Staat betreibt die Rüstungswirtschaft in eigener Regie und wird zumindest teilweise von Importen unabhängig.

Schaut man aber näher auf die Zielgebiete westdeutscher Waffenexporte, wird sichtbar, daß es sich hierbei um pro-westliche, in den meisten Fällen autoritär-repressive Regimes handelt. Ferner fällt auf, daß deutsche Rüstungslieferungen vornehmlich in Spannungsgebiete gehen; aus Sicht der Rüstungsindustrie offensichtlich äußerst lukrative Märkte mit großer Nachfrage.

Andererseits unterliegt die Waffenausfuhr der Kontrolle durch die Regierung. Grundlage bildeten hierbei die 1961 vom deutschen Bundestag verabschiedeten Kriegswaffenkontroll- und Außenwirtschaftsgesetze. Sie regeln Herstellung, Transport, Handel und Export von Rüstungsgütern. In der Praxis haben sich sämtliche Regierungen über diese Gesetze hinweggesetzt oder sie äußerst großzügig im Interesse der Rüstungsindustrie interpretiert.

Gemeinhin wird der sozial-liberalen Regierungskoalition (1972-1982) ein moderater außenpolitischer Kurs unterstellt. Aber die Wirklichkeit sieht anders aus. Die wichtigsten Abnehmerländer für westdeutsche Rüstungsgüter waren Chile und Argentinien in Südamerika, El Salvador, Guatemala und das Nicaragua der Somoza-Diktatur in Mittelamerika; Südafrika; Iran und Pakistan in Vorderasien, Indonesien und die Philippinen in Südasien, alles Staaten, die von reaktionären oder faschistischen Regimes beherrscht wurden. Daß im Falle Südafrikas die Bundesregierung die von den Vereinten Nationen verabschiedeten Sanktionen (Resolution 481 aus dem Jahr 1977) nicht einhielt, fällt da kaum ins Gewicht. Einige Beispiele:

- Trotz des indonesischen Ost-Timor-Krieges und trotz der argentinischen Mobilmachung gegen Chile im Konflikt um den Beagle-Kanal erteilte die Bundesregierung 1977 bzw. 1978 Ausfuhrgenehmigungen für Kriegsschiffe an Indonesien und Argentinien.
- Im Golfkrieg zwischen dem Iran und dem Irak wurden an Bagdad Hubschrauber, Flugabwehrraketen und Militärlastwagen geliefert. Die iranische Armee wurde mit Sturmgewehren des Typs G3 ausgerüstet, die von der bundeseigenen Firma Fritz Werner vor Ort produziert wurden.
- Im Tschad leistete die Bundesregierung 1972 und danach 1979 bis 1981 trotz des seit 1968 tobenden Bürgerkriegs militärische Ausbildungshilfe.
- Die Bundesrepublik lieferte Kampfflugzeuge an Marokko, obwohl das nordafrikanische Land gegen die Unabhängigkeitsbestrebungen der Sahauris mit brutalen Mitteln vorging.
- Das Regime in El Salvador rüstete seine Killerkommandos mit westdeutschen Waffen (Sturmgewehre und leichte Panzerwagen) im Kampf gegen die Befreiungsbewegung aus.
- Bundesdeutsche Firmen waren die mit Abstand wichtigsten Lieferanten der Militärjunta in Argentinien. Westdeutsche Waffen wurden bei der Liquidierung der demokratischen Opposition ebenso eingesetzt wie im Krieg mit dem NATO-Partnerland Großbritannien.

Es wird erkennbar, daß die bundesdeutsche Regierungspolitik keine moralische Bedenken hat, Rüstungsexporte an menschenfeindliche Regimes zu billigen. Der 1982 vollzogene Regierungswechsel brachte auch im Rüstungsbereich Neuerungen. Entscheidend für eine Ausfuhrgenehmigung sind seitdem »vitale Interessen der Bundesrepublik Deutschland«. Die neuen Grundsätze wurden erstmals beim Panzergeschäft mit Saudi-Arabien angewandt. Die Lieferung »ist Ausdruck unseres vitalen Interesses an der Stabilität der Golfregion, das wir mit dem gesamten Westen teilen. Die USA, Frankreich und Großbritannien tragen diesem Interesse durch enge Zusammenarbeit im Bereich der Verteidigung bereits Rechnung.«

Offensichtlich war auch Südafrika von vitalem Interesse. Der Apartheidsstaat verdiente wohl deshalb besondere Unterstützung, weil er die letzte Bastion gegen den Vormarsch der Sowjetunion im südlichen Afrika bildete, wie der Unabhängigkeitskampf der afrikanischen Bevölkerung umgedeutet wurde. Darüber hinaus bot das Land ideale Profitbedingungen, denn die rechtlose schwarze Arbeiterschaft ließ sich besonders vorteilhaft ausbeuten. Kein Wunder, daß die Crème der bundesdeutschen Industrie am Kap Fabriken betrieb, wo auch Waffen und andere Rüstungsgüter hergestellt wurden, so in den Werken von BMW, Daimler Benz und Volkswagen.

Die südafrikanische Armee benutzte westdeutsche Militärlastwagen und Unimogs bei ihren Überfällen auf die Volksrepublik Angola, 1976 und 1984. Die südafrikanische Marine wurde mit Minensuchbooten ausgerüstet, die offiziell als Forschungsschiffe deklariert wurden. In den 80er Jahren lieferten deutsche Firmen Konstruktionspläne für den Bau von U-Booten an das Regime. Aus der Bundesrepublik wurden Spezialmaschinen für die Urananreicherung bezogen; eine Kohleverflüssigungsanlage für Treib- und Sprengstoffe wurde maßgeblich von deutschen Unternehmen aufgebaut. Es ist anzunehmen, daß es noch eine Vielzahl von Geheimprojekten gab. Aber allein die der Öffentlichkeit bekannten Fälle stellen Verbrechen gegen das Völkerrecht dar.

Zusammenfassung

Rüstung wird vielerorts als Maßnahme zur Arbeitsplatzsicherung angesehen. Aber: »Die Gewalt, Armee und Kriegsflotte, verschlingt immense Geldsummen; sie kann aber kein Geld machen, sondern höchstens schon gemachtes wegnehmen. Das Geld muß also schließlich doch geliefert werden vermittelst der ökonomischen Produktion; die Gewalt wird also wieder durch die Wirtschaftslage bestimmt, die ihr die Mittel zur Ausrüstung und Erhaltung ihrer Werkzeuge verschafft« (Friedrich Engels, Anti-Dühring, S. 154).

Gelder für die Rüstung stammen aus Steuereinnahmen; in der Rüstungsindustrie wird demnach kein neues Kapital geschöpft, sondern vorhandenes umgelenkt und der zivilen Gesellschaft vorenthalten.

Die Rüstungsindustrie produziert nicht nur Instrumente kriegerischen Handelns, sie fördert und begünstigt dieses auch; einmal geschaffene Waffensysteme verlangen nach Anwendung, und sei es auf Nebenschauplätzen des Weltgeschehens. Aus Steuergeldern finanzierte Rüstungsgeschäfte brauchen Legitimation, also Feindbilder und Spannungszustände. Und unter dem Schleier militärischer Geheimhaltung gedeihen Wirtschaftskriminalität und Korruption beim Rüstungsgeschäft wie in kaum einer anderen Branche.

Literatur

Aus der Alltagsgeschichte des Kapitalismus

C.R. Boxer, *The Dutch Seaborne Empire 1600-1800.* Hutchinson: London, 1972, S. 31-52.

Ders., *The Portuguese Seaborne Empire 1415-1825.* Penguin Books: Harmondsworth, 1969, S. 39-68.

Fernand Braudel, *Civilization and Capitalism 15th-18th Century. Volume III. The Perspective of the World.* Translation from the French by Sian Reynolds. Fontana Press: London, 1985, Kapitel 5

John Brewer, *The Sinews of Power, War, Money and the English State, 1688-1783.* Harvard University Press: Cambridge, Mass., 1988, Teil II.

Noam Chomsky, *Hegemony or Survival. America's Quest for Global Dominance.* Henry Holt and Company: New York, 2003, S. 11-50.

Ders., *Wirtschaft und Gewalt. Vom Kolonialismus zur neuen Weltordnung.* Aus dem Amerikanischen von Michael Haupt. Zu Klampen: Lüneburg, 1993, S. 30-50.

Carlo M. Cipolla, ›The Industrial Revolution‹ in *The Fontana Economic History of Europe. The Industrial Revolution.* Editor Carlo M. Cipolla. Fontana/Collins: London, 1973, S. 7-21.

J.P.D. Dunbabin, The Post-Imperial Age. The Great Powers and the Wider World. Longman: London, 1994.

Friedich Engels, Die Lage der arbeitenden Klasse in England. Nach eigner Anschauung und authentischen Quellen. MEW 2. Dietz Verlag: Berlin, 1972, S. 237-252.

James Formeman-Peck, A History of the World Economy. International Economic Relations since 1850. Harvester Press: Brighton, 1983.

Jon Halliday, *A Political History of Japanese Capitalism.* Monthly Review Press: New York und London, 1975.

Eric J. Hobsbawm, *The Age of Revolution. Europe 1789-1848.* Abacus: London, 1977, S. 42-72; 245-265.

V.G. Kiernan, *European Empires from Conquest to Collapse, 1815-1960.* Fontana: London, 1982, S. 37-50; 84-93.

Gabriel Kolko, *Another Century of War?* The New Press: New York, 2002.

Ders., Century of War. Politics, Conflicts, and Society Since 1914. The New Press: New York, 1994.

Ulrich Küntzel, Der nordamerikanische Imperialismus. Zur Geschichte der US-Kapitalausfuhr. Luchterhand: Darmstadt und Neuwied, 1974, S. 56-86

T.O. Lloyd, *The British Empire 1558-1983.* Oxford University Press, 1984, S. 85- 105.

Rosa Luxemburg, *Die Akkumulation des Kapitals. Ein Beitrag zur ökonomischen Erklärung des Imperialismus.* Vereinigung Internationaler Verlagsanstalten: Berlin, 1923, S. 254-382.

Ernest Mandel, *Marxistische Wirtschaftstheorie. 1. Band.* Aus dem Französischen von Lothar Boepple. Suhrkamp: Frankfurt/Main, 1972, S. 116-134.

Victor Perlo, *Der amerikanische Imperialismus.* Dietz Verlag: Berlin, 1953, S. 5-17.

Jacques Pauwels, *Der Mythos vom guten Krieg. Die USA und der 2. Welkrieg.* Aus dem Flämischen übersetzt von Renate Heike van der Laan. PapyRossa: Köln, 2003.

John Prebble, *The Highland Clearances.* Penguin Books: Harmondsworth, 1963, S. 9-48

T.C. Smout, *A History of the Scottish People 1560-1830.* Fontana Press: London, 1969, S. 311-337.

Fritz Sternberg, *Der Imperialismus.* Archiv sozialistischer Literatur 23. Verlag Neue Kritik: Frankfurt/Main, 1971, S. 403-513.

Jean Suret-Canale, *Schwarzafrika. Geographie, Bevölkerung, Geschichte West- und Zentralafrikas.* Band 1. Deutsche Ausgabe besorgt von Achim Gottberg. Das Europäische Buch: Berlin, 1966, S. 219ff.

Malcom Sylvers, *Die USA – Anatomie einer Weltmacht. Zwischen Hegemonie und Krise.* Aus dem italienischen Original übersetzt von Evelyn Barth. PapyRossa: Köln, 2002.

David Thomson, *England in the Nineteenth Century 1815-1914.* Penguin Books: Harmondsworth, 1978.

Rudolf von Albertini, Europäische Kolonialherrschaft. Die Expansion in Übersee von 1880-1940. Heyne: München, 1976, S. 429-443
William Woodruff, *The Struggle for World Power 1500-1980.* MacMillan: London, 1981.
Howard Zinn, A People's History of the United States. 1492-Present. HarperPerennial: New York, 1995.

Gier nach Gold und Silber

Neal Ascherson, *Black Sea. The Birthplace of Civilisation and Barbarism.* Vintage: London, 1995, S. 92-6; 128-129.
Fernand Braudel, *Civilization and Capitalism 15th-18th Century. Volume II. The Wheels of Commerce.* Translation from the French by Sian Reynolds. William Collins Sons: London, 1982, Kapitel 3 und 5.
Carlo M. Cipolla, Guns, Sails and Empires. Technological Innovation and the Early Phases of European Expansion 1400-1700. Barnes and Noble Books: New York, 1996, S. 90-131.
Ders., *Die Odyssee des spanischen Silbers. Conquistadores, Piraten, Kaufleute.* Aus dem Italienischen von Friederike Hausmann. Wagenbach: Berlin, o.J., S.11-25; 32-42; 55-58; 84.
Marcello de Cecco, *Money and Empire. The International Gold Standard, 1890-1914.* Basil Blackwell: Oxford, 1974, S. 62-75.
J.H. Elliott, *Imperial Spain 1469-1716.* Penguin Books: Harmondsworth, 1963, S. 164-211.
Jean Favier, *Gold und Gewürze. Der Aufstieg des Kaufmanns im Mittelalter.* Aus dem Französischen von Roswitha Schmid. Junius: Hamburg, 1992.
Niall Ferguson, Empire. The Rise and Demise of the British World Order and the Lessons for Global Power. Allen Lane: London, 2002, S. 24.
Andre Gunder Frank, *World Accumulation, 1492-1789.* Macmillan: London, 1978, S. 25-64.
John Kenneth Galbraith, *Money. Whence it came, where it went.* Revised edition. Houghton Mifflin: Boston, 1995, S. 13-15.

Eduardo Galleano, Die offenen Adern Lateinamerikas. Die Geschichte eines Kontinents von der Entdeckung bis zur Gegenwart. Erweiterte Neuauflage. Hammer: Wuppertal, 1985, S. 20-71.

Earl Hamilton, ›American Treasure and the Rise of Capitalism‹, *Economica*, November 1929.

Cecil Howard, *Pizarro und die Eroberung von Peru.* Bearbeitet und herausgegeben von Dr. Heinrich Pleticha. Ensslin & Laiblin Verlag: Reutlingen, o.J., S. 34.

Paul Jacobs, Saul Landau, Eve Pell, Brüder, sollen wir uns unterwerfen? Die verleugnete Geschichte Amerikas. DTV: München, 1975, S. 134-5.

J.R.S. Phillips, *The Medieval Expansion of Europe.* Oxford University Press: Oxford, 1988, S. 102-140.

G.V. Scammell, The First Imperial Age. European Overseas Expansion c. 1400-1715. Unwin Hyman: London, 1989.

Pierre Vilar, *A History of Gold and Money 1450-1920.* Translated by Judith White. NLB: London, 1976, S. 36-38; 97; 126-143.

Edwin Williamson, *The Penguin History of Latin America.* Penguin Books: London, 1992, S.15; 127-30.

Howard Zinn, *A People's History of the United States. 1492-Present.* HarperPerennial: New York, 1995, S. 161

Zucker, Sklaven, Handelskapital

G.E. Aylmer, ›Navy, State, Trade and Empire‹ in The Oxford History of the British Empire. Volume I. The Origins of Empire. British Overseas Expansion to the Close of the Seventeenth Century. Nicholas Canny, Editor. Oxford University Press: Oxford und New York, 1998, S. 467-481.

M.M. Balard, ›Notes sur l'activité maritime des Génois de Caffa à la fin du XIIIe siècle‹ in *Sociétés et Compagnies de Commerce en Orient et dans l'Océan Indien.* Actes du Huitième Colloque International d'Histoire Maritime, présentés par Michel Mollat. S.E.V.P.E.N.: Paris, 1970, S. 375-386.

George L. Beckford, *Persistent Poverty. Underdevelopment in plantation economies of the Third World.* Oxford University Press: Oxford und New York, 1972, S. 5-17.

Alfred W. Crosby, *Ecological Imperialism. The Biological Expansion of Europe, 900-1900.* Cambridge University Press: Cambridge und New York, 1990, S. 70-103.

W.E.B. Du Bois, *The Negro.* London, 1915, S. 155.

Asit Datta. *Welthandel und Welthunger.* München: DTV, 1984, S. 29.

Ralph Davis, *The Rise of the Atlantic Economies.* Weidenfeld and Nicholson: London, 1973.

Entwicklungspolitische Korrespondenz (Hrsg.), *Deutscher Kolonialismus. Materialien zur Hundertjahrefeier 1984.* Drucksache 1. Hamburg 1983, S. 20.

Eduardo Galeano, Die offenen Adern Lateinamerikas. Die Geschichte eines Kontinents. Erweiterte Neuauflage. Peter Hammer Verlag: Wuppertal, 1973, S. 73

Dr. Thomas Geerdes, Zucker. *Ein Grundnahrungsmittel und seine Geschichte.* Stuttgarter Verlagskontor: Stuttgart, 1963.

Joseph Ki-Zerbo, *Die Geschichte Schwarzafrikas.* Aus dem Französischen von Elke Hammer. Frankfurt am Main: Fischer, 1981, S. 217 -228.

Robert Linhart, Der Zucker und der Hunger. Reise in ein Land, wo der Zucker wächst: Brasilien. Wagenbach: Berlin, 1980.

Karl Marx, Rede über die Frage des Freihandels. MEW 4, S. 444-456.

Hans Heinrich Mauraschat, *Preise und Verbrauch des Kolonialzuckers im vorindustriellen Europa.* Schriften aus dem Zuckermuseum, Heft 21. Berlin: Technische Universität, 1985.

Gerd May, ›Zucker-Grundlagen und Kräfte der Weltmarktentwicklung nach dem Weltkrieg‹, *Wandlungen in der Weltwirtschaft*, Heft 11, Leipzig, 1937, S. 20.

Hilary McD. Beckles, ›The ›Hub of Empire‹: the Caribbean and Britain in the Seventeenth Century‹ in The Oxford History of the British Empire. Volume I. The Origins of Empire. British Overseas Expansion to the Close of the Seventeenth Century. Nicholas Canny, Editor. Oxford University Press: Oxford und New York, 1998, S. 218-240.

Karl Müller, ›Die Lage der Zuckerproduktion und Zuckermärkte in weltwirtschaftlicher und deutscher Betrachtung‹, *Zucker*, 7. Jahrgang, Nr. 19 vom 1. Oktober 1954, S. 431.

M.G. Müller, *Zuckerrohr, Anbau und Düngung.* Schriftenreihe über tropische und subtropische Kulturpflanzen, herausg. von der Ruhr-Stickstoff AG, Bochum, 1954, S. 96.

Jenny Pearce, Under the Eagle. U.S. Intervention in Central America and the Caribbean. Latin America Bureau: London, 1981, S. 5-38.

David Richardson, ›The British Empire and the Atlantic Slave Trade, 1660-1807‹ in *The Oxford History of the British Empire. Volume II. The Eighteenth Century*, edited by P.J. Marshall and Alaine Low. Oxford University Press: Oxford und New York, 1998, S. 440-464.

N.A.M. Rodger, ›Sea-Power and Empire‹ in *The Oxford History of the British Empire. Volume II. The Eighteenth Century*, edited by P.J. Marshall and Alaine Low. Oxford University Press: Oxford und New York, 1998, S. 169-183.

Alexander Schweigert, Die neuere Entwicklung der Wettbewerbslage zwischen Rohrzucker und Rübenzucker auf dem Weltmarkt. M.&H. Schaper: Hannover, 1958, S. 20.

Richard B. Sheridan, ›The Formation of Caribbean Plantation Society, 1689-1748‹ in *The Oxford History of the British Empire. Volume II. The Eighteenth Century*, edited by P.J. Marshall and Alaine Low. Oxford University Press: Oxford und New York, 1998, S. 394- 414.

Werner Sombart, *Luxus und Kapitalismus.* 3. Aufl., München und Leipzig, 1922, S. 145.

Werner Sombart, *Der moderne Kapitalismus. Band 1. Die vorkapitalistische Wirtschaft.* Erster Halbband. Duncker und Humblot: München und Leipzig, 1916, S. 440f.

Reay Tannahill, *Food in History.* Revised edition. Penguin: Harmondsworth, 1988, S. 254-6

Gerhard Tannenberg, Der Kampf um Zucker. Deutsche Forschung und Tatkraft brechen ein Monopol. Wilhelm Goldmann Verlag: Leipzig, 1944, S. 70-3.

Alexander von Humboldt, *Essai politique sur le royaume de la Nouvelle-Espagne.* Band 3, Paris, 1827, S. 19.

Edmund O. von Lippmann, Geschichte der Rübe (Beta) als Kulturpflanze von den ältesten Zeiten an bis zum Erscheinen von Achard's Hauptwerk (1809), Berlin, 1925, S. 109.

Eric Williams, From Columbus to Castro: The History of the Caribbean 1492-1969. André Deutsch: London, 1970, 81-82; 94.

Wirtschaftsbericht Kuba, herausg. von der Deutsch-Südamerikanischen Bank AG, Hamburg, Nr. 34 vom September 1954, S. 3.

Mit der Baumwolle zur industriellen Revolution

Hamza Alavi, ›India: The Transition to Colonial Capitalism‹ in Hamza Alavi, P.L. Burns, G.R. Knight, P.B. Mayer und Doug McEachern, *Capitalism and Colonial Production.* Croom Helm: London und Sydney, 1982, S. 23-76.

Admiral G.A. Ballard, *Rulers of the Indian Ocean.* Asian Educational Series: New Delhi und Madras, 1998.

Michael Barratt Brown, *After Imperialism.* Reprint. Heinemann: London, 1973, S. 41-50.

K.A. Bhatta, ›Indien im Britischen Reich‹ in *Indien Handbuch.* Herausgegeben von Kurt Vowinckel. Band I. Kurt Vowinckel Verlag: Heidelberg, Berlin, Magdeburg, 1942, S. 478-503.

M.W.E. Cheong, ›The opium agency in China: Yrisssari and Company, 1821-1827‹ in *Sociétés et Compagnies de Commerce en Orient et dans l'Océan Indien.* Actes du Huitième Colloque International d'Histoire Maritime, présentés par Michel Mollat. S.E.V.P.E.N.: Paris, 1970, S. 687-692.

Jürgen Conrad, Die East India Company. Kaufmannsabenteurer und Kolonialherren. Kübler: Lampertheim, 1980.

Asit Datta, *Welthandel und Welthunger.* DTV: München, 1984, S. 40-47.

Rajani Palme Dutt, *Indien Heute.* Autorisierte Übersetzung aus dem Englischen von Hilde Marchwitza. Dietz Verlag: Berlin, 1951, S. 95-107.

Friedrich Engels, Die Lage der arbeitenden Klasse in England. Nach eigner Anschauung und authentischen Quellen. MEW 2, S. 237-252.

André Gunder Frank, *World Accumulation, 1492-1789.* Macmillan: London, 1978, S. 135-166.

Brian Gardner, *The East India Company.* A. M. Heath and Company: New York, 1971.

Michael Greenberg, *British Trade and the Opening of China 1800-1842.* Reprint der Originalausgabe von 1951. Monthly Review Press: New York, 1979.

Richard Hall, Empires of the Monsoon. A History of the Indian Ocean and its Invaders. HarperCollins: London, 1998.

Eric J. Hobsbawm, *The Age of Revolution. Europe 1789-1848.* Reprint. Abacus: London, 1978, S. 50.

Ders., Industrie und Empire I. Britische Wirtschaftsgeschichte seit 1750. Suhrkamp: Frankfurt/Main, 1974, S. 33-54.

Lawrence James, *Raj. The Making and Unmaking of British India.* Little, Brown and Company: London, 1997.

Ders., *The Rise and Fall of the British Empire.* Abacus: London, 1994, S. 122-138.

J.R. Jones, *Britain and the World 1649-1815.* Harvester Press: Brighton, 1980.

John Keay, The Honourable Company. A History of the English East India Company. Macmillan: New York, 1991.

T.O. Lloyd, *The British Empire 1558-1983.* Oxford University Press: Oxford und New York, 1984, S. 73-76; 147-152.

M.R. Mantran, ›Les origines des Compagnies‹ in *Sociétés et Compagnies de Commerce en Orient et dans l'Océan Indien.* Actes du Huitième Colloque International d'Histoire Maritime, présentés par Michel Mollat. S.E.V.P.E.N.: Paris, 1970, S. 397-414.

Karl Marx, Die britische Herrschaft in Indien. MEW 9, S. 127-133.

Ders., Die Ostindische Kompanie, ihre Geschichte und die Resultate ihres Wirkens. MEW 9, S. 148-156.

Philip Mason, *The Men Who Ruled India.* Pan Books: London, 1985, S. 35-50.

Peter Mathias, The First Industrial Nation. An Economic History of Britain 1700-1914. Second Edition. Methuen: Methuen, 1983, S. 110-160.

Kenneth McPherson, Trade and Traders in the Bay of Bengal: Fifteenth to Nineteenth Century in *Politics and Trade in the Indian Ocean World. Essays in Honour of Ashin Das Gupta*, edited by Rudrangshu Mukherjee und Lakshmi Subramanian. Oxford University Press: Delhi, 1998, S. 183-209.

Barrington Moore, Jr., Social Origins of Dictatorship and Democracy. Lord and Peasant in the Making of the Modern World. Penguin Books: Harmondsworth, 1967, S. 20-39.

Ramkrishna Mukherjee, *The Rise and Fall of the East India Company.* Monthly Review Press: New York, 1974, S. 272.

K.M. Panikkar, Asia and Western Dominance. A Survey of the Vasco Da Gama Epoch of Asian History. George Allen & Unwin: London, 1953, S. 93-120; 143-165.

Om Prakash, ›European Corporate Enterprises and the Politics of Trade in India, 1600-1800‹ in *Politics and Trade in the Indian Ocean World. Essays in Honour of Ashin Das Gupta*, edited by Rudrangshu Mukherjee und Lakshmi Subramanian. Oxford University Press: Delhi, 1998, S. 165-182.

Percival Spear, *A History of India.* Volume Two. Penguin: Harmondsworth, 1965.

Stanley Wolpert, *A New History of India.* Fifth Edition. Oxford University Press: New York, 1997.

E.P. Thompson, *The Making of the English Working Class.* Reprint. Penguin Books: Harmondsworth, 1984, S. 208-213.

Anton Zischka, *Der Kampf um die Weltmacht Baumwolle.* Goldmann: Leipzig, 1936, S. 15-78.

Profite am laufenden Band

Vito Avantario, *Die Agnellis. Die heimlichen Herrscher Italiens.* Campus: Frankfurt/Main, 2002.

Marshall Berman, All That Is Solid Melts Into Air. The Experience of Modernity. Verso: London, 1983, S. 164-172.

Bill Bryson, *Made in America.* Mandarin Paperbacks: London, 1995, S. 195; 199-206.

Marco d'Eramo, *Das Schwein und der Wolkenkratzer. Chicago: Eine Geschichte unserer Zukunft.* Deutsch von Friederike Hausmann und Rita Seuß. Rowohlt: Reinbek, 1998, S. 120-126; 176-209.

Doug Dowd, Blues for America. A Critique, a Lament, and Some Memories. Monthly Review Press: New York, 1997, S. 33.

Henry Ford with Samuel Crowther, *My Life and Work.* Doubleday: Garden City, 1923, S. 126 und 147.

Ders., *Philosophie der Arbeit.* Autorisiertes Interview mit Fay Leone Faurote. Einzig berechtigte Übertragung aus dem Englischen von Else Baronin Werkmann. Paul Aretz Verlag: Dresden, o. J., S. 9-44.

David Halberstam, *The Fifties.* Villard Books: New York, 1993, S. 27; 119; 127.

Garet Garrett, *The Wild Wheel: The World of Henry Ford.* Cresset Press: London, 1952, S. 85.

Richard Heinberg, The Party's Over. Oil, War and the Fate of Industrial Societies. Clairview Books: Forest Row, 2003, S. 66.

Lee Iacocca with William Novak, *Iacocca. An Autobiography.* Bantam Books: Toronto, 1987.

Robert Lacey, *Ford. The Men and the Machine.* Ballantine Books: New York, 1986, S. 135; 167; 180; 289; 313; 359-361; 385-390.

Donald R. McCoy, Coming of Age. The United States during the 1920's and 1930's. The Pelican History of the United States 6. Harmondsworth: Penguin, 1977, S. 73-75.

Hans Mommsen mit Manfred Grieger, *Das Volkswagenwerk und seine Arbeiter im Dritten Reich.* Econ: Düsseldorf, 1997, S. 394.

Allan Nevins und Frank Ernest Hill, *Ford: The Times, the Man, the Company.* Band 1. Charles Scribner's Sons: New York, 1954, S. 644; 648.

Ders., *Ford: The Times, the Man, the Company.* Band 2. Charles Scribner's Sons: New York, 1954, S. 351.

Gert Raeithel, Geschichte der Nordamerikanischen Kultur. Band 2. Vom Bürgerkrieg zum New Deal 1860-1930. Zweitausendeins: Frankfurt/Main, 1995, S.359-60.

Emma Rothschild, *Paradise Lost. The Decline of the Auto-Industrial Age.* Random House: New York, 1973, S. 26-53.

Klaus-Jörg Siegfried, Rüstungsproduktion und Zwangsarbeit im

Volkswagenwerk 1939-1945. Eine Dokumentation. Campus: Frankfurt/Main, 1993.

Ken Silverstein, ›Ford and the Führer‹, *The Nation*, 24. Januar 2000 [Internet-Ausgabe].

Upton Sinclair, *Am Fließband. Mr. Ford und sein Knecht Shutt.* Aus dem Amerikanischen von Walter Paul. Rowohlt: Reinbek, 1985, S. 54-7; 60-5; 139-140; 172; 178.

Alfred Sloan, *My Years with General Motors.* Edited by John McDonald with Catharine Stevens. MacFadden-Bartell: New York, 1965, S. 155-58; 214.

Keith Sward, *The Legend of Henry Ford.* Russell & Russell: New York, 1948, S. 49.

Volker Wellhöner, »Wirtschaftswunder« – Weltmarkt – westdeutscher Fordismus. Der Fall Volkswagen. Westfälisches Dampfboot: Münster, 1996, S. 54-6.

Daniel Yergin, *Der Preis. Die Jagd nach Öl, Geld und Macht.* Übersetzt von Gerd Hörmann und Regine Laudann. Fischer Taschenbuch: Frankfurt/Main, 1993, S. 271-272.

Howard Zinn, *A People's History of the United States 1492-Present.* Revised and updated Edition. HarperPerennial: New York, 1995, S. 247-349.

Öl – Treibstoff des Imperialismus

Pierre Abramovich, ›Des millions de dollars pour les »combattants de la liberté«‹, *Le Monde Diplomatique*, April 1986, S. 3-5.

Mariano Aguirre, ›Douteux paris sur les »combattants de la liberté«‹, *Le Monde Diplomatique*, Mai 1993, S. 21.

Tariq Ali, *Bush in Babylon. The Recolonisation of Iraq.* Verso: London und New York, 2003.

Ders., ›Operation Iranian Freedom‹, *The Nation*, 2. August 2003 [Internet Ausgabe].

Oksana Antonenko, ›Russia's Military Involvement in the Middle East‹, *MERIA*, 5; 1, März 2001.

Shaul Bakhash, Iran: Monarchy, Bureaucracy and Reform under the Qajars, 1858-1896. Ithaca Press: London, 1976.

M. Caetano, *Os Nativos na Economia Africana.* Coimbra, 1954, S. 16.

Pratap Chatterjee, ›Dick Cheney: Soldier of Fortune‹, *CorpWatch*, 2. Mai 2002.

Winston Spencer Churchill, *The World Crisis.* Band 1. New York: Charles Scribner's Sons, 1923, S. 130.

Jakkie Cilliers und Christian Dietrich. *Angola's War Economy: The Role of Oil and Diamonds.* Institute for Security Studies: Pretoria, 2000.

Augusta Conchiglia, Mensonges et diamants en Angola, Le Monde Diplomatique, April 1997, S. 4-5.

Ders., *UNITA, Myth and Reality.* ECASAAMA: London, 1989.

Ders., ›Une guerre prolongée contre l'armée sud-africaine et l'UNITA‹, *Le Monde Diplomatique*, Dezember 1986, S. 24-25.

Peter Custers, ›System of Disparate Exchange. African Experiences‹, *Economic and Political Weekly*, 12. Mai 2001.

Energy Information Administration, Angola Country Analysis Brief, Washington, Februar 2004; (http://www.eia.doe.gov/emeu/cabs/angola.html).

Robert Engler, The Brotherhood of Oil. Energy Policy and the Public Interest. Mentor: New York, 1977, S. 93-138.

Marion Farouk-Sluglett und Peter Sluglett, *Iraq Since 1958. From Revolution to Dictatorship.* I.B. Tauris: London und New York, 1987.

Lothar Gall, ›Die Deutsche Bank von ihrer Gründung bis zum Ersten Weltkrieg‹ in Lothar Gall u.a., *Die Deutsche Bank 1870-1995.* C.H. Beck: München, 1995, S. 71; 82.

Piero Gleijeses, Conflicting Missions: Havana, Washington, and Africa, 1959-1976. The University of North Carolina Press, 2002.

Sean Gervasi, ›Secret Collaboration: U.S. and South Africa Foment Terrorist Wars‹, *Covert Action Quarterly*, Herbst 1984.

Alain Gresh, ›Une priorité pour les Etats-Unis: la capitulation du régime angolais‹, *Le Monde Diplomatique*, Februar 1988, S. 10-11.

George W.F. Hallgarten, Imperialismus vor 1914. Die soziologischen Grundlagen der Außenpolitik europäischer Großmächte vor dem

Ersten Weltkrieg. Zweiter Band. C.H. Beck: München, 1963, S. 50-51; 174-176.

Rajen Harshe, ›Politics of Giant Oil Firms. Consequences for Human Rights in Africa‹, *Economic and Political Weekly*, 11. Januar 2003.

Richard Heinberg, The Party's Over. Oil, War and the Fate of Industrial Societies. Clairview: Forest Row, 2003, S. 66; 76-79.

Tony Hodges, *Angola From Afro-Stalinism to Petro-Diamond Capitalism.* The International African Institute: Oxford 2001.

Karl Hoffmann, *Ölpolitik und angelsächsischer Imperialismus.* Ring-Verlag: Berlin, 1927, S. 24-42; 346-384.

Michael T. Klare, *Resource Wars. The New Landscape of Global Conflict.* Henry Holt and Company: New York, 2001, S. 51-108.

Peter Kornbluh, Hrsg., Conflicting Missions. Secret Cuban Documents on History of African Involvement. *National Security Archive Electronic Briefing Book No. 67*, April 2002.

Wayne Madsen, ›Report Alleges US Role in Angola Arms-for-Oil Scandal‹, CorpWatch, 17. Mai 2002.

Monique Mas, ›Une politique pétrolière faite de prudence et de réalisme‹, *Le Monde Diplomatique*, Dezember 1986, S. 21-22.

Ders.,›Cabinda, une enclave convoitée‹, *Le Monde Diplomatique*, Oktober 1986, S. 28.

Peter Mansfield, *A History of the Middle East.* Penguin Books: Harmondsworth, 1992, S. 280-338.

Laurence Mazure, ›Lucrative reconversion des mercenaires sud-africains‹, *Le Monde Diplomatique*, Oktober 1996, S. 22-23.

William Minter, Apartheid's Contras: An Inquiry Into the Roots of War in Angola and Mozambique. London: Zed Books, 1994.

Ders., Operation Timber: Pages from the Savimbi Dossier. New Jersey: Africa World Press, 1988.

Gamal Nkrumah, ›Black Rooster slain‹, *Al-Ahram Weekly Online*, 28. Febr.-6. März 2002.

Peter R. Odell, *Oil and World Power: Background to the Oil Crisis.* Penguin Books: Harmondsworth, 1975.

John Prados, Presidents‹ Secret Wars. CIA and Pentagon Covert

Operations From World War II Through The Persian Gulf. Ivan R. Dee Publishers: Chicago, 1996, S. 337-347.

John Stockwell, *In Search of Enemies.* W. W. Norton: New York, 1978.

Joel Stork, ›Oil and the Penetration of Capitalism in Iraq‹ in *Oil and Class Struggle.* Edited by Petter Nore und Terisa Turner. Zed Press: London, 1980, S. 172-198.

Anne Talbot, ›The Angolan civil war and US foreign policy‹, *WSWS*, 13. April 2002.

Michael Tanzer, *The Race for Resources. Continuing Struggles over Minerals and Fuels.* Monthly Review Press: New York and London, 1980, S. 100.

The International Consortium of Investigative Journalists, Greasing the Skids of Corruption. The Center for Public Integrity, Washington, 2002

Charles Tripp, *A History of Iraq.* Second Edition. Cambridge University Press: Cambridge und New York, 2000.

Louis Turner, *Oil Companies in the International System.* Geore Allen & Unwin: London, 1978.

Claude Wauthier, ›Une longue marche pour assurer le développement et conquérir la paix‹, *Le Monde Diplomatique*, Oktober 1986, S. 23-25.

Mason Willrich mit Joel Darmstadter u.a., *Energy and World Politics.* Published under the auspices of the American Society of International Law. The Free Press: New York, 1978.

Daniel Yergin, *Der Preis. Die Jagd nach Öl, Geld und Macht.* Übersetzt von Gerd Hörmann und Regine Laudann. Fischer Taschenbuch: Frankfurt/Main, 1993, S. 151; 238-267; 884-914.

Bombige Geschäfte, gewaltige Erträge

James S. Allen und Doxey A. Wilkerson, Hrsg., *Die Wirtschaftskrise und der »Kalte Krieg«.* Berichte auf einer Konferenz an der Jefferson-Schule für Gesellschaftswissenschaft, New York, am 14. und 15. Mai 1949. Dietz Verlag: Berlin, 1951.

Klaus Bednarz, ›Der Jäger 90‹ in *Neue Skandale der Republik*, herausgegeben von Georg M. Hafner und Edmund Jacoby, Rowohlt: Reinbek, 1994, S. 59-65.

Werner Biermann und Arno Klönne, The Big Stick. Imperiale Strategie und globaler Militarismus – Die USA als Megamacht? PapyRossa: Köln, 2003, S. 15-60.

Eberhard Czaya, *Achse zum Kap. Das Bündnis zwischen Bonn und Südafrika.* Dietz Verlag: Berlin, 1964, S. 54-62.

H.C. Engelbrecht und F.C. Hanighen, *Merchants of Death.* Dodd, Mead & Co.: New York, 1934, S. 229-34; 240-46.

Bernt Engelmann, *Wir sind wieder wer. Auf dem Weg ins Wirtschaftswunderland.* Goldmann: München, 1981, S. 180-190; 243-250; 255f.

Friedrich Engels, ›Herrn Eugen Dührings Umwälzung der Wissenschaft (Anti-Dühring)‹ in *MEW*, Band 20, S. 154.

Rainer Falk, Die heimliche Kolonialmacht. Bundesrepublik und Dritte Welt. Pahl-Rugenstein: Köln, 1985, S. 157-190.

Wolff Geisler, Gottfried Wellmer, *DM-Investitionen in Südafrika.* Informationsstelle Südliches Afrika: Bonn, 1983.

Michael Geyer, *Deutsche Rüstungspolitik 1860-1980.* Suhrkamp: Frankfurt/Main, 1984, S. 204-231.

George W. F. Hallgarten, *Das Wettrüsten. Seine Geschichte bis zur Gegenwart.* Aus dem Amerikanischen. EVA: Frankfurt/Main, 1967, S. 462-467.

Ders., Joachim Radkau, *Deutsche Industrie und Politik von Bismarck bis heute.* EVA: Frankfurt/Main, 1974, S. 483-501.

Helmut Wolfgang Kahn, *Die Russen kommen nicht. Fehlleistungen unserer Sicherheitspolitik.* Rütten und Loening: München, 1969, S. 131-145.

John Keegan, *Die Kultur des Krieges.* Aus dem Englischen von Karl A. Klewer. Rowohlt: Berlin, 1995, S, 491.

Martin Kempe, SPD und Bundeswehr. Studien zum militärisch-industriellen Komplex. Pahl-Rugenstein: Köln, 1973, S. 258 u. 261.

Alfred Mechtersheimer, ›Bestechende Beschaffungskonzepte‹ in *Die Skandale der Republik*, herausgegeben von Georg M. Hafner und Edmund Jacoby, Rowohlt: Reinbek, 1989, S. 43-50.

Kurt Pritzkoleit, *Das kommandierte Wunder. Deutschlands Weg im 20. Jahrhundert.* Büchergilde Gutenberg: Frankfurt/Main, 1962.

Sterling und Peggy Seagrave, Gold Warriors. America's Secret Recovery of Yamashita's Gold. Verso: London, 2003.

George Thayer, *War Business, Geschäfte mit Waffen und Krieg.* Aus dem Amerikanischen von Ulla Leippe. Hoffmann und Campe: Hamburg, 1970, S. 206-7.

Herbert Wulf, Waffenexport aus Deutschland. Geschäfte mit dem fernen Tod. Rowohlt: Reinbek, 1991, S. 78-131.

Register